Karl-Josef Kuschel
im Gespräch mit Matthias Drobinski
Ich lerne durch Begegnung

Karl-Josef Kuschel
im Gespräch mit Matthias Drobinski

Ich lerne durch Begegnung

Ein Leben im Dialog mit Literaturen und Religionen

Patmos Verlag

VERLAGSGRUPPE PATMOS

PATMOS
ESCHBACH
GRÜNEWALD
THORBECKE
SCHWABEN
VER SACRUM

Die Verlagsgruppe
mit Sinn für das Leben

MIX
Papier | Fördert gute Waldnutzung
FSC® C083411
www.fsc.org

Klimaneutral
Druckprodukt
ClimatePartner.com/14549-2003-1001

Die Verlagsgruppe Patmos ist sich ihrer Verantwortung gegenüber unserer Umwelt bewusst. Wir folgen dem Prinzip der Nachhaltigkeit und streben den Einklang von wirtschaftlicher Entwicklung, sozialer Sicherheit und Erhaltung unserer natürlichen Lebensgrundlagen an. Näheres zur Nachhaltigkeitsstrategie der Verlagsgruppe Patmos auf unserer Website www.verlagsgruppe-patmos.de/nachhaltig-gut-leben

Verlagsgruppe Patmos in der Schwabenverlag AG, Ostfildern
www.verlagsgruppe-patmos.de

Umschlaggestaltung: Finken und Bumiller, Stuttgart
Umschlagabbildung: Foto Karl-Josef Kuschel © Sascha Baumann / all4foto.de
Gestaltung, Satz und Repro: Schwabenverlag AG, Ostfildern
Druck: CPI books GmbH, Leck
Hergestellt in Deutschland
ISBN 978-3-8436-1376-7

»Es ist ganz wahr, was die Philosophie sagt, dass das Leben rückwärts verstanden werden muss. Aber darüber vergisst man den andern Satz, dass vorwärts gelebt werden muss.«
Sören Kierkegaard, Tagebücher (Übertragen von Theodor Haecker)

»Prüfen wir also, nehmen wir an: Gott ist oder er ist nicht. Wofür werden wir uns entscheiden? Die Vernunft kann hier nichts bestimmen ... man muss auf eines setzen, darin ist man nicht frei. Was werden Sie also wählen? ... Wägen wir Gewinn und Verlust für den Fall, dass wir auf Kreuz setzen, dass Gott ist. Schätzen wir diese beiden Möglichkeiten ab. Wenn Sie gewinnen, gewinnen Sie alles, wenn sie verlieren, verlieren Sie nichts. Setzen Sie also, ohne zu zögern, darauf, dass er ist.«
Blaise Pascal (1623–1662), Über die Religion (posth. 1670), Nr. 233.

»Theologie bedeutet das Bewusstsein davon, dass die Welt Erscheinung ist, dass sie nicht die absolute Wahrheit, das Letzte ist. Theologie ist – ich drücke mich bewusst vorsichtig aus – die Hoffnung, dass es bei diesem Unrecht, durch das die Welt gekennzeichnet ist, nicht bleibe, dass das Unrecht nicht das letzte Wort sein möge ... Ausdruck einer Sehnsucht, einer Sehnsucht danach, dass der Mörder nicht über das unschuldige Opfer triumphieren möge«.
Max Horkheimer, 1970 (HGS Bd 7, 389).

Inhalt

Gegen die Resignation

Matthias Drobinski

Karl-Josef Kuschel gehört zu den Theologinnen und Theologen, von denen ich all die Jahre dachte: Mit dem – oder der – würde ich mich mal gerne länger unterhalten. Dazu kam es aber nie. Ich hatte mit Gewinn und Inspiration sein Buch »Jesus im Spiegel der Weltliteratur gelesen« und seine Gespräche mit Schriftstellerinnen und Schriftstellern in der Zeitschrift *Publik-Forum,* in deren Redaktion ich war und wieder bin. Karl-Josef Kuschel arbeitete die vielfach gebrochenen, mal schüchternen, mal zornig-fordernden Annäherungen an Gott, das Göttliche, Transzendente heraus, das gefiel mir sehr. Ich hatte einiges von ihm gelesen zum Gespräch zwischen Christen, Muslimen, Juden, zum abrahamitischen Trialog. Mittlerweile war ich bei der *Süddeutschen Zeitung* zuständig für die zunehmend bunte religiöse Landschaft in Deutschland und dankbar dafür, dass es in Tübingen einen Theologen gab, der systematisch durchdachte, was mir da im journalistischen Alltag begegnete. Und der eine positive Perspektive entwickelte: Dass verschiedene Religionen aufeinandertreffen und miteinander leben, ist eine große Chance für den Frieden in der Gesellschaft, in der Welt – viel mehr als alle Probleme, die das bereitet. Wir hatten uns kurz auf Veranstaltungen gesehen, ein paarmal freundlich miteinander telefoniert, dabei aber war es geblieben.

Umso mehr freute ich mich, als Karl-Josef Kuschel und der Patmos Verlag mich fragten, ob ich dieses Interview führen würde: Da war sie, die Gelegenheit zum Gespräch. Dass es gleich ums ganze Leben gehen würde und um ein halbes Jahrhundert Theologie und Zeitgeschichte, flößte mir allerdings Respekt ein: Kein noch so langes Gespräch kann wirklich einen Menschen erfassen. Hinter jedem gesagten Satz stehen mindestens zwei ungesagte.

Dreimal haben wir dann lange miteinander geredet, zweimal in Tübingen, in der Küche und im Arbeitszimmer von Karl-Josef Kuschel; einmal trafen wir uns online, »in der Kachel«, wie das heute heißt. Und einmal habe ich ihn zu einem Vortrag über Stefan Zweigs Jüdischsein begleitet nach Stuttgart; auch das ist wichtig für ein gutes Gespräch – dass man den Interviewten nicht nur in Küche und Arbeitszimmer trifft. Wir haben uns angeregt und offen unterhalten, immer wieder wurde unser Gespräch tief und manchmal sogar existenziell.

Das macht den Reiz dieses Buches aus: Es bietet eine kompakte und leicht verständliche Zusammenfassung und Einführung in das Denken und Schreiben des Theologen und Literaturwissenschaftlers Karl-Josef Kuschel. Es ist darüber hinaus auch ein Buch über die Gottessuche und was sie mit der katholischen Kirche zu tun hat, der skandalerschütterten, um ihre Zukunft ringenden Institution, der Kuschel dennoch und allem Zorn zum Trotz verbunden bleibt.

Es ist ein Gespräch in einer schwierigen Zeit, auch für den Dialog der Konfessionen und Religionen. Die Abgrenzungstendenzen haben zugenommen, die Versuchung ist groß geworden, sich in der Identitätskrise zurückzuziehen aufs Identitäre, auf die eigenen Wahrheitssätze, sich polemisch gegen die anderen zu wenden: Christen gegen Muslime, Muslime gegen Christen, Muslime gegen Juden, Juden gegen Muslime. Mit Menschen in den ernsthaften Dialog zu treten, die anders glauben, ist immer Wagnis und Zumutung zugleich. Man wagt, die eigenen Glaubensgewissheiten in Frage stellen zu lassen, man mutet dem Anderen den eigenen Glauben zu. Dieses Buch ist ein Plädoyer dafür, dieses Wagnis einzugehen, diese Zumutung zu wagen. Es ist ein Buch gegen die Resignation, gegen den Satz: Das bringt doch nichts. Karl-Josef Kuschels Leben zeigt, dass dieser Satz nicht stimmt.

Das Bildprogramm des Arbeitszimmers

Tübingen, ein unauffälliges Einfamilienhaus: Küche, Wohnzimmer. An den Wänden Werke des Kalligrafen Shahid Alam; der deutsch-pakistanische Künstler hat Karl-Josef Kuschels Buch »Goethe und der Koran« illustriert. Shahid Alam hat Verse aus Johann Wolfgang von Goethes »West-östlichen Diwan«, ins Arabische übertragen, kunstvoll kalligrafisch gestaltet, in Blau und Grün und Gold:

»Gottes ist der Orient,
Gottes ist der Okzident
Nord- und Südliches Gelände
Ruht im Frieden seiner Hände.«

Die beiden Kinder sind aus dem Haus, und doch ist der Platz für Bücher immer noch knapp. Stufe um Stufe wachsen die Bücherregale vom Arbeitszimmer im Obergeschoss aus die Treppe hinunter.

Das Arbeitszimmer ist eine Höhle der Gelehrsamkeit mit großem Holzschreibtisch und Lesepult; durchs Fenster schaut man auf eine Bahnlinie hinaus und auf baumumstandene Wiesen. Im Hintergrund ist die »Wurmlinger Kapelle« zu sehen, zu der es ein Gedicht des schwäbischen Poeten Ludwig Uhland (1787–1862) gibt.: »Droben stehet die Kapelle …«. Auch eines von Niklaus Lenau (1802–1850): »Luftig, wie ein leichter Kahn, / Auf des Hügels grüner Welle, / Schwebt sie lächelnd himmelan, / Dort die friedliche Kapelle …«. Jeden Tag sei er hier, sagt Kuschel, »die besten Stunden sind morgens ab acht Uhr bis zum Mittag«. Nach einer ausgiebigen Mittagspause und einer kleinen Fahrradrunde geht es von 17 Uhr bis 20 Uhr an den Schreibtisch zurück.

Matthias Drobinski: Das klingt wie bei Thomas Mann, der seinen Tag strikt einteilte wie ein preußischer Beamter. Mit dem romantischen Bild vom Künstlertyp, der nachts fiebrig an genialen Texten arbeitet, können Sie wenig anfangen, oder?

Karl-Josef Kuschel: Aus der Biografie von Thomas Mann habe ich zumindest gelernt, dass man auch für literarische Arbeiten Zeitdisziplin braucht, seinem Alltag eine Form geben muss, um etwas schaffen zu können. Vormittags ist meine wichtigste kreative Phase, habe ich im Lauf der Jahre herausgefunden. So weit wie Marcel Reich-Ranicki gehe ich nicht, der von sich sagte, er brauche, auch wenn er sich morgens an den heimischen Schreibtisch setze, Anzug und Krawatte, um sich eine Form zu verpassen. Aber ich brauche eine klare, verbindliche Struktur. Fiebrige Nachtarbeit ist meine Sache nicht.

Ihr Arbeitszimmer, in dem wir jetzt sitzen, sei programmatisch ausgestattet, haben Sie gerade gesagt.

Hier hängen viele Bilder von Schriftstellern: Armin Müller-Stahls Porträts von Heinrich und Thomas Mann zum Beispiel oder Bilder von Lessing, Heinrich Heine, Hermann Hesse und Heinrich Böll. Über alle diese Großen der Literatur habe ich gearbeitet und veröffentlicht, Böll habe ich noch persönlich kennengelernt.

Und ein Bild von Stefan Zweig.

Zu ihm habe ich eine besondere Beziehung, emotional wie intellektuell. Er ist ein brillanter Stilist, seine Bücher sind ein intellektuelles Leseabenteuer und offenbaren tiefe Einblicke in die Labyrinthe der menschlichen Seele. Wenn ein Schriftsteller von Sigmund Freud gelernt hat, dann Stefan Zweig. Und dann sein tragisches Ende.

Seine Vertreibung aus dem austrofaschistischen Österreich 1934, das Exil in England und dann in Brasilien, sein Suizid im Februar 1942 gemeinsam mit seiner Frau Charlotte Altmann, erschüttert durch die Zerstörung seiner »geistigen Heimat«, Europa, »durch die langen Jahre heimatlosen Wanderns erschöpft«, wie er in seinem Abschiedsbrief schrieb.

Dieses sein Ende berührt mich immer wieder, es ist jedes Mal für mich ein Stück Trauerarbeit. Eben weil ich ihm wunderbare Leseerfahrungen verdanke. Ich war zweimal in seinem Haus in Petrópolis bei Rio de Janeiro und habe dort auch an seinem und seiner Frau Grab gestanden. Die Fragen wollen nicht verstummen: Wie konnte es dazu kommen, dass er mit 60 Jahren, obwohl er ein auch in Brasilien gefeierter, erfolgreicher Schriftsteller war, keinen Lebensmut mehr hatte? Obwohl er noch 1941, ein Jahr vor seinem Tod, in Brasilien ein Buch über das Land veröffentlicht und es als »ein Land der Zukunft« beschrieben hatte? Er selbst aber gibt sich in diesem Land keine Zukunft. Das hat mich bis in die jüngste Zeit beschäftigt, zumal es mittlerweile viel an Literatur darüber und auch einen sehr eindrücklichen Film gibt: »Vor der Morgenröte« (2016) mit Josef Hader in der Hauptrolle. Aber für uns Außenstehende bleibt eine letzte Unbegreiflichkeit: Dieser Mann schreibt in seinem Haus in Petrópolis noch einmal eines seiner besten Werke, die »Schachnovelle«, schließt auch seine Autobiografie »Die Welt von gestern« ab – und nimmt zusammen mit seiner Frau Veronal.

War Stefan Zweig nicht jüdischer Herkunft?

Ja. Bei einem meiner Besuche entdeckte ich: Die Aufschriften auf den Grabsteinen bestehen nicht nur aus lateinischen Buchstaben, sondern auch aus hebräischen. Sicher, Stefan Zweig war jüdischer Herkunft, das war bekannt, aber welche konkrete Beziehung hatte er zum Judentum? War sie mehr als nur oberflächlich? So wie in seinem vermögenden Wiener Elternhaus, das völlig assimiliert war? Dann erfuhr ich: Immerhin hatte er sich seinerzeit von einem Rabbiner bestatten lassen. Also gehe ich der Frage nach, forsche, will ich mehr und Genaues wissen: Welche Rolle spielt das Judentum tatsächlich in seinem Leben und in seinem Werk? Die Klärung erweist sich als ungemein spannend und überraschend ergiebig. Literarische und autobiografische Dokumente gibt es reichlich. Sie gilt es auszuwerten. Lesen Sie nur die wichtigsten Erzählungen Zweigs zu diesem Themenkomplex: »Rahel rechtet mit Gott« von 1927 und »Der begrabene Leuchter«, 1936 geschrieben, als die Nazis schon längst begonnen hatten, Juden wie Untermenschen zu behandeln. Auch einen Stefan Zweig hatten sie und ihre österreichischen Helfershelfer ins Exil getrieben. Dem setzt Zweig eine Hommage an die innere Kraft und Stärke des jüdischen Volkes durch alle Zeiten der Verachtung, Verfolgung und Vertreibung hindurch entgegen. Das Thema werde ich weiter bearbeiten. Mein Arbeitstitel: »›Unser Geist ist Weltgeist‹: Stefan Zweig und das Drama eines jüdischen Weltbürgertums«.

Und schon sind Sie bei einem der zentralen Themen ihrer Arbeit: Wie viel Religion steckt in einem Schriftsteller und seinem Werk? In der Literaturwissenschaft wird dieser Aspekt oft nur am Rande behandelt – wenn überhaupt.

Ich habe das all die Jahre für einen Fehler gehalten, was sich freilich für mich persönlich als großes Glück erwies. So wurde ich selber herausgefordert, der ich ja mit einem abgeschlossenen Germanistik-Studium auch von der Literaturwissenschaft herkomme. Denn ich entdeckte vielfach Unentdecktes gerade im Bereich »Religion«.

Wie Thomas Mann Weihnachten feierte zum Beispiel.

Ich hätte es mir doch nicht träumen lassen, dass ich bei der riesigen Thomas-Mann-Forschung, die es inzwischen gibt, einmal ein Buch über Thomas Mann schreiben würde. Ist doch alles untersucht und erforscht, dachte ich. Dann aber entdeckte ich, dass eines der zentralen Feste der Christenheit, Weihnachten, für ihn ein sehr wichtiges Fest war. Zwar hatte er in seinem ersten großen Roman »Buddenbrooks« das bürgerliche Weihnachten »entzaubert« und als weiteren Ausdruck des »Verfalls einer Familie« beschrieben. Aber er schrieb auch: »Ich werde die Liebe zu den Zaubern des Weihnachtsfestes nie verlernen«. »Ich«, persönlich. In der Tat wurde dann auch jedes Jahr im Hause Mann das Weihnachtsfest mit größter Sorgfalt inszeniert – wir wissen das aus den Tagebüchern und den Autobiografien der Kinder. Inszeniert aber keineswegs als bürgerlich-sentimentales Ritual, sondern als eine verdichtete Zeit vertieften Nachdenkens über »Schicksal und Rätsel des Menschen«, als Feier einer universalen Menschheitshoffnung, als Fest der Stabilität und Kontinuität in finsteren Zeiten, als der Faschismus die Familie Mann zuerst aus Deutschland und dann aus Europa vertrieben hatte. Mit dem Thema »Weihnachten« aber hatte sich die Thomas-Mann-Forschung bislang nur am Rande beschäftigt. Ich habe dem 2006 eine eigene Untersuchung gewidmet, habe das Motiv erstmals durch die ganze Werkgeschichte hindurch verfolgt und bin fündig geworden: Auch im »Zauberberg«, in den Josephs-Romanen und in den antifaschistischen Weihnachtsansprachen, die Thomas Mann während des Krieges über den Britischen Rundfunk gehalten hat. »Jede Weihnacht wird das welterrettende Wiegenkind zur Erden geboren, das bestimmt ist zu leiden, zu sterben und aufzuerstehen«, liest man schon im Vorspiel des ersten Bandes des »Joseph«. Mein Buch ist so eine Studie geworden über die Bedeutung des christlichen Festes in nachchristlicher Zeit.

Solche überraschenden Entdeckungen auch bei Klassikern der Literatur haben Sie immer wieder gemacht.

Zum Beispiel bei Rainer Maria Rilke. Rilke-Forschungen gibt es in allen Weltsprachen, sie sind unüberschaubar geworden. Was sollte ich da noch Originelles beitragen können? Dann aber entdeckte ich drei Buddha-Gedichte an einer zentralen Stelle von Rilkes Gesamtwerk: in den beiden Bänden der »Neuen Gedichte« 1907 und 1908. Unerwartet. Ich wusste, dass Rilke in diese Bände seine Gedichte zu Gestalten des Alten und Neuen Testamentes aufgenommen hatte, aber Buddha? Wie passt das zusammen? Was interessiert einen zutiefst von Europa geprägten Dichter an der Gründerfigur des Buddhismus? Hatte er sich je mit dem Buddhismus beschäftigt? Wann? Wie? War er je in buddhistische Länder gereist? Wenn nicht, wo hatte er eine konkrete Anschauung von einer Buddha-Figur? Plötzlich waren viele, hochinteressante Fragen aufgebrochen. Aber kaum jemand in der Rilke-Forschung hatte das je untersucht. Mich aber interessierte das brennend im Kontext meiner Arbeiten zum interreligiösen Dialog und meines Forschungsprojektes zu Spiegelungen der Weltreligionen in Texten deutschsprachiger Literatur. So machte ich mich an die Arbeit, und es wurde eine geradezu detektivische Spurensuche mit glücklichem Ausgang. Denn ich konnte die »Geschichte eines einzigartigen Dialogs«

schreiben, des Dialogs, den Rilke mit der Figur des Buddha geführt hat.

Woher kommt diese Lücke? Weil die Germanistinnen und Germanisten sich nicht an die Religion wagen – und die Theologinnen und Theologen nicht an Literatur und Lyrik?

So habe ich es tatsächlich immer wieder erlebt. Und ich bin da mittendrin und verbinde Literaturwissenschaft, Religionswissenschaft und Theologie.

Das Risiko ist, von beiden Seiten nicht ganz ernst genommen zu werden.

Sagen wir es so: Ich werde von beiden Seiten als Grenzgänger wahrgenommen – aber durchaus ernst genommen. Denn meine Arbeiten zur Literatur halten sich streng an die wissenschaftlich erforderlichen hermeneutischen Standards. Nie ist mir der Vorwurf gemacht worden, ich vereinnahmte die Literatur für religiöse Zwecke. Mir gefällt die Grenzgängerei. Sie ist ja eine Herausforderung nach beiden Seiten. Mein erstes Buch aus dem Jahr 1978 beginne ich nicht zufällig mit einem Satz des evangelischen Theologen Paul Tillich: »Die Grenze ist der einzig fruchtbare Ort der Erkenntnis«, und ich habe daraus gefolgert: »Grenzsituationen fordern das Denken heraus, das nicht abgeschlossen sein will und ermutigen es, weiterzuschreiten«. Vor mehr als 40 Jahren geschrieben. Gültig bis heute.

Hier in Ihrem Arbeitszimmer hängt das Faksimile eines Briefes von Gotthold Ephraim Lessing. Was hat es damit auf sich?

Es ist ein mich tief anrührender Brief. Lessing hatte viele Jahre auf eine eheliche Verbindung mit einer Frau gewartet, mit der

Hamburger Unternehmer-Witwe Eva König. Endlich, 1776, können sie heiraten, und gemeinsam nach Wolfenbüttel ziehen, wo Lessing 1770 Direktor einer großen Bibliothek geworden war. Auf Weihnachten 1777 bringt Eva König ihren gemeinsamen Sohn zur Welt. Der aber stirbt nach zwei Tagen; zehn Tage später auch Eva König, nach einer schweren Zangengeburt am Ende ihrer Kräfte. Und dann schreibt Lessing diesen Brief an seinen Freund Johann Joachim Eschenburg in Braunschweig: »Meine Frau ist tot: und diese Erfahrung habe ich nun auch gemacht. Ich freue mich, dass mir viel dergleichen Erfahrungen nicht mehr übrig sein können zu machen; und bin ganz leicht.« Und vorher schon: »Ich wollte es auch einmal so gut haben wie andere Menschen. Aber es ist mir schlecht bekommen.« Gerade die lapidare Diktion bei tiefer emotionaler Erschütterung ist ergreifend.

Nicht zuletzt aus dieser persönlichen Erfahrung heraus hat Lessing dann sein Drama »Nathan der Weise« geschrieben. Im Sterbezimmer von Frau und Sohn! Wenn man wie ich in Wolfenbüttel in diesem Zimmer des Lessingschen Hauses gestanden hat, fühlt man sich intensiver als zuvor in *die* Szene im Stück ein, in der Lessing seinen Nathan einen Bericht geben lässt über ein Pogrom, in dem »die Christen« seine Frau und sieben seiner Kinder« abgeschlachtet hatten. Lessing erinnert damit an die vielen Pogrome, die Christen zu Mördern an Juden werden ließen. Den genannten Brief in Faksimile habe ich eingerahmt und an eine der Wände meines Arbeitszimmers gehängt. Damit verneige ich mich vor einer bedeutenden Frau und Partnerin und vor dem großen Lessing, dem ich 1998 eine eigene Studie gewidmet habe – wieder im Interesse des interreligiösen Dialogs: »Vom Streit zum Wettstreit der Religionen. Lessing und die Herausforderung des Islam«.

Aber es gibt noch weitere Spuren Lessings an den Wänden Ihres Arbeitszimmers.

In der Tat. Für mich ist Lessing eine besondere Figur in der deutschsprachigen Literatur: nicht nur ein begnadeter Schriftsteller und Kritiker, sondern zugleich auch ein ungemein kenntnisreicher, streitbarer »Liebhaber der Theologie«, der, wenn er herausgefordert wurde, theologische und theologiegeschichtliche Debatten auf höchstem Niveau zu führen verstand. Als ein solcher »Liebhaber« hat er sich selbst bezeichnet. Hätten wir doch mehr »Liebhaber« solchen Formates! Auch deshalb habe ich mir das schönste Porträts, das es von Lessing gibt, aufgehängt, die farbige Reproduktion des Gemäldes von Anton Graff aus dem Jahr 1771. Das Bild, ein Jahr nach seiner Ernennung in Wolfenbüttel entstanden, zeigt ihn, angekleidet mit einem schönen blauen Rock, als einen ernsten, selbstsicheren, aber zugleich wachen, aufmerksam zuhörenden und jederzeit zum Gespräch bereiten Mann von 42 Jahren. Dann gibt es noch zwei weitere Bilder zu meinem Lessing-Zyklus, Ikonen des christlich-jüdischen Gesprächs. Mit Mittelpunkt jedes Mal die Gestalt von Moses Mendelssohn, des großen jüdischen Aufklärers und Partners von Lessing in vielen Gesprächen. Zugleich jüdisches Urmodell seines Nathan, wie Lessings Figur kein Rabbiner, sondern ein Kaufmann. Das eine Bild, gemalt von Moritz D. Oppenheimer 1856, zeigt den protestantischen Theologen Johann Caspar Lavater in Mendelssohns Berliner Haus beim Versuch, den Juden zum christlichen Glauben zu bekehren. In die Mitte zwischen beiden hat der Maler Lessing platziert, der dieses Ansinnen sichtlich missbilligt. Eine Szene der »Vergegnung« also zwischen Jude und Christ. Das andere Bild ist ebenso berühmt. Eine Radierung von Fritz Werner von 1870, die Lessing und Mendelssohn in vertrautem Gespräch vor Lessings Haus in Wolfenbüttel zeigt. Eine Szene der »Begegnung«.

Beide Bilder sollen mich daran erinnern, was die Aufgabe jedes interreligiösen Dialogs ist: aus Vergegnungen sollen Begegnungen werden. Ich benutze damit ein wunderbares Wortspiel von Martin Buber. Dieser Aufgabe habe ich mich mit meiner Arbeit verschrieben.

Über eine »sinnliche Literaturwissenschaft

Sie nähern sich reisend den Schriftstellerinnen und Schriftstellern. Warum? Das genaue Lesen ersetzt das nicht.

Ohne die Sinnlichkeit der Orte geht eine wichtige Dimension von Literatur verloren: die Verbindung zum gelebten Leben des Autors, der Autorin, aber auch des Lesers, der Leserin. Das ist jedenfalls meine Erfahrung. Ich nenne das eine »sinnliche Literaturwissenschaft«. Für sie aber sind alle Komponenten wichtig: die genaue Lektüre, die Analyse von Stil, Sprache und Formen, die Rekonstruktion der Genese und des zeitgeschichtlichen Kontextes und die sinnliche Anschauung der Orte, die ich magische Orte nenne, weil die geistige Energie, die sie durch die Präsenz der Dichter:innen gespeichert haben, mich immer wieder angezogen hat. Aber »sinnliche Literaturwissenschaft« bleibt Wissenschaft. Die Texte müssen nach allen Regeln der Kunst ausgelegt werden und dürfen nicht aufs Biografische oder Topografische reduziert werden. Aber die Anschauung vor Ort hilft, die Texte besser zu verstehen, sich von ihnen inspirieren zu lassen, sie neu zu lesen. Ich will ja begreifen, was mich ergreift. Wer einmal das Felsenschloss in Duino bei Triest besucht und von einer der Terrassen oben das »unendliche Meer« der Adria gesehen hat, weiß, wovon ich rede. Man versteht besser, warum Rilke zu seinen ersten beiden »Duineser Elegien« hatte inspiriert werden können, deren Auftaktverse ja wie in den unendlichen Raum geschrieen zu sein scheinen: »Wer, wenn ich schriee hörte mich denn aus der Engel Ordnungen …«. Ich habe das im Rilke-Kapitel meines Buches »Magische Orte. Ein Leben mit der Literatur« (2022) genauer beschrieben. Ich versuche hier erstmals eine Verbindung von Topografie und Autobiografie.

Sie interessieren die Brüche in den Schriftstellern und auch die gebrochenen Autoren.

Brüche, aus denen Kreativität entsteht, neue Erfahrungen und neue Formen. Und was einen Schriftsteller betrifft, kenne ich kein eindrücklicheres Beispiel als das von Alfred Döblin. einen der größten Prosaautoren der deutschsprachigen Literatur des 20. Jahrhunderts, der unter anderem »Berlin Alexanderplatz« (1929) geschrieben hat, einen der wichtigsten Großstadtromane deutschsprachiger Literatur bis heute. Eines Tages treffe ich in einer Zeitschrift auf die Notiz, sein Grab befinde sich seit 1957 auf dem Friedhof eines kleinen Dorfes in den Vogesen namens Housseras, auf französischen Boden also. Merkwürdig, völlig unerwartet. Das wollte ich sehen und dessen Geschichte nachgehen. Ich wusste: Jüdischer Herkunft hatte dieser Mann sein und seiner Familie Leben vor den Nazis erst durch Flucht nach Frankreich und dann in die USA retten müssen. Nach dem Krieg war er, der in den 1930er-Jahren französischer Staatsbürger geworden war, in französischen Diensten nach Deutschland zurückgekehrt, um am kulturellen Wiederaufbau mitzuarbeiten. Warum dann aber Housseras? Ich reise dorthin und finde drei Gräber: Döblin liegt dort Seite an Seite mit seinem Sohn Wolfgang und seiner Ehefrau Erna. Warum aber hier? Warum ausgerechnet in französischer Erde, warum in einem Ort mit nicht mehr als 300, 400 Einwohnern, heute so unscheinbar wie in den 1940er- und 1950er-Jahren?

Dann stoße ich auf eine abgründige Lebensgeschichte der drei Döblins: Der Sohn Wolfgang, der 1936 wie die ganze Familie Döblin, französischer Staatsbürger geworden war, hatte 1940 auf Seiten der Franzosen gegen die Wehrmacht gekämpft und sich in dieser Zeit »Vincent« genannt, um nicht als Reichsdeutscher erkannt zu werden. Als die Franzosen sich im Mai 1940 den Frankreich überfallenden deutschen Truppen ergeben, ist er alleine aufgebrochen und landet nach einem Nachtmarsch wie zufällig in diesem Housseras. Dort setzt er seinem Leben ein Ende, mit ganzen 25 Jahren, weil er nicht in die Hände der Nazi-Schergen geraten will. Er weiß: als Jude und »Vaterlandsverräter« droht ihm Deportation in ein KZ. Erst 1945 erfahren die Döblins vom Tod ihres Sohnes. Erschütternd. Dessen Schicksal also ist der Grund, warum Döblin sich demonstrativ 1957 neben diesem Sohn bestatten lässt. Drei Monate nach dem Tod ihres Mannes bringt sich Frau Döblin um und lässt sich ebenfalls in Housseras bestatten. Womit vollends deutlich ist: Das Grab der Döblins auf französischem Boden sollte ein bleibendes Zeichen der Unversöhntheit mit Deutschland sein. Welch eine Geschichte, verstehen Sie? Aber ohne die Reise nach Housseras wäre ich nie auf sie gestoßen und wäre mir auch das Spätwerk Döblins verschlossen geblieben, das auch ausgesprochen theologische Schriften enthält. Döblin war ja zusammen mit seiner Frau Ende November 1941 in Los Angeles in die katholische Kirche eingetreten. Das aber ist eine Geschichte für sich.

I.

Oberhausen: Frühe Erfahrungen mit Kirche

Hinter Ihrem Schreibtischstuhl hängt das Bild Ihrer Eltern. Aus welcher Familie stammen Sie?

Aus einer bürgerlich-katholischen. So war es für mich als Kind und Jugendlicher selbstverständlich, zu einer Gemeinde zu gehören und regelmäßig Gottesdienste und Andachten zu besuchen. Ab dem Alter von etwa zehn Jahren war ich sehr engagiert in dieser Gemeinde. Ich war Messdiener, Chorsänger, später Gruppenleiter, das ganze Programm. Ich habe Gemeinde erlebt als einen Ort, an dem ich mich aufgehoben und gebraucht fühlte, nicht nur sozial, sondern auch geistig. Denn ich habe diese Gemeinde auch als Trägerin von großer Kultur erlebt. Sankt Johannes Evangelist in der Altstadt von Oberhausen war eine Gemeinde hauptsächlich von Arbeitern, von kleinen und mittleren Angestellten und Beamten. Mein Vater war ein solcher Beamter in der Stadtverwaltung: Abteilung Rechnungsprüfung. Gehobenes Bildungs- oder gar Großbürgertum gab es hier so gut wie nicht. Aber in dieser Gemeinde gab es einen Kirchenchor, wurde Kirchenmusik gepflegt. Man hat zu Festtagen die Messen von Haydn, Mozart und Schubert aufgeführt – und das für Laien wahrhaftig nicht schlecht. In »Hochämtern« wurde Gregorianik geboten, bis heute eine Musik für mich, die mir zur stillen Meditation und zur geistigen Konzentration verhilft. Das heißt: Ich bin schon als Junge über die Liturgie in dieser einfachen Gemeinde musikalisch mit der großen europäischen Musik-Kultur in Berührung gekommen und habe emotional ergreifende Stunden erlebt. Das ist *auch* Kirche. Das vergesse ich nicht.

Interessant – viele Ihrer Altersgenossen berichten von ihren Kindheits- und Jugenderfahrungen mit einer vorkonziliaren Kirche, die bis ins Kleinste vorschrieb, wie das Leben auszusehen hatte. Sie beschreiben Ihre Gemeinde als Ort der Freiheit und der Selbstverwirklichung.

Das verdanke ich meinen Eltern, die uns Kinder in diese Gemeinschaft hineinwachsen ließen und deren Katholizismus etwas Konsequentes, aber nichts Einengendes oder gar Fanatisches hatte. Und dann habe ich im Rahmen der Jugendarbeit einen Kaplan erlebt, der uns Jugendliche ernst genommen hat, mit Gruppenstunden, Sozialprojekten, Zeltlager und allem, was dazugehört. So war ganz organisch der Wunsch in mir entstanden, selber Gemeindepriester zu werden.

Und da tauchten keine kritischen Fragen auf, gab es kein jugendliches Aufbegehren?

Wir waren nicht unkritisch, haben unsere Meinung gesagt – und konnten das auch. Aber die Kirche insgesamt haben wir nicht in Frage gestellt. Meine Freunde und ich, die wir in unserer Gemeinde engagiert waren, fühlten uns durch die kirchliche Erziehung nicht verbogen. Die erlebte und gelebte Mischung aus Liturgie, Kultur, sozialem Engagement, sportlichen Aktivitäten und pädagogischen Aufgaben in der Jugendarbeit war etwas Gutes – für mich. Warum sollte ich das verschweigen?

Heute wird die Zeit vor dem Konzil als Zeit der Enge und Erstarrung in der katholischen Kirche wahrgenommen.

Ja, es gab diese Starre in der Moral, in der Hierarchie, aber es gab auch damals schon viele Öffnungen und Entwicklungen auf Gemeindeebene. Ich konnte mich in meiner Gemeinde entwickeln, meine Potentiale einbringen. Da ich eine schöne Knabensopran-Stimme hatte, wurde ich Vorsänger in einer Schola und durfte beispielsweise das große »Exsultet« solo singen, das große Gotteslob über die »selige Nacht« in der nächtlichen Ostermesse, oder das Weihnachtsevangelium in der Christmette: »In jener Zeit erging vom Kaiser Augustus der Befehl …«. Sie können sich denken, dass einem die Möglichkeit, öffentlich zu sprechen und zu singen, im jugendlichen Alter Selbstvertrauen gibt, auch Anerkennung verschafft. Wo hätte ich das sonst bekommen können? Das notwendig Kritische kam erst im Theologiestudium, als ich das System katholische Kirche als zu hierarchisch, patriarchalisch und klerikal verengt zu durchschauen begann. Aber die Grundhaltung zu einer kirchlichen Gemeinde bleibt bis heute positiv. Kurz: Ich habe als Kind und Jugendlicher viel an Weihrauch in Hochämtern und Andachten in die Nase bekommen, und es hatte gut gerochen. »Ekklesiogene Neurosen«, wie Ungezählte sie beklagt haben, habe ich bei mir nicht feststellen können. Glücklicherweise. Ich bilde mir darauf nichts ein.

Der Missbrauchsskandal: Wider den Kirchenzynismus

Trotz des Skandals der sexualisierten Gewalt und ihrer Vertuschung?

Trotz aller Skandale in dieser meiner Kirche, die ich deshalb nicht kleinrede. Im Gegenteil. Ich leide darunter, weil die Verantwortlichen den Doppelskandal der sexualisierten Gewalt und ihrer Vertuschung nicht in den Griff bekommen. Zu lange ging in dem klerikal-hierarchischen System Täter- vor Opferschutz. Das hat die Glaubwürdigkeit der katholischen Kirche in unserer Gesellschaft ruiniert. Als katholischer Christenmensch schaue ich dem in einer Mischung aus Zorn und Verzweiflung zu. Zorn über den selbstverschuldeten Glaubwürdigkeitsverfall kirchlicher Amtsträger in einer Zeit, in der ein Wort der Kirche angesichts der Pandemie und den weiteren Krisen dringend nötig wäre. Verzweiflung darüber, dass die Rolle, die Kirche einnehmen könnte, derart verspielt wird: Gewissen der Nation zu sein, eine prophetische Stimme wider bestimmte Verfallserscheinungen und für eine Werteordnung ohne Verfallsdatum. Stattdessen triumphieren die Verächter von Kirche, denen es egal ist, ob es Kirche gibt oder nicht. Mir ist das nicht egal. Die Botschaft Jesu bleibt, auch wenn sie von bestimmten Vertretern der »Amtskirche« verschleudert wird. Mir tun dabei die Verantwortlichen in ungezählten Gemeinden leid, die redlich ihr Amt ausüben und jetzt vom Kirchenzynismus in Sippenhaft genommen werden. Meine ganz Sympathie und Unterstützung haben auch die, die sich unbeirrt trotz aller Verleumdungen und Denunziationen durch die Unbelehrbaren für längst überfällige Reformen auf dem »Synodalen Weg« einsetzen. Ich kann das so deutlich sagen, weil ich positiv Erfahrenes nicht vergessen habe und unsere Gesellschaft in Zeiten von Seuche, Krieg, Ernährungs-, Klima- und Energiekrise engagierte Christinnen und Christen mehr denn je nötig hat. Gerade auch, wenn es darum geht, glaubwürdig für Selbstkritik an unserem Lebensstil und für Umkehr von einem falschen Weg einzutreten.

Während wir sprechen, muss Papst Franziskus nach Kanada zu einer »Pilgerreise der Buße« reisen, um vor Ort die Menschen, insbesondere die indigener Herkunft, um Vergebung für den Missbrauch an ihren Kindern in katholisch geführten Heimen zu bitten.

Es ist ein Elend, das mitansehen zu müssen. Der christliche Glaube, erklärt der Papst, sage, »dass dies ein desaströser Irrtum war, unvereinbar mit der Botschaft von Jesus Christus«. Wahrhaftig. Und leider einmal mehr sehr spät erkannt. Die sogenannten *Residential Schools* waren Einrichtungen zur Umerziehung von Kindern indigener Völker, vom Staat geschaffen, aber überwiegend von den Kirchen geführt. Von den 140 Schulen in Kanada betrieb die katholische Kirche allein zwei Drittel und zwar von Mitte des 19. Jahrhunderts an. Die letzte wurde erst 1997 geschlossen. Ihre Aufgabe: Auslöschung der Identität indigener Kinder. Sie werden ihren Eltern entrissen, ihrer Kultur und ihren Sprachen entfremdet, um sie zu »guten Kanadiern« und »guten Katholiken« zu machen. Wir sprechen von 150.000 Kindern im Alter zwischen vier und 16 Jahren. Kinder und Jugendliche sollen sexuell missbraucht worden sein. Haarsträubend das Ganze. Eine Horrorgeschichte, verantwortet nicht von irgendwem, sondern vom Schlüsselpersonal der Kirche … Was wird alles noch ans Tageslicht kommen?

Aber Sie sind damals nicht Priester geworden. Warum nicht?

Ich hatte mich tatsächlich nach dem Abitur 1967 in der Diözese Essen als Priesteramtskandidat angemeldet und wohnte auch drei Semester in einem Theologenkonvikt an der Universität Bochum. Aber merkwürdigerweise spürte ich, sobald ich dort war, trotz meiner positiven kirchlichen Vorprägung einen inneren Widerstand, ein inneres Unzufriedensein mit den Regulierungen, dem Erwartungs- und Anpassungsdruck an ein klerikales Amtsverständnis. Das ließ mich unsicher werden, ohne dass ich das so recht ausdrücken konnte. Aber ich habe von Anfang an gespürt: Du brauchst eine Alternative, wenn Priestertum als Beruf nicht deine »Berufung« ist. Dann wirst du Gymnasiallehrer für die Fächer Deutsch und

Religion. So belegte ich, gewissermaßen hinter dem Rücken der Konviktsleitung, schon in Bochum das Fach Germanistik. Nach drei Semestern habe ich mich abgemeldet. Weniger des Zölibatsgebotes wegen; die meisten, die sich verabschiedeten, hatten eine Freundin gefunden. Ich dagegen spürte vor allem die Enge des klerikalen Systems. Und wurde mir mehr und mehr bewusst: *Das* ist nicht meine Welt.

Diese Welt hatte vermutlich nicht so viel mit dem Katholizismus zu tun, den Sie in Ihrer Heimatgemeinde kennengelernt hatten.

Ja. Ich hatte in meiner Gemeinde keinen Klerikalismus erlebt. Der Kaplan, von dem ich sprach, hatte zu uns Jugendlichen ein freundschaftliches Verhältnis. Er war eben ein als Priester verkleideter Mensch, ein Christenmensch. Was ich dann in Bochum erlebte, diese gewollte, diese künstliche Distanz zur »Welt«, das Geschlossene, das Misstrauische, die Kontrolle, das war mir fremd. Auch das Verkrampfte in Sachen Sexualität. Ich erinnere mich an einen dafür typischen Ausspruch des Konviktsdirektors bei einer seiner Ansprachen zum Thema »Wir Priester und die Frauen«: »Wie verhalten wir Priester uns Frauen gegenüber?« Antwort: »Unverkrampft offen.« Unfreiwillig komisch.

Und dann kamen Studierende meines Fachs aus Tübingen zurück und berichteten von Vorlesungen von Hans Küng und Joseph Ratzinger, der ja damals ebenfalls in Tübingen lehrte und seinerzeit den Ruf eines Reformtheologen genoss. Sie brachten Mitschriften von den Vorlesungen mit. Ich erinnere mich an ein großes Manuskript von Ratzinger über die Schöpfungslehre, das ich dann mit Begeisterung gelesen habe, weil er interdisziplinär gearbeitet und die biblische Schöpfungserzählung mit heutiger Philosophie und Kosmologie ins Gespräch gebracht hatte. Eine Welt theologischer Weite tat sich mir auf. Nach Tübingen haben mich letztlich zwei Bücher dieser Herren gelockt: Hans Küngs großes Werk über »Die Kirche« (1967) und Joseph Ratzingers »Einführung in das Christentum« (1968). Beachtung aber hatte damals auch Jürgen Moltmanns »Theologie der Hoffnung« (1964) gefunden, eine neue Stimme evangelischer Theologie nach den großen Protagonisten in der ersten Hälfte des Jahrhunderts: Rudolf Bultmann und Karl Barth, auch er in Tübingen. Da wollte ich hin. Tübingen leuchtete. Zu meiner Beschämung allerdings muss ich gestehen, dass ich erst auf der Landkarte nachsehen musste, wo Tübingen liegt. Ich hatte keine Ahnung. Südliches jenseits der Mainlinie war für uns aus dem Ruhrgebiet damals weitgehend »terra incognita«.

Vater, Mutter und der Katholizismus

Bevor Sie nun begeistert nach Tübingen ziehen – erzählen Sie doch noch ein bisschen von Ihrer Familie, Ihrer frühen Kindheit. Ihr Vater war heimatvertrieben – ein solches Schicksal prägt ja manchmal die ganze Familiengeschichte. Wie war das bei Ihnen?

Mein Vater stammt aus einem kleinen Dorf der Grafschaft Glatz in Schlesien und kam schon während des Krieges ins Ruhrgebiet. Er war Offizier bei der Flugabwehr und die sollte die Industrie dort vor Luftangriffen schützen. Hier lernte er meine Mutter kennen, eine blühende junge Frau von 18 Jahren, bezeichnenderweise in einem Luftschutzkeller. 1942, 1943 war das, mitten in diesem furchtbaren Krieg. 1944 heirateten sie in Schlesien, da der Krieg mit seinen Luftangriffen dort noch nicht wütete. Aber meiner Mutter war diese Gegend Deutschlands fremd, sie hatte bis dahin – vom Arbeitsdienst abgesehen – noch nie Oberhausen verlassen.

Was damals nicht so ungewöhnlich war, gerade für Frauen. Aus welcher Familie stammte sie?

Ihr Vater, also mein Großvater von Mutters Seite, war aus einem Dorf in der Nähe von Marburg auf der Suche nach Arbeit ins Ruhrgebiet eingewandert, er war gelernter Bauarbeiter, später Bauingenieur. Vor allem aber war er ein eiserner Katholik, dieser Wilhelm Dörr, typisches Produkt eines vorkonziliaren Katholizismus. Die Familie meiner Mutter hat unter einem besonders brutalen Fall gelitten. Denn als eine Schwester meiner Mutter einen geschiedenen Mann geheiratet hatte, wurde sie von ihrem Vater aus der Familie verstoßen. Sie lebte ja jetzt in »wilder Ehe« und somit in »schwerer Sünde«. Auch diese Facette eines gnadenlosen Katholizismus gehört zu meiner Lebensgeschichte.

Zugleich war dieser Wilhelm Dörr parteipolitisch engagiert. Vor 1933 war er Abgeordneter der Zentrums-Partei im Düsseldorfer Provinziallandtag gewesen. Und diese Verbindung von politischer und katholischer Überzeugung ließ ihn zu einem Gegner der Nazis werden. Folglich kam ein Parteieintritt in die NSDAP für ihn aus Gewissensgründen nicht infrage. Und weil man das in Oberhausener Parteikreisen wusste, wurde Wilhelm Dörr im Zusammenhang mit dem 20. Juli 1944 zu Verhören abgeholt. Gleich nach Kriegsende wurde dann in unserem Wohnzimmer die CDU Oberhausen gegründet. Ich habe das nie überprüft, doch das wurde in der Familie mit einem gewissen Stolz erzählt. Denn die Zeiten einer noch aus dem Kulturkampf stammenden konfessionellen Partei waren vorbei. Mit evangelischen Christen zusammen gab es jetzt eine »christliche« Partei. Damals eine der weitsichtigsten politischen Entscheidungen im Interesse eines demokratischen Deutschlands: eine Partei, die Katholiken und Protestanten politisch vereinigte. Wilhelms Dörrs Kirchenverständnis blieb zwar vorkonziliar autoritär und konservativ, aber er hatte einen klaren und wachen Blick fürs Soziale, für die Lage der arbeitenden Menschen in unserer Region: dem Industrierevier »Ruhrgebiet« mit damals noch starken Zechen und Stahlwerken. Adolph Kolping, der »Gesellenvater« aus dem 19. Jahrhundert (1813–1865), war sein Vorbild. Es gab damals auch in unserer Gemeinde einen Kolping-Verein: die soziale Organisation der von der Industrialisierung Betroffenen als katholische Parallelorganisation zu den kirchenfernen »Linken«: zur SPD und den Gewerkschaften. Das war seine Welt.

Das klingt nach einem starken Zentrum. Sicher nicht ganz einfach für Ihren Vater, den Heimatvertriebenen aus dem fernen Schlesien.

Seine Familie war aus Schlesien vertrieben worden, er selber aber verstand sich nicht als organisierter »Heimatvertriebener«. Er war ja schon »im Westen«, wohin er immer gewollt hatte, hatte hier seine Frau gefunden und wollte bleiben. Er hatte zwar in Habelschwerdt (Grafschaft Glatz), woher er stammte, eine Drogistenlehre gemacht, hatte das Abitur nachgeholt und dann in Breslau ein Chemiestudium begonnen, doch es hat ihn nie wirklich zurück in seine Heimat gezogen. Entsprechend hat er sich nicht in einem Vertriebenenverband engagiert. Er hat uns einmal erzählt, dass er vermutlich nach Abschluss seines Studiums in den Raum Magdeburg gegangen wäre, in die chemische Industrie dort. Da hatte er seine berufliche Zukunft gesehen. Dann aber war er mit einer Frau aus dem Ruhrgebiet verheiratet, und nach der Teilung des Landes stellte sich diese Frage ohnehin nicht mehr.

Er wollte nie zurück?

Nie. Ein einziges Mal ist er zurückgekehrt, eher widerwillig. Wir, seine vier Kinder, haben ihn Mitte der 1980er-Jahre bedrängt: Wir wollten doch einmal sein Schlesien kennenlernen, das Dorf, in dem er aufgewachsen war. Sein Vater war dort der Metzger gewesen. Doch unser Vater war froh, aus dieser Enge herausgekommen zu sein und hatte keinen Drang, das ihm Liebe und Vertraute als Verlorenes, Zerstörtes und Heruntergekommenes wiederzusehen. Exakt so war es dann auch. Erschütternd für ihn, sein Elternhaus so verfallen zu sehen. Ein großes zweistöckiges Haus mit vielen Zimmern, das jetzt in zwei Zimmern von einer einzigen Frau mit einem großen Hund bewohnt wurde. Gespenstisch, zumal der Hund wie verrückt bellte, als wir mit der Frau sprachen. Der Metzgerladen war noch da mit Theke, Glasvitrine und Kühlschrank, aber alles verdreckt, alles verstaubt, seit 40 Jahren mit Gerümpel vollgestellt. Und dann war die NS-Zeit gekommen, und er, Jahrgang 1916, hatte das volle Programm abgekriegt: Arbeitsdienst, Wehrdienst und dann auch noch Kriegsdienst. Meine Güte: Seine ganze Jugendzeit ging dabei drauf. Oft denke ich: Meine Generation, geboren nach dem Krieg, hatte es doch vergleichsweise einfach. Seine Generation hatte ihre kostbarsten Jahre in diesen Zwangssystemen verbringen müssen.

Nach dem Krieg hätte unser Vater wohl gerne sein Studium fortgeführt, dann aber waren wir Kinder da. Meine ältere Schwester Gisela kam 1946, ich 1948 zu Welt. Da musste ein Beruf her, um die Familie zu ernähren. Auch waren die Universitäten, etwa die in Köln, nach den Zerstörungen noch im Aufbau und verlangten Studiengebühren, was finanziell nicht zu stemmen war. Sein Schwiegervater, dieser Wilhelm Dörr, aber war 1945 Leiter des Oberhausener »Trümmeramtes« geworden, ein relativ hoher Posten in der Stadtverwaltung für den Wiederaufbau der zerstörten Teile der Stadt. Der riet unserem Vater dann, eine Verwaltungslaufbahn einzuschlagen. Dazu aber musste er mit fast 30 Jahren noch einmal völlig neu anfangen, und die ersten Jahre müssen hart für ihn gewesen sein: Die Wohnverhältnisse waren eng, Frau und Kinder mussten versorgt werden, der Beruf war ein ungeliebter Brotberuf, der Not geschuldet und ist es geblieben, 1956 und 1959 kamen zwei weitere Kinder dazu, meine Schwester Annette und mein Bruder Reinhard.

Der Krieg, der Glaube und die Angst

Wie sehr hat Ihre Eltern der Krieg geprägt?

Sehr, wie Millionen anderer auch. Angstbesetztes Leben, angstbesetzter Glaube. Die Mutter durch ihre Erlebnisse in den Luftschutzkellern, der Vater durch seinen Dienst bei der Flak, der Todesangst dort, dem Schießen, Töten und Getötetwerden. Gegen Ende des Krieges war er an die Ostfront versetzt worden. Als dann die russischen Truppen näherkamen, ist er losmarschiert und hat sich durchgeschlagen mit Nachtmärschen über Hunderte von Kilometern, von der Ostfront nach Oberhausen. Orientiert an der Konstellation der Sterne, wie er oft erzählte. Ich denke, für meine Eltern gilt wirklich der Satz: Not lehrt beten. Und gilt unter den geschilderten Umständen besonders für meinen Vater. Ich sage das mit allem nötigen Respekt. In seiner existenziellen Not während des Krieges ist es zu einer Art Gelübdeglauben gekommen, wie Religionspsychologen heute sagen würden: Wenn ich durchkomme, dann bleibe ich dem Glauben der Kirche treu. Dann gibt es keine Abstriche. Er war »durchgekommen«. Entsprechend hat unser Vater seinen Glauben dann auch gelebt, jeden Tag, jeden Sonntag im Gottesdienst, oft den Rosenkranz betend. Als Schlesier war er auch mit Marienwallfahrten vertraut. Also ist er mit uns älteren Kindern an die nächsten Wallfahrtsorte in unserer Region gefahren: Kevelaer am Niederrhein und Neviges im Bergischen Land. Das Religiöse fing die Ängste des Krieges auf. Seine Verteidigung der kirchlichen Lehre bekam erst bei der sogenannten Pillen-Enzyklika 1968 Risse, als Papst Paul VI. jegliche künstliche Verhütung verbot. In dieser Hinsicht ließ er sich – als Vater von vier Kindern – auch vom Papst nicht reinreden und folgte seinem Gewissen. Wir wissen durch empirische Untersuchungen heute: Für ungezählte Katholiken weltweit war diese Enzyklika ein erster Riss in ihrem Verhältnis zur päpstlichen Autorität mit Folgen, die damals noch gar nicht absehbar waren.

II.

Ignoriert und abgewehrt: Die Präsenz von Protestanten

Vielleicht war auch die Hoffnung im Spiel, dass die Religion, der strenge Glaube, verhindert, dass so etwas noch mal kommt. Fast wie eine Beschwörung.

Ganz sicher. Sein praktizierter Glaube war das Medium, mit seinen Kriegserlebnissen fertigzuwerden. Aber er hat uns das nie übergestülpt, das rechne ich ihm hoch an. Wobei es schon »katholische Grenzen« für ihn gab. Bei »Mischehen« zum Beispiel und beim Thema »voreheliche Sexualität«. Da konnte er hart sein. Als meine ältere Schwester einen evangelischen Freund mit nach Hause brachte, wurde er ihr ausgeredet. Als meine jüngere Schwester mit ihrem Freund bei Studienbeginn in Freiburg zusammenziehen wollte, bestand er zuvor auf Heirat. Dieser Freund war zwar auch »evangelisch«, aber das nahm er in Kauf, zumal es zu diesem Zeitpunkt bereits »ökumenische Trauungen« gab. Da haben wir ihn »eisern katholisch« erlebt. Vermutlich auch aus Angst, von seinem »Herrgott«, wie er sich ausdrückte, zur Rechenschaft gezogen zu werden. Die andere Seite der Angst ist ja der Autoritarismus, die scharfe Ab- und Ausgrenzung, das autoritäre So-und-Nicht-Anders. Das gehörte auch zu ihm. Seine Härte in bestimmten Fällen erzeugte seinerseits Angst.

Das kann man sich heute gar nicht mehr vorstellen. In Oberhausen lebten evangelische und katholische Christen nebeneinander – man lief sich täglich über den Weg.

Das stimmt. Und trotzdem. Seltsam, wenn ich heute darüber nachdenke: Wir hatten null Kontakte. In unmittelbarer Nachbarschaft zu unserer katholischen Kirche lag die evangelische Markus-Gemeinde, keine 200 Meter entfernt. Trotzdem gab es keinerlei Beziehungen. Die wurden von beiden Seiten auch gar nicht angestrebt. So habe ich nie den Versuch unternommen, dieses »protestantische« Gotteshaus einmal von innen zu sehen, geschweige denn an einem Gottesdienst teilzunehmen. Eine ökumenische Öffnung und ein Interesse an »den Anderen« kam dann erst in Tübingen. Aber in Oberhausen war das noch ein Ohneeinander, ein Nebeneinander, geprägt eher von gegenseitigem Misstrauen. Eben Konfessionalismus pur. Dabei lag, als ich Oberhausen 1967 verließ, das Konzil schon zwei Jahre zurück und damit die Selbstverpflichtung der katholischen Kirche zur Ökumene. Davon aber war an der Basis erst einmal wenig angekommen. Erst in Tübingen lernte ich, zwischen Katholizismus als soziologischer Kategorie und Katholizität als einem geistigen Ideal zu unterscheiden und dass es – jenseits der alten konfessionalistischen Lager – längst neue gelebte Synthesen des Christseins gibt: eine von Protestanten gelebte Katholizität und eine von Katholiken gelebte Evangelizität. Und meine Tübinger Lehrer trugen dazu bei, katholische Kirche und Theologie von ihrem Antiprotestantismus zu befreien.

Und Ihre ältere Schwester hat tatsächlich ihren evangelischen Freund aufgegeben?

Sie hat dann einen katholischen Mann geheiratet. Nach 20 Jahren war die Ehe am Ende. Zumindest befreit eine solche Erfahrung endgültig von der Illusion, eine kirchlich identische Herkunft beider Partner garantiere schon eine dauerhafte Ehe und umgekehrt »Mischehen«, wie man sie damals noch verächtlich nannte, bedeuteten Abfall vom wahren

Glauben. Der Mann meiner jüngeren Schwester, den sie dann geheiratet hat, ist zwar evangelischer Herkunft, ich sagte es, diese Ehe aber hält jetzt schon 46 Jahre.

Kostbare Momente einer Zwiesprache mit Gott

Sie waren sehr in diese katholische Welt eingebunden, das Milieu, das Kirchenjahr, den Ministrantendienst, den Chor. Das sind schöne, aber doch äußere Dinge. Gab es für Sie als Kind, als Jugendlicher auch ein inneres religiöses Erleben?

Das Äußere und das Innere sind nie ganz zu trennen, finde ich. So habe ich sehr gerne Weihrauch geschnuppert, ich gestehe es, und das hat auch im Innern etwas bewirkt. Und doch gab es tatsächlich etwas Anderes, Tieferes. Das waren Momente vollkommener seelischer Getragenheit, während des Gottesdienstes, aber mehr noch, wenn ich allein in der Kirche saß. Ich hatte mich mit dem damaligen Küster unserer Gemeinde angefreundet, habe ihn oft vertreten und hatte dann auch den Schlüssel, um alle Kirchentüren abzuschließen. Wenn dann die Gottesdienste oder Andachten vorbei waren, schloss ich ab und habe dann lange noch völlig ungestört allein in der leeren Kirche gesessen. Ganz allein. Und habe erlebt, was Heinrich Böll die Sanftmut des Gottesfriedens genannt hat. Schweigen als sanfte Kraft. Wortlosigkeit als Loslassenkönnen. Mit geschlossenen Augen dasein. Nichts mehr wollen, auch von Gott nicht. Nur ein elementares Danke, dass ich sein darf. Das habe ich tief in mich aufgesogen und war glücklich dabei. In diesen Stunden, manchmal nur Momenten, ist so etwas entstanden wie eine Vertrauensbeziehung zum »Göttlichen«. Ein wortloses Getragensein. Ein Vertrauen, bei vollem Risiko natürlich. Das war in späteren Jahren oft genug angefochten und in der Krise, ist aber nie zerbrochen.

Mit diesem Grundvertrauen konnten Sie alle Glaubenszweifel und alle Empörung über die Institution überstehen, das kann ich mir vorstellen.

Vielleicht war es mir gerade durch diese Erfahrungen möglich, später vor Gott zu klagen, mit Gott zu hadern, ja eine Theologie des Protestes gegen Gott vor Gott zu entwickeln. Und zwar im Anschluss an das Werk von Heinrich Heine, dem ich zu diesem Thema eine eigene Studie gewidmet habe: »Gottes grausamer Spaß? Heinrich Heines Leben mit der Katastrophe« (2002). Wie er entdeckte auch ich genuin biblische Grundlagen einer solchen Theologie: das Buch Hiob, die Klagelieder, die Klagepsalmen. Und was immer in meinem Leben passiert ist, die Beziehung hat gehalten. Ich hadere angesichts von Gottes Unbegreiflichkeit – und kann trotzdem ein Bittgebet für mich und andere sprechen. Oder ganz elementar »Danke« sagen, habe ich doch wahrhaftig viel in meinem Leben »geschenkt« bekommen, beruflich und privat. Es hätte alles auch ganz anders kommen können. Es gibt ein religiöses Urwort für diese Erfahrung. Es heißt: »Gnade«. Ich gebrauche es mit aller gebotenen Zurückhaltung. Große Worte wie diese sind leicht zerbrechlich.

Das ist der Unterschied zu Menschen, die diese Kirche anders erfahren haben, als angstmachend, als missbrauchend.

Ja. Und das muss ich mir immer wieder klarmachen: Es gibt andere, bittere Erfahrungen mit diesem amtskirchlich-hierarchischen »System Kirche«, klerikal abgehoben, dogmatisch eingemauert, rechtlich abgespalten, pastoral unempfindlich. So gesehen sind meine guten Erfahrungen mit einer Ortsgemeinde gebrochen, aber nicht auszulöschen. Heute versuche ich, einer Tübinger Pfarrgemeinde die Treue zu halten. Einmal, weil ich der Überzeugung bin, Christ sein ist nicht Privatismus, sondern sollte gemeinschaftlich gelebt werden, und weil ich ein Gegenzeichen setzen will gegen die allgemeine Kirchenvergleichgültigung in unserer Gesellschaft. Man lädt mich gelegentlich zu einer Predigt ein, und ich versuche, regelmäßig an den Sonntagsgottesdiensten teilzunehmen. Eine Reformgemeinde ist das, in der ich mich auch theologisch wohlfühle: mit Laien, Männern und Frauen, neben einem ordinierten Pfarrer in der Gemeindeleitung und in der Gottesdienstgestaltung. Der männerdominierte, zölibatäre Klerikalismus ist hier relativiert, teilweise überwunden.

Wie erlebten Sie Oberhausen, als sie jung waren? Heute gilt die Stadt ja als arm, kaputt, problembehaftet.

Völlig anders. Die Stahl- und Kohleindustrie war nach dem Krieg wieder aufgebaut, die Stadt brummte ökonomisch. Denn für den Wiederaufbau Deutschlands brauchte man jetzt wieder jede Menge Kohle und Stahl. Oberhausen verfügte damals noch über eines der größten Stahlwerke Deutschlands: die »Gutehoffnungshütte«. Das änderte sich erst vom Ende der 1960er-Jahre an, als der große Strukturwandel das ganze Ruhrgebiet erfasste: weg vom Monopol der Schwerindustrie hin zu differenzierten Dienstleistungsangeboten. Mein Vater aber war Beamter der Stadtverwaltung und stieg langsam die Beamtenleiter hoch. So ging es uns persönlich wirtschaftlich immer besser. Ende der 1950er-Jahre war das Geld noch knapp, mit vier kleinen Kindern. Ende der 1960er-Jahre aber stellte sich doch ein bescheidener Wohlstand bei uns ein – Stichworte: Fernseher, Auto, Auslandsreisen. Alle Kinder »wie selbstverständlich« auf »höheren Schulen« bis zum Abitur. Bildung als Aufstiegschance und -motor wie bei ungezählten anderen Familien auch. Unsere Eltern haben uns das ermöglicht. Ein Grund mehr, ihnen dankbar zu sein.

Ignoriert und verdrängt: Die Präsenz von Juden

Gab es etwas, was Sie während Ihrer Zeit in Oberhausen schlicht nicht gesehen haben, vielleicht verdrängt?

Politisch war und ist Oberhausen seit Menschengedenken in sozialdemokratischer Hand. Ein SPD-Oberbürgermeister löst den anderen ab, und die wirtschaftliche Lage, sprich: die Schulden der Stadt, bleibt ebenso unverändert. Doch Parteipolitik hat mich damals wenig interessiert. Ich blieb konzentriert auf Familie und gleichaltrige Freunde, mit denen ich leidenschaftlich gerne Fußball gespielt habe, Samstagnachmittags auf einem der Bolzplätze, wenn ich nicht zähneknirschend bei der Gartenarbeit helfen musste. Und da war eben diese katholische Kirchengemeinde. Erst im Rückblick habe ich realisiert, was ich durch meine konfessionalistischen Scheuklappen überhaupt nicht wahrgenommen hatte, was mir später dann sehr wichtig wurde.

Gab es über die Präsenz von Evangelischen hinaus noch etwas anderes?

Ja. Von der gläsernen Wand zu unseren evangelischen Mitchristen und Mitchristinnen habe ich schon gesprochen. Und dann war es zweitens die Präsenz des Judentums. Ich war irgendwann in den 1990er-Jahren einmal zu einem Vortrag nach Oberhausen eingeladen worden und sprach über eines meiner Themen in dieser Zeit: die »abrahamische Ökumene« zwischen Juden, Christen und Muslimen. Ich war längst auch im christlich-jüdischen Dialog engagiert. So hatte ich es mir zur Gewohnheit gemacht, mich in den Städten Deutschlands, in die ich eingeladen war, nach der Präsenz von Juden einst und jetzt zu erkundigen. Gab es hier eine jüdische Gemeinde? Eine Synagoge? Wo steht heute die nächste?

So fragte ich seinerzeit gewissermaßen routinemäßig auch in Oberhausen, ohne Großes zu erwarten. Und fiel buchstäblich aus allen Wolken meiner Ahnungslosigkeit, als mir gesagt wurde, wie schon zahlenmäßig bedeutend das Judentum in Oberhausen bis 1933 gewesen war: etwa 600 Personen. Bis 1938 hatte es in der Friedenstraße eine Synagoge gegeben, die 1898 erbaut und die ebenso wie ungezählte Synagogen in Deutschland der Schändung in der Reichspogromnacht vom 9. November 1938 preisgegeben worden war. Dabei hatte es schon seit Mitte des 19. Jahrhunderts jüdisches Leben in der Stadt gegeben, wovon die in Oberhausen-Holten 1858 errichtete Synagoge in der Mechthildisstraße Zeugnis ablegt, die allerdings 1927 aufgegeben und 1936 verkauft wird. All diese »Schauplätze« waren mir aus meiner Zeit in Oberhausen vertraut, nur nicht, dass es dort jüdisches Leben gegeben hatte. Die Geschichte und das Schicksal der Oberhausener Juden in der NS-Zeit aber ist mittlerweile in einem 2012 erschienen, opulent mit Texten und Bildern ausgestatteten Band unter dem Titel »Oberhausen im Nationalsozialismus 1933 bis 1945« gründlich aufgearbeitet worden. Wer von den Oberhausener Juden bis 1941 nicht emigriert war, wurde im Zuge der dann einsetzenden Deportationen in die KZs und Vernichtungslager verbracht. Heute gehören die meisten Oberhausener Juden zur jüdischen Gemeinde Duisburg-Mülheim-Oberhausen. Seit 2005, habe ich gelesen, existiert in der Stadt auch eine liberale jüdische Gemeinde, die zum Verband *Union Progressiver Juden* gehört. Ich schäme mich dafür, dass ich diesen Aspekt meiner Heimatstadt erst so spät entdeckt habe.

War das ein Thema in der Familie?

Meine Eltern haben nie darüber gesprochen. Entweder weil sie es verdrängten oder verschwiegen. Ich weiß es leider nicht, denn, als es mir bewusst wird, ist es zu spät, sie danach zu fragen. Von sich aus jedenfalls hatten sie wie ungezählte andere kein Interesse, nach dem Krieg solche Fragen zu stellen. Ich selber wurde dann kurz vor dem Abitur das erste Mal mit der Schoa konfrontiert. Ich nahm in der Oberhausener Volkshochschule an einer öffentlichen Lesung aus dem damals gerade erschienenen »Oratorium« des Dramatikers Peter Weiss teil: »Die Ermittlung«. Das ist 1966 gewesen. Weiss hatte die Texte seines Stücks wortwörtlich den Protokollen des Frankfurter Auschwitz-Prozesses von 1963 bis 1965 entnommen und sie für die Bühne nur leicht bearbeitet. Er hatte die Verhandlungen als Zuschauer mitverfolgt. Was ich davon erstmals hörte, hat mich schockiert: all die authentischen Zeugnisse der Überlebenden des Grauens, die als Zeugen ausgesagt hatten, zugleich die reue- und mitleidlosen Rechtfertigungen der Täter, die immer noch ihre angebliche »Unschuld« beteuerten, weil sie ja »nur Befehlen« gehorcht hätten. Ich weiß noch, welch tiefe Scham ich empfand, dass solche Täter Deutsche waren, mein »geliebtes Deutsch« sprachen. Aber wirklich sensibel für die Präsenz des Judentums in Deutschland als gesellschaftliche, politische und theologische Herausforderung wurde ich erst in Tübingen.

Das heißt: In der Schule war der Mord an Europas Juden nie ein Unterrichtsthema?

In der Schule hörten wir nichts davon. Das staatlich-humanistische Gymnasium in Oberhausen war für mich eine gute Schule, mit neun Jahren Latein- und sechs Jahren Griechischunterricht, was mir später für mein Theologiestudium zustattenkam. Aber im Geschichtsunterricht sind wir nur bis zum Jahr 1933 gekommen. Wenn ich mich richtig erinnere, haben wir noch die sogenannte Machtergreifung behandelt, Hitlers Ernennung zum Reichskanzler – dann war Schluss. Die 1700-jährige Geschichte von Juden in Deutschland, die

Geschichte von kirchlichem Antijudaismus und rassischem Antisemitismus, die Geschichte der angepassten und mitmachenden Deutschen, das alles spielte in unserem Geschichtsunterricht keine Rolle. Umso unvorbereiteter bin ich, als ich dann mit Weiss` Oratorium konfrontiert werde.

Die tödliche Mischung: Antijudaismus und Antisemitismus

Das Ausmaß des Schweigens und Verschweigens der NS-Geschichte ist heute schwer nachvollziehbar. Andererseits war Ihr Lehrer da nicht einfach Lehrer, sondern auch Beteiligter, Betroffener, Mitläufer, möglicherweise Täter. Das hätte bedeutet, dass er sich vor der Klasse seiner eigenen Rolle hätte stellen müssen, ich denke, er war sehr froh, dass er beim Jahr 1933 aufhören konnte. Davor hat er sich gedrückt – und wahrscheinlich das Thema auch selbst einfach verdrängt. Und in der katholischen Jugendarbeit?

Schon Heinrich Böll hat immer beklagt, dass der organisierte Katholizismus nach dem Krieg sich ohne wirkliche Selbstkritik auf Seiten der Nazigegner gesehen hat. Sicher, die katholischen Verbände waren stark eingeschränkt gewesen; unter den kirchenaktiven Katholiken war der Anteil überzeugter Nationalsozialisten und Parteimitglieder vergleichsweise gering geblieben; man hatte sogar einzelne »Märtyrer« vorzuweisen: einen Alfred Delp, einen Rupert Mayer und einen Bischof Johann Baptista Sproll beispielsweise; und die antikatholischen Hasstiraden der Nazis waren im Verlauf der 1930er-Jahre immer schriller geworden, obwohl Hitler ja schon im Juli 1933 mit dem Vatikan das sogenannte Reichskonkordat abgeschlossen hatte. Kurz: Man sah sich nach dem Krieg vor allem als Opfer. So kam man vielfach gar nicht auf die Idee, das selbstkritisch zu thematisieren, was wir heute wissen: dass die christlichen Kirchen, einschließlich der katholischen, Jahrhunderte lang eine fatale Enterbungstheologie gegenüber dem Judentum betrieben hatten, *eine* der Wurzeln dafür, warum sich das Verbrechen am jüdischen Volk hinter dem Rücken der Kirchen abspielen konnte, mit Bischöfen, Pfarrern, kirchlichen Funktionären und ungezählten Gläubigen als schweigenden Zuschauern. »Die Kirche« hatte ja auch längst alle biblisch bezeugten göttlichen Verheißungen an das Bundesvolk Israel auf sich bezogen. Sie war die alleinige Nutznießerin eines *Neuen* Bundes geworden, sie allein repräsentierte das *neue* Volk Gottes, sie allein besaß jenes *Neue* Testament, welches das Erste Testament Israels »alt« und damit überholt aussehen ließ. Wir werden auf das Thema zurückkommen, wenn ich über meine Begegnungen mit dem gelebten Judentum berichte.

Gibt es eine Verbindung von kirchlichem Antijudaismus und rassischem Antisemitismus?

Und zwar so: Indem die Kirche die Synagoge beerbt und nach ihrem Selbstverständnis überboten hatte, hatte sie sich an die Stelle Israels gesetzt – mit geschichtlich verhängnisvollen Folgen für das jüdische Volk. Denn die »heilsgeschichtliche« Auslöschung Israels als einer von Gott verworfenen und deshalb veralteten und überholten Größe bereitet über die Jahrhunderte auf geistige Weise die dann vollzogene physische Auslöschung vor. Man hatte unter Christen das jüdische Volk geistig schon zu lange für tot erklärt und damit faktisch »vernichtet«, um dann noch bereit zu sein, gegen dessen physische Vertreibung oder Vernichtung öffentlich Einspruch zu erheben oder gar Widerstand zu leisten. So bereitet der Jahrhunderte alte kirchliche Antijudaismus den Nährboden für einen rassischen Antisemitismus, der sich im 19. Jahrhundert herauszubilden beginnt und im 20. Jahrhundert tödliche Folgen für das jüdische Volk haben wird. All das wurde in kirchlichen Kreisen lange verdrängt, bis das Zweite Vatikanische Konzil 1965 auch in Sachen Kirche-Israel/Judentum Bahnbrechendes verabschiedet hat. Ich habe das in meinen Büchern über Martin Buber und Theodor Heuss beschrieben und gezeigt, welche Herausforderungen umgekehrt von einem jüdischen Denker wie Martin Buber für »das Christentum« ausging und wie der erste Bundespräsident Nachkriegsdeutschlands seine »Feldzüge gegen das Vergessen« geführt und seine Vertrauensarbeit Richtung Juden und Judentum gestaltet hat.

Gefährliche Lektüre

Sie sind ein Mensch, der mit und aus Büchern lebt – was waren die ersten, die sie gelesen haben und an die Sie sich erinnern? Was lasen Sie mit heißen Ohren heimlich unter der Bettdecke?

Manchmal habe ich tatsächlich heimlich unter der Bettdecke weitergelesen, weil meine Eltern sagten: Jetzt ist Schluss, du brauchst Schlaf. Also durfte kein Licht mehr in meinem Zimmer brennen. So tauchte ich ins Dunkel unter der Bettdecke und las mit der Taschenlampe. Eine romantische Erfahrung, keine Frage, und ein Akt jugendlicher Selbstbehauptung. Karl May wurde so bändeweise verschlungen, den Ernst Bloch später den »Shakespeare der Jugend« nennen wird. Geliebt habe ich auch die Bücher der englischen Schriftstellerin Enid Blyton: die »Abenteuer«- »Geheimnis«- und die »Fünf Freunde«-Geschichten mit Kindern und Jugendlichen in meinem Alter als »Helden«. Damals war das noch eine reine Welt der Bücher. Einen Fernseher hatten wir zu dieser Zeit noch nicht.

Lesen unter der Bettdecke: So entstehen Liebesgeschichten mit Büchern …

Und die Bücher kamen aus der katholischen Gemeindebücherei?

Aber klar doch. Auch hier war die Gemeinde Kulturträgerin. Erst später erkannte ich: Die katholischen Pfarrbüchereien waren ebenfalls Produkte einer im Verlauf des 19. Jahrhunderts aufgebauten katholischen Parallelgesellschaft, wie die Kolping-Vereine es waren, parallel zu einer immer kirchenferneren, kirchenkritischen, säkularen Gesellschaft. Mit ihrer Hilfe sollten katholische Christen vor »Schundliteratur« bewahrt werden, Zugang zum »guten Buch« bekommen und nicht zu irgendwelchen moralisch anstößigen Druckerzeugnissen. Das habe ich damals natürlich nicht durchschaut. Aber ich habe von dieser Parallelwelt profitiert. Und die Auswahl war in den 1960er-Jahren nach dem Konzil längst nicht mehr so beschränkt. Es gab neben guten Sachbüchern über Geschichte, Geografie und Naturwissenschaften auch jede Menge englischer Krimis. Merkwürdig, wenn ich heute darüber nachdenke: Über Verbrechen durfte der »gute Katholik« lesen. Über Sexualität oder Kirchenkritik gab es nichts.

Es gab nie Konflikte um die Lektüre?

Ich erinnere mich an einen Konflikt mit meinem Vater, als ich schon in Bochum war, Theologie studierte. 1968 machten wir eine gemeinsame Italienreise: Rom, Florenz, Venedig. Und ich nahm zwei Bücher mit auf die Reise, die mir im Studium empfohlen worden waren. Das eine war von Jean Paul Sartre: »Der Existentialismus ist ein Humanismus«: Und das andere von Ernst Bloch: »Religion im Erbe«. Allein schon der Begriff Existenzialismus löste bei meinem Vater Misstrauen aus. Und natürlich Ernst Bloch. War der nicht Kommunist? Mein Vater reagierte mit Abwehr – aus Angst. Er dachte wirklich, sein Sohn sei auf der schiefen Bahn, verliere die Kontrolle, bewege sich in die falsche politische Richtung. Wobei er nicht schimpfte oder polterte, sondern eher vorsichtig fragte: Ist das nicht sehr gefährlich, und bringt dich das nicht von deinem Glauben ab? Ich billige ihm heute zu, dass er sich aufgrund seiner Herkunft, seiner Prägungen und Überzeugungen Sorgen um mich machte.

Politisches Erwachen: Der Vietnam-Krieg

Welche Rolle spielte bei Ihnen die Rock- und Popmusik? Beatles oder Stones? Oder war das von vornherein verboten?

Es war nicht verboten, aber es hat mich auch nicht sehr beeindruckt oder gar geprägt, wie es ja bei vielen Menschen meiner Generation der Fall war, die Dutzende Schallplatten gekauft hatten. Ich habe das registriert, blieb aber leidenschaftslos, obwohl diese Beat-Musik und dann auch die langen Haare meiner Generation als Zeichen einer unbürgerlichen Alternativkultur galten – und ich mich durchaus als Teil dieser Gegenkultur verstand. Aber mein politisches Bewusstsein war damals wenig entwickelt. Und die Beatles hatten ja direkt politisch nichts anzubieten, jedenfalls nichts programmatisch Durchdachtes. Das war mehr Lebensgefühl als Lebensgestaltung. Ihr damals auch von mir mit einer gewissen Faszination verfolgter »Trip« 1968 in einen Ashram in Indien nahe Rishikesh (Bundesstaat Uttarakhand) steht symbolisch dafür. Unter den Augen der Weltpresse suchten Sie »Erleuchtung« durch Transzendentale Meditation, ausgerechnet bei einer so zwiespältigen Figur wie Maharishi Mahesh Yogi, der dann vor allem wegen der Beatles zu einer Ikone des Hippie-Mystizismus der 1960er-Jahre wurde und bei dem Mystic und

Money dann eine fruchtbare Verbindung eingegangen sind. Etwas anderes ist der Individualpazifismus eines John Lennon. Er hat Zeichen gesetzt und seine Popularität dafür genutzt. Wie gut konnte ich sein Lied »Imagine« verstehen und die Verse daraus. Es ist das Lied meiner Generation.

Ich habe den Text, die Melodie und die helle Stimme von Lennon noch im Ohr. Ich höre mir dieses textlich und melodisch so einfache und zugleich eingängige Lied jetzt – Stichwort Ukraine – wieder neu an: »Da ist nichts, für das sich zu töten oder zu sterben lohnt«. Wahrhaftig. Schon vor 40 Jahren gesungen: »Stell dir vor, da ist kein Jenseits. Keine Hölle unter uns. Über uns nur der Himmel. Da ist nichts, für das sich zu töten oder zu sterben lohnt. Und auch keine Religion. Stell dir vor, alle Menschen lebten ein Leben in Frieden. Du magst sagen, ich sei ein Träumer, aber ich bin nicht der einzige«.

»Imagine« ist nicht nur ein Lied wider einen spalterischen Nationalismus, der massenhaft Opfer fordert, sondern auch wider einen spalterischen religiösen Fundamentalismus, der über Leichen geht. Ja, eine Welt ohne die Religionen wird geradezu als Grundvoraussetzung für eine friedliche Welt angesehen. Leider ist das nicht so einfach. Gibt es nicht auch eine monströse Gewaltgeschichte des Atheismus? Von Robbespierre angefangen bis zu Hitler und Stalin? Meine erste persönliche Politisierung kam mit den Protesten gegen den Vietnamkrieg, da war ich 17, 18 Jahre alt. Ich sehe mich noch mit einigen Klassenkameraden vom Gymnasium mit dem Sprechchor Ho-ho-ho-Chi-Minh durch die Altstadt von Oberhausen ziehen.

Was wussten Sie über den kommunistischen Machthaber Hő Chí Minh Nordvietnams?

So gut wie nichts. Unser Auftritt kam mehr aus dem Wunsch, mit dem Namen von »Onkel Ho«, wie er verniedlichend genannt wurde, »das Establishment« zu provozieren und gegen den Stachel zu löcken. Dabei hatten uns durchaus die Angriffe der US-Air Force auf Vietnam mit Napalm-Bomben entsetzt und empört. Das Bild von dem schreienden, nackt vor dem Feuer fliehenden vietnamesischen Mädchen ging ja durch die Weltpresse. Deshalb machte ich 1967, im Jahr meines Abiturs, einmal bei einem der Ostermärsche gegen die atomare Rüstung mit, die gerade im Ruhrgebiet zu dieser Zeit starken Zulauf hatten, ohne dass ich eine politisch gefestigte pazifistische Position gehabt hätte. Mein Vater war natürlich beunruhigt.

Das war ja auch starker Tobak für einen seiner Herkunft.

Wobei weder er noch meine Mutter mir irgendetwas direkt verboten. Ich hätte mir auch nichts mehr verbieten lassen. Aber mein Vater hat mich gewarnt, so wie er mich später vor den seiner Meinung nach falschen Büchern warnen sollte. Vor allem war er mit Ungezählten seiner Generation den Amerikanern dankbar, dass sie uns Deutsche vom Nationalsozialismus befreit und bisher vor der Sowjetunion beschützt hatten. Meine Generation sah dagegen, was die Amerikaner in Vietnam anrichteten und fanden das furchtbar und unmenschlich. Das hatte mit »Demokratie«, für die »Amerika« nach dem Krieg für uns stand, nichts mehr zu tun. Das war Machtpolitik der brutalsten Art. Und das sahen ja Millionen amerikanischer Bürger genau so, die gegen Krieg und Rassismus und für Bürgerrechte in den USA massenhaft zu demonstrieren begonnen hatten.

»Mein Amerika«

Gab es so etwas wie Vorbilder?

Ja, eine unserer »Heldinnen« damals ist die Folk-Sängerin Joan Baez mit Liedern wie »We shall overcome …«, »Blowing in the wind …«, »Where have all the flowers gone …«. Bob Dylan nicht zu vergessen. Das Amerika von Martin Luther King und der Brüder Daniel und Philip Berrigan, die aus Protest gegen den Vietnam-Krieg Einberufungsbescheide aus Gewissensgründen öffentlich verbrannten und dafür ins Gefängnis gingen, steht mir bis heute vorbildhaft vor Augen. Beide waren Mitglied eines katholischen Ordens! »Civil disobedience«, so das Buch des legendären amerikanischen Poeten Henry Thoreau von 1849, »ziviler Ungehorsam« aus Gewissensgründen ist ja eine amerikanische Freiheitstradition. Wie weit ist das von einem Amerika entfernt, das durch einen Präsidenten wie George W. Bush die Welt belog, um in den Irak einmarschieren zu können, oder von einem Trump-Amerika der Fake News, der Hetze gegen politisch Andersdenkende, der gesellschaftlichen Spaltungen und der Verachtung demokratischer Regeln. Was Donald Trump und seine Gefolgsleute gegenwärtig an Hass säen und an Abgründen aufreißen, hat mit *civil disobedience* aus Gewissensgründen im Sinne Thoreaus nichts zu tun. Das ist zynisch kalkulierte Spaltung der Gesellschaft auch mit Mitteln von Lügen-Propaganda, um an die Macht zu kommen oder an der Macht zu blieben.

»Mein Amerika« ist und bleibt: das der Bürgerrechtsbewegung, die immer noch lebendig ist und Barack Obama, einen Mann afrikanischer Herkunft, von 2009 bis 2017 zweimal ins Amt des Präsidenten gebracht hat. Als ersten Präsidenten schwarzer Hautfarbe. Und das weltoffene, kulturell, konfessionell und religiös plurale Amerika, das ich erstmals bei meinem Studienaufenthalt 1980 an der Harvard University in Boston kennengelernt habe und seither auf USA-Reisen immer wieder. Nicht zu vergessen das große literarische Amerika, das ich liebe: das Amerika von Ernest Hemingway, William Faulkner, Norman Mailer, Toni Morrison oder Tom Wolfe. Lesen Sie dazu die entsprechenden Kapitel in meinem Buch »Jesus im Spiegel der Weltliteratur«. Und zu Wolfes Roman »Fegefeuer der Eitelkeiten« (1987) das Entsprechende in dem Buch zur Finanzkrise »Börsen, Banken, Spekulanten«, das ich mit meinem juristischen Kollegen Heinz-Dieter Assmann 2011 herausgebracht habe. Dass ich zu Beginn der 1970er-Jahre den Kriegsdienst aus Gewissensgründen verweigerte und von 1972 bis 1974 gut zwei Jahre aus voller Überzeugung in einem Tübinger Heim für »verhaltensgestörte«, betreuungsbedürftige Kinder zivilen Ersatzdienst ableistete, hat mit meinen Erfahrungen Mitte der 1960er-Jahre zu tun.

Was Vietnam betrifft, hatten Sie eher das Gefühl: Hier geschieht Unrecht.

Wir sahen die Nord-Vietnamesen als die Schwächeren an, die Ohnmächtigen, die Kleinen. Dass Hồ Chí Minh nicht nur ein »Befreiungskämpfer« gegen die französische Kolonialmacht im »Indochina«-Krieg, sondern ein kommunistischer Diktator vom Schlage Maos war, haben wir damals nicht reflektiert. Hätten wir tun sollen …

Priester werden? Studien in Bochum

Sie lebten zu Beginn Ihres Studiums in Bochum im Theologenkonvikt mit anderen jungen Männern zusammen, die katholische Priester werden wollten. Das ist vielleicht auch nicht das, was man gemeinhin unter einem revolutionären Umfeld versteht.

Nein, wirklich nicht. Aber das Leben im Bochumer Konvikt war doch relativ frei. Vorher hatten die Priesteramtskandidaten der Diözese Essen in Bonn, im dortigen »Albertinum«, leben müssen, was ein geschlossener klerikaler »Kasten« war. Jetzt aber legte der damalige Essener Bischof größten Wert darauf, dass »seine Leute« an der neu geschaffenen Fakultät in seiner Nähe studieren sollten. Das Seminaristen-Wohnheim in Campus-Nähe aber war noch im Bau, als ich im Wintersemester 1967/68 dort zu studieren begann. Also wurden wir in einem Provisorium im Norden Bochums untergebracht, in drei, vier angemieteten Häusern. Das war kein geschlossenes klerikales System mehr und gab uns einen gewissen Freiraum, den wir genutzt haben.

Wie kamen Sie an der neu gegründeten Universität zurecht?

Sie war in der Tat erst 1962 als »Ruhr Universität« gegründet und 1964 mit ersten Gebäuden errichtet worden. Der Gründungsdirektor, Professor Kurt Biedenkopf, war noch im Amt, der Mann, der später in der CDU Karriere machen und es nach der Wende sogar zum Ministerpräsident von Sachsen bringen sollte. Sehr spannend, Teil eines solchen Aufbauprozesses zu sein. Von den zehn- bis zwölfstöckigen wabenartigen Hochhäusern standen erst drei, aber Germanistik und Theologie wurden angeboten. Das genügte mir. Als ich viele Jahre später einmal eine Gastvorlesung in Bochum hielt, sah ich, was für ein abstoßendes Bauwerk aus Beton der ganze ausgebaute, riesige Campus geworden war, kalt, nur funktional, mit jetzt schon bröckelndem Beton. Ob er heute besser aussieht? Dabei liegt die Universität sehr gefällig in den Hügeln über dem Ruhrtal. Ein Campus-Modell auf der grünen Wiese. Man hat von da einen schönen Blick hinunter ins Tal, aber der Beton, den man damals als Baumaterial benutzt hatte, war nach einigen Jahren heruntergekommen. Damals habe ich das nicht so empfunden. Ich war viel zu sehr fasziniert von der neuen Welt einer Universität, die sich mir da auftat.

Können Sie sich an eine besondere Lehrveranstaltung erinnern?

Unvergessen ein Pro-Seminar über Friedrich Schillers frühe Dramen, darunter »Kabale und Liebe«. Da höre ich zum ersten Mal das Wort »Bauerbach«. Den Namen eines Ortes, der mich sofort in Bann schlägt. Denn sieben Monate lang hatte sich der damals 23 Jahre alte Schwabe Friedrich Schiller in diesem Nest unweit der thüringischen Residenzstadt Meiningen unter dem Tarnnamen Dr. Ritter auf der Flucht vor seinem württembergischen Herzog und dessen Häschern versteckt und dieses revolutionäre Stück gegen Tyrannei, Menschenhandel und Fürstenwillkür geschrieben: 1782/83. Der junge Schiller war ja Militärarzt, hatte sich unerlaubt aus der Truppe entfernt und galt als »Deserteur«. Diesen Ort, wo er in wenigen Monaten »Kabale und Liebe« vollendet hatte, wollte ich sehen. Das war die Initialzündung zu meinem späteren Vorhaben, an solche »magischen Orte« zu reisen. An Orte, an denen Dichter:innen lebten, manchmal überlebten, arbeiteten, schrieben. Ich schaute auf die Landkarte – und war bitter enttäuscht: Damals, 1968, lag Bauerbach direkt hinter der Zonengrenze. Da kam man nicht hin, nicht einmal über die DDR, denn die Gebiete unmittelbar an der Grenze waren auch für die Bürgerinnen und Bürger der DDR militärisches Sperrgebiet. Zum Glück aber war auch zu DDR-Zeiten das alte Gutshaus als Schiller-Museum weitergeführt worden. Nach der Wende fuhr ich sofort nach Weimar (auch so ein Sehnsuchtsort für einen wie mich) und auf dieser Reise dann auch nach Bauerbach. Seither noch zweimal mit je unterschiedlichen Erfahrungen.

III.

Tübingen leuchtet

Trotzdem sind Sie dann schon recht bald nach Tübingen – weil Sie nahe bei den Theologen Hans Küng und Joseph Ratzinger sein wollten, wie Sie sagen.

Am Anfang stand die Anziehungskraft der großen Namen. Aber Tübingen steht für weit mehr: Hier fing mein eigentliches Studentenleben an, hier machte ich erste Schritte in die Selbständigkeit, in ein eigenes Leben sozusagen. Ich hatte Glück, dass ich zum Wintersemester 1969/70 wenigstens ein Dachzimmerchen in einem Dorf außerhalb der Stadt gefunden hatte. Ein Semester später, zum Sommersemester 1969, konnte ich dann nach Tübingen in eine richtige Studentenbude ziehen, bei einer Witwe zur Miete. Ein Bett stand darin, ein Tisch, ein Stuhl, ein Schrank und ein kleines Bücherregal. Toilette und Dusche unten im Keller. Studentenleben, wie man es sich vorstellt. Damenbesuch selbstverständlich verboten.

Nicht wirklich, oder?

Doch. Die alte Dame hat mich gut versorgt. Morgens bekam ich eine Tasse Kaffee von ihr, nachmittags, wenn ich da war, ein Stück Kuchen. Aber Damenbesuch? No, Sir. Und ich habe das mitgemacht. Es war mir egal, ich war glücklich. Glücklich mit meinem Zimmer in Uni-Nähe, der Stadt, der Universität und mit meinen Fächern Theologie und Germanistik.

Was waren Ihre ersten Eindrücke von Tübingen? Sie kamen ja aus einer sehr anderen Welt, dem Ruhrgebiet.

Mich beeindruckte zuerst einmal die historische Tiefe dieser Stadt. Oberhausen war Ende des 19. Jahrhunderts entstanden, im Zuge der Kohleförderung und der Industrialisierung. Vorher gab es hier nur kleine Dörfer und viel Wiese und Weide. Eine typische Niederrhein-Landschaft eben. Städte mit historischer Tiefe aber hatten für mich schon früh etwas geradezu erotisch Anziehendes. Tübingen ist als Stadt seit 1231 bezeugt. Die Universität wurde 1477 gegründet, ist jetzt gut 550 Jahre alt. In solch geschichtsträchtigen Orte kamen wir als Ruhrgebietsbewohner in der Regel nur in den Ferien. Oder wenn wir an den Niederrhein fuhren, wo es in Xanten bei Wesel Reste eines römischen Lagers gab. Oder nach Köln, wo man »mit dem Fahrstuhl in die Römerzeit« fahren konnte. Als ich in meinem ersten Semester noch in dem genannten Dorf vor Tübingen gewohnt habe, bin ich mit dem Fahrrad zur Uni gefahren. Über Felder und durch Wälder. Und ich kam mir vor wie in langen Ferien.

Wie haben Sie den Unterschied zwischen Bochum und Tübingen wahrgenommen?

Anders als in Bochum sind in Tübingen Universität und Stadt eng verwoben. Das schafft eine eigene, dichte intellektuelle Atmosphäre, die es vermutlich nur noch in wenigen alten Universitätsstädten Deutschlands gibt. Durch das Campus-Konzept waren in Bochum Stadt und Universität klar getrennt. Dort war alles künstlich und schnell hochgezogen worden, in Tübingen dagegen erschien mir alles als eine organisch gewachsene Einheit. Und dann gab es hier charismatische Lehrer.

Tübingen – die Stadt der Dichter und Denker? Das dürfte auch Sie angezogen haben.

Keine Frage. Dazu gehörten für mich unter den Theologen vor allem Hans Küng und Jürgen Moltmann. Aber auch Theodor Eschenburg, der damals hoch angesehene und einflussreiche Politologe, dann der Altphilologe Wolfgang Schadewald, großer Homer- und Platon-Übersetzer. Bei beiden habe ich zusätzlich Vorlesungen besucht. Ernst Bloch nicht zu vergessen. Schon hochbetagt, hat er einmal im Semester noch ein Seminar abhalten wollen. Ich bewarb mich dafür und wurde zugelassen. Er genoss damals schon einen legendären Ruf. Seine Schriften waren bei Suhrkamp publiziert worden, und spätestens 1967, als sein Werk mit dem Friedenspreis des Deutschen Buchhandels ausgezeichnet worden war, war er, der Marxist und Kommunist, auch in Westdeutschland angekommen, zumal er 1961 das DDR-System verlassen und sich in Tübingen angesiedelt hatte.

Dann die Präsenz Friedrich Hölderlins. In der Schule hatte ich noch nicht einmal den Namen gehört. Hier, in dieser Stadt, in der ich jetzt wohnen darf, aber steht der Turm, in dem er 36 Jahre als angeblich Geisteskranker gelebt hat. Die Wohnstätte des Mannes, der ein Werk hinließ, das heute zur Weltliteratur gehört. Es war das erste Mal in meinem Leben, dass mir ein Dichter derart sinnlich anschaulich wird. Den Turm kann jeder sehen, der über unsere Neckarbrücke geht. Er spiegelt sich zauberhaft im Wasser des Flusses. Und auch sein Grab auf dem alten Stadtfriedhof ist jedermann zugänglich. Den Grabspruch habe ich mir sofort gemerkt, ein Zitat aus einer frühen Hymne Hölderlins: »Im heil'gsten der Stürme falle / Zusammen meine Kerkerwand. / Und herrlicher und freier walle / Mein Geist ins unbekannte Land.« Jahre später, 2009, habe ich nach literarischen Führungen über unseren Stadtfriedhof, auf dem von Ludwig Uhland, Ottilie Wildermuth,

Isolde und Hermann Kurz bis Kurt Georg Kiesinger und Carlo Schmid viele Persönlichkeiten liegen, zusammen mit einem Kollegen, dem Historiker Wilfried Setzler, und dem Fotografen Tilmann Rösch einen eigenen Band herausgebracht zum Thema »Dichter und Denker auf Tübinger Friedhöfen« und ein Fragment des Grabspruchs zum Titel genommen: »Mein Geist ins unbekannte Land«. Ein Buch, das ich meine Liebeserklärung an Tübingen nenne. Jetzt haben auch Walter und Inge Jens, aber auch Hans Küng hier ihre Gräber gefunden.

Dostojewski, der Großinquisitor und ein Kuss

Eine Liebe auf den ersten Blick? Das Puppenstubenhafte, das einem Ort wie Tübingen anhaftet, hätte ja auch dazu führen können, dass Sie sagen: Jetzt ist es genug, ich will raus aus der Blase und zurück ins handfeste Ruhrgebiet.

Ich wollte tatsächlich anfangs nur ein Jahr bleiben, um dann in Nordrhein-Westfalen mein Lehrer-Examen in Germanistik und Theologie zu machen und dort in den Schuldienst für die Fächer »Deutsch« und »Religion« zu gehen. Bald aber fand ich heraus, dass ein Staatsexamen aus Baden-Württemberg in Nordrhein Westfalen anerkannt wird. Damit war klar: Ich bleibe, war ich mittlerweile doch in Tübingen verliebt und wusste: Das ist *meine* Stadt. Oberhausen ist meine physische Geburtsstadt, Tübingen wurde meine geistige. Von wegen »Puppenstube«. Ich sehe mein Tübingen ungern »verzwergt«, angesichts der »Geistesriesen«, die hier gewirkt haben. Dass ich bleibe, ist eine erste mit Tübingen verbundene Weichenstellung in meinem Leben, der dann noch weitere folgen sollten.

Das war der Ort, an dem ihr guter katholischer Kinder- und Jugendglaube endete, sich weitete. Ein schmerzhafter Prozess, ein Bruch?

Eher eine Entwicklung. Ich habe, gerade in Tübingen angekommen, zwei Schriftsteller entdeckt, die mich nachhaltig beeindruckt haben: Dostojewski, insbesondere seine Erzählung vom Großinquisitor in seinem Roman »Die Brüder Karamasow«. Der Dichter lässt diese Geschichte einen der Brüder erzählen, Iwan Karamasow, den die Frage umtreibt, warum ein gerechter Gott in seiner Schöpfung so furchtbares Leiden auf der Welt zulässt, um dann zu folgern, er leugne nicht, dass es einen Gott gibt, lehne aber diese von ihm geschaffene Welt ab und gebe ihm sein Eintrittsbillett zurück. Was hieß das für *meinen* Gottesglauben? Ich musste mich dazu verhalten und eine eigene Antwort suchen. Und dann Albert Camus' Erzählung »Der Fremde«. Unvergessen die Szene, als der Protagonist, Meursault, von einem Gericht zum Tode verurteilt, mit Stolz und Würde den Priester zurückweist, der in seine Zelle kommt und, ohne Sensibilität für die Situation des Verurteilten, über dessen Schuld und Gottes Vergebung sprechen will. Unvergessen insbesondere, weil der Gefangene seinerseits den Priester in dessen ahnungsloser Glaubenssicherheit angreift. Ich fand, dass er richtig reagiert hatte, fand mich auf der Seite des »Fremden« gegen den Priester. Und erstmals begriff ich: Man muss unter Umständen den religiösen Trost als falsch zurückweisen, um als Mensch seine Würde zu behalten und Gott die Ehre zu lassen. Später fand ich dafür einen satirischen Zweizeiler des Schweizer Poeten Kurt Marti, der, auch Pfarrer, seine Zunft gut kannte: »Der Pfarrer hat mich in sein Gebet eingeschlossen. / Ich frage, wie komm' ich da wieder heraus.«

Weil das Angebot zynisch ist und ein Missbrauch der Religion.

Ich begriff: Du musst aufpassen, wenn du von Gott redest, von deinem Glauben. Das muss stimmig sein für dich und auch für dein Gegenüber. Sonst stülpst du anderen etwas über. Es wird leicht übergriffig. Religiöse Überzeugungen gehen oft Hand in Hand mit Selbstgerechtigkeit und missbrauchen den Namen »Gott«. Es braucht den richtigen Moment der Offenheit, damit die Rede von Gott »stimmig« ist. Die Alten Griechen haben dafür ein besonderes Wort: *kairos.*

Da erst merkten Sie, dass Ihr bisheriges Bild von Gott, Religion, der katholischen Kirche zwar für Sie sehr schön und tragend war, aber doch in sich geschlossen? Und für andere weniger tröstend, als Sie dachten?

Das ist eine besonders interessante Frage. Warum musste ich erst nach Tübingen gehen, um das zu merken? Warum hat mich das vorher nie gestört, warum bin ich nie auf diesen Gedanken gekommen? Vielleicht, weil mir niemand einen Glauben übergestülpt hat. Weil ich meinen Glauben letztlich immer als Zwiesprache mit Gott erfahren habe, als intimen Vorgang. In der leeren Kirche, wo ich mich Gott ganz nah fühlte – das habe ich als eine solch innere Zwiesprache erlebt. Da kam kein Priester auf mich zu und hat mir seinen Glauben aufgedrängt. Das aber blieb zunächst unberührt von allen Zweifeln. Die kommen dann mit der intellektuellen Auseinandersetzung und müssen kommen. Reifeprozesse im Glauben nennt man das.

Wobei es zu einem reifen, erwachsenen Glauben gehört, diese Zweifel zuzulassen, dass es nicht auf alle Glaubensfragen eine gute, stimmige Antwort gibt.

Sie haben recht, und bei Dostojewski habe ich genau das erfahren. So habe ich viel über den Kuss Jesu in der Großinquisitor-Geschichte nachgedacht, weil mich der am meisten beeindruckt und zugleich irritiert hat. Iwan Karamasow schildert ja seinem Bruder Aljoscha Szenen, in denen unschuldige Kinder gnadenlos gequält und getötet werden. Er stellt dann diese scharfen Fragen: Wo bleibt da Gottes Liebe und Gerechtigkeit? Wie kann eine solche Schuld jemals gesühnt werden? Wie kann diesen Opfern jemals Gerechtigkeit widerfahren? Daraufhin bringt Aljoscha die Figur Jesu ins Spiel und zwar innerhalb der nachmals berühmten Geschichte vom Großinquisitor. Sie spielt nicht zufällig im spanischen Sevilla, zu der Zeit, als die Inquisition Ketzer verbrennen lässt. Der greise Kardinal erkennt den auf die Erde zurückgekehrten Jesus, lässt ihn verhaften, besucht ihn im Gefängnis und überhäuft ihn mit Vorwürfen: Warum hast du den Menschen die Freiheit gegeben, die wir als Kirche dann über die Jahrhunderte mühsam wieder »in den Griff« bekommen mussten. Und was willst du jetzt? Alles wieder stören, alles an kirchlicher Autorität wieder mit deiner Botschaft von Liebe und Versöhnung untergraben? Und jetzt kommt das Unerwartete, ja Unerhörte in dieser Geschichte: Der Dostojewskische Jesus sagt auf diese Tirade hin kein Wort. Keine Antwort. Nicht auf die grausamen Exzesse, die Ivan geschildert hat. Nicht auf den Großinquisitor, der auch ihn als Ketzer auf den Scheiterhaufen bringen will. Statt eine Gegenrede zu halten, statt die Vorwürfe zu widerlegen oder seine göttliche Macht auszuspielen, schweigt der Dostojewskische Jesus. Dann umarmt er den greisen Mann und drückt ihm einen Kuss auf dessen blutleere Lippen.

Was ist Ihre Deutung?

Der Dostojewskische Jesus gibt seinem Todfeind den einst in Gethsemane empfangenen Kuss des Judas zurück – zum Zeichen, dass der Feind nur durch Liebe, der Hass nur durch Vergebung in seiner Macht gebrochen werden kann. Das ist die atemberaubende Dostojewskische Kehre im Geiste Jesu: vom Hochmut zur Demut, von der aggressiven Revolte gegen Gottes Schöpfung zu einer Haltung, die auch im Feind noch den Bruder erkennen, vom Entsetzen über die Leiden in der Schöpfung zu einem Mitleiden, das diese Welt trotz allem als Bewährungsfeld einer uneigennützigen *praxis pietatis* begreifen kann.

Ich begriff: Das Schweigen Jesu kommt nicht aus Schwäche, sondern aus innerer Stärke. Ganz im Sinne des Jesus-Wortes aus der »Bergpredigt«: »Liebet eure Feinde, tut Gutes denen die euch hassen«, Matthäusevangelium 5,44. Dostojewski hat hier eine Alternative für einen Christenmenschen aufblitzen lassen, die für mich, ich gestehe es, bis heute geistiges Überlebensmittel ist. Die Alternative besteht gerade nicht in einer argumentativen Widerlegung der Einwürfe Iwans (was unmöglich ist), sondern in einer sanften, stillen, ja demütigen Geste, die in ihrer Stummheit mehr sagt als jede wortgewaltige Apologetik. Jetzt wollte ich mich tiefer mit Person und Sache Jesu beschäftigen. Die seit der Kindheit angelernten Frömmigkeitsreflexe reichten nicht mehr. Was wusste man von ihm historisch, das heutigen kritischen Maßstäben standhält? Mir ging es dabei, wenn Sie so wollen, um eine neu begründete Frömmigkeit, besser und genauer: um eine glaubwürdige Weise der Nachfolge dieses Jesus.

Camus und der scharfe Wind der Religionskritik

Eine neue Frömmigkeit? Viele, die Theologie studieren, erleben am Anfang ihres Studiums eher eine Glaubenskrise, weil das Jesusbild der historisch-kritischen Forschung wenig mit ihrem bisherigen Jesusbild zu tun hat.

Das war damals noch nicht mein Thema. Mir ging es vielmehr um meine Wirklichkeit hier und jetzt. Warum möchte ich eher auf der Seite Jesu stehen und nicht auf der Seite der Inquisitoren, die sich Gottes Macht anmaßen und nicht auf der der Zyniker, für die die ganze »Sache mit Gott« ein einziger großer Betrug ist, bestenfalls frommer Selbstbetrug? Warum gebe ich nicht wie Iwan Karamasow Gott meine Eintrittskarte in seine Schöpfung zurück? Warum folge ich nicht Albert Camus und seiner Philosophie des Absurden? In seinem Roman »Die Pest« (1947) gibt es einen Arzt namens Bernard Rieux. Ein bekennender Atheist, der sich aber furchtlos um die Pestkranken kümmert. Die Menschen sterben und sterben. Verluste, Niederlagen ohne Ende. Camus' Philosophie des Absurden ist Einübung in die Kunst, zu verlieren, ohne zu resignieren.

Ich habe wie ungezählte andere diesen Roman in der Pandemie-Zeit 2020/21 wieder gelesen und habe deshalb eine Schlüsselszene noch frisch im Gedächtnis. Im Gespräch Rieux' mit seinem Freund und Nachbarn Tarrou kommt die Frage auf, die ich schon damals als die zentrale Herausforderung an mich begriffen hatte: Tarrou: »Was mich eigentlich interessiert, ist, wie man ein Heiliger wird.« Rieux: »Sie glauben aber doch nicht an Gott.« Darauf Tarrou: »Eben. Kann man ein Heiliger sein ohne Gott, das ist das einzige konkrete Problem, das ich heute kenne.« Ein Heiliger sein ohne Gott? Besser nicht an Gott glauben nach dem Bonmot des französischen Schriftstellers Marie-Henri Beyle, der sich Stendhal nannte: »Die einzige Entschuldigung für Gott (angesichts dieser Welt) ist, dass er nicht existiert.« Nietzsche war darauf neidisch, Stendhal habe ihm den »besten Atheistenwitz« weggenommen. Wie aber an der Rede von Gott festhalten?

Wie haben Sie das ausgehalten?

Ich glaube heute, entscheidend war, dass ich durch meine Zwiesprache in der leeren Kirche mit Gott eine persönliche Beziehung aufgebaut hatte. Das konnte ich nicht verbalisieren und war auch überhaupt nicht intellektuell reflektiert, aber Glauben als Grundvertrauen in die Wirklichkeit ist nun einmal eine Erfahrung von wortloser Tiefe, kein rein intellektueller Vorgang. Aber so konnte ich die scharfen Attacken besser aushalten, die da völlig zu Recht auf meinen naiven Jugendglauben einprasselten. Ich spürte mehr als ich wusste: Da ist noch etwas »ganz Anderes« in deinem Leben. Das bleibt, ist unzerstörbar da. In den »Tag- und Nachtbüchern« von Theodor Haecker, dem stark von Sören Kierkegaard beeinflussten katholischen Denker und Publizisten, erschienen unmittelbar nach dem Krieg 1947, fand ich später folgende Eintragung. Ich habe sie mir herausgeschrieben, weil sie meine über die Jahre gewachsene Grunderfahrung präzise beschreibt: »Lasse niemals von Gott. Liebe Ihn! Wenn du das nicht kannst, dann streite mit Ihm, klage Ihn an und rechte mit Ihm, wie Hiob, ja, wenn du das kannst, lästere Ihn, aber – lasse Ihn nie.« Ich habe dann das Wort »Gottesleidenschaft« dafür gefunden. Ein Wort mit mehrfacher Bedeutung. Es meint die Leidenschaft von Menschen für den unverfügbaren Gott und die Leidenschaft Gottes für das Wohl und Wehe des Menschen, wie sie Bibel und Koran bezeugen. Es meint aber auch Leiden am Missbrauch, ja der Schändung des Namens »Gott«. Wie ein vergifteter Strom zieht sich beides durch die Religionsgeschichte der Menschheit. Bis heute. Nach wie vor werden Gewalt, Terror und Krieg im Namen Gottes gerechtfertigt, ob von einem sogenannten »Islamischen Staat« oder einem Moskauer Patriarchen, der Russlands menschenverachtenden, mörderischen Angriffskrieg segnet. »Blasphemischer Irrweg« hüben wie drüben, um Bundespräsident Frank-Walter Steinmeier zu zitieren.

Die Attacken der Religionskritiker kamen, vermute ich.

Weil ich jetzt öffentlich reden musste, in einem Umfeld, in dem es alles andere als selbstverständlich war, von Gott zu reden. Ich musste erklären, was meine Gründe sind, trotz allem an Gott festzuhalten. Da waren für mich die Vorlesungen von Hans Küng und auch die des evangelischen Theologen Jürgen Moltmann wichtig. Die beschäftigten sich mit der neuzeitlichen philosophischen Religionskritik, ohne sie gleich abzuwehren. Da ging es um Klassiker wie Descartes, Feuerbach, Marx und Nietzsche. Da wurden zunächst einmal in intellektueller Redlichkeit alle argumentativen Einwände durchgespielt. Ich habe das mit großen Ohren aufgenommen, denn das war exakt das, was ich jetzt suchte. Ich wollte ja einen eigenen argumentativen Weg finden, um die Option für den Gottesglauben als durchaus vernünftig zu begründen. Küng hat dafür später die schöne Formulierung gefunden: »vernünftiges Vertrauen« in Gott. Will sagen: Glauben an Gott verlangt keinen irrationalen Akt, nicht die Aufkündigung der Vernunft, sondern beruht auf guten, vernünftigen Gründen, die man argumentativ darlegen und existentiell beglaubigen kann. Auch die haben ihre Grenzen und müssen immer wieder neu kritisch geprüft werden, müssen aber nicht weniger vernünftig sein als die der Atheisten.

Aber es bedeutete auch das Ende des wärmenden, bergenden Milieuglaubens, wo die anderen, die nichts glauben, schön weit weg sind. War das nicht zumindest am Anfang eine schlimme Verlusterfahrung?

Ja, mir blies mir der Wind der Religionskritik scharf ins Gesicht. Ich war ja mittlerweile auch in der Welt der Literaturen zu Hause. Ich habe davon erzählt. Es komme doch nicht mehr darauf an, hörte ich vielfach von Mitstudierenden, seine Gedanken auf etwas »jenseits« der Welt zu verschwenden, sondern zu fragen, wie man »die Gesellschaft« verändern kann und darauf, sich in den gesellschaftlichen Problemfeldern zu engagieren. Also Sozialpädagogik statt Theologie, als brauche die mühsame Arbeit im Sozialen kein spirituelles Fundament und spiele sich Theologie nur »über den Wolken« ab. Entsprechend haben viele Studierende meiner Generation die Theologie verlassen. Bei einigen konnte ich das gut nachvollziehen. Ich blieb.

Wobei die Verengung aufs rein Innerweltliche auch eine intellektuelle Verarmung ist.

Das wurde damals dezidiert anders gesehen. Ich zog Spott auf mich oder bestenfalls das, was Martin Walser später ein »herablassendes Toleranzgesicht« der Religionsspötter genannt hat. Theologie? Der hat es immer noch nicht begriffen.

Das klingt nicht so viel anders wie das, was Joseph Ratzinger, der damalige Professor und spätere Papst Benedikt XVI. über seine kurze Zeit in Tübingen geschrieben hat: Es herrsche durchaus ein Klima der Ignoranz und Intoleranz gegenüber religiösen Menschen. Joseph Ratzinger ist dann ins beschauliche Regensburg gegangen, manche sagen: regelrecht geflohen. Was war denn Ihre Antwort? Sie sind immerhin geblieben.

Ich habe es auf die Formel gebracht. Ich bin mit Gott noch nicht fertig, und ich vertraue auf einen Gott, der mit mir noch nicht fertig ist. Auch hatte ich in Tübingen Lehrer, die uns Studierenden die Gewissheit gaben: Theologie ist ein geistiges Abenteuer, ein Laboratorium des Geistes. Sie hütet nicht die Asche der kirchlichen Vergangenheit. Sie facht jeweils neu die noch glimmende Glut an, die Glut der urchristlichen Botschaft, die man zu einem Feuer des Geistes entfachen kann, der Kirche und Welt erneuern könnte!

Ein Patt und Pascals Wette

Haben ihre Kommilitonen und Kommilitoninnen aus der Germanistik sie dann besser verstanden? Oder blieben Sie der etwas komische katholische Vogel?

Das haben dann doch viele respektiert, auch wenn ihnen der Gedanke an Theologie fremd blieb. Ich war aber auch bald kein naiver Gläubiger mehr. Auch ich hatte Feuerbach, Marx und Nietzsche gelesen, ich war bereit, Argumente zu prüfen und dagegenzuhalten. Ich hatte ja begriffen, dass die Krise des Glaubens nicht mit Kirchenreform allein zu bewältigen ist. Es geht um die Gotteskrise und die geht ungleich tiefer in Zeiten, die schon Martin Buber als »Gottesfinsternis« beschrieben hat. Letztlich aber liefen irgendwann die Debatten auf die berühmte erkenntniskritische Pattsituation hinaus: Die Existenz Gottes ist mit Vernunftgründen nicht demonstrierbar, aber auch nicht widerlegbar. Ein Atheist, eine Atheistin kann die Nichtexistenz Gottes so wenig beweisen wie der oder die Glaubende dessen Existenz. Es kann somit gute Gründe für einen Glauben an Gott geben. Und natürlich umgekehrt. Aber niemand kann den je Anderen als »widerlegt« betrachten. Der französische Philosoph Blaise Pascal hat in seinen »Gedanken über Religion« (posthum 1670) für diese erkenntniskritische Patt-Situation bekanntlich die Figur der »Wette« ins Spiel gebracht. Ich habe die entsprechende Passage unserem Gespräch als eines der Motti vorangestellt.

Wofür braucht es die Religionskritik innerhalb der Theologie?

Ich sage es direkt: Um der Unverfügbarkeit Gottes willen muss es ein theologisches Interesse an der Auseinandersetzung mit der Religionskritik geben. Diese Religionskritik ist zwar nicht das Regulativ, wohl aber das bleibende Korrektiv jeder Rede von Gott. Sie ist nicht ein für alle Mal abgetan, vielmehr das unaufhörlich nötige Reinigungsinstrument aller Gottesrede von ideologischem Ballast, bedenkenlosem Missbrauch und banalisierender Verschleuderung. Und die Schriftsteller:innen sind mit ihrer Sprachempfindlichkeit unverzichtbar um der fortdauernden »Gottessorge« und »Gotteskhugheit« willen, um ein Wortpaar aus den »Joseph«-Romanen von Thomas Mann aufzunehmen. Deshalb habe ich mir ein Wort des großen Sprachkünstlers Günter Eich gemerkt, nachzulesen in seiner Büchner-Preisrede von 1959: »Von Gott kann man nicht sprechen, wenn man nicht weiß, was Sprache ist. Tut man es dennoch, so zerstört man seinen Namen und erniedrigt ihn zur Propagandaformel.«

Über das Unverfügbare in verwalteter Welt

Von Martin Walser stammt das Wort, Literatur und Theologie entstünden beide aus einer Mangelerfahrung. Wie sehen Sie das?

Walser hat mir das in einem meiner Schriftstellergespräche gesagt, das ich schon 1985 mit ihm geführt habe: Etwas fehlt, also schreibe ich darüber. Aber auch: Etwas fehlt, also glaube ich an etwas. Aus der Sehnsucht nach Stimmigkeit, Schönheit, Sinnzusammenhang statten wir unsere Welt mit einem Glauben aus. Schriftsteller kreieren Fiktionen, so wie Glaubensinhalte Fiktionen sind: Vorstellungen auf Vertrauen hin. Beide, der Theologe, der die Schrift deutet, und der Schriftsteller, der die Welt deutet, stehen ja vor dem Nichts. Beide sind »Dekorateure des Nichts«, wie Walser sagt. Er folgert daraus: Glauben heißt, Berge besteigen, die »es« nicht gibt, und Literatur heißt Berge erfinden, die »es« nicht gibt. Beide vollziehen notwendige Akte, um sich gegen das Nichts zu wehren. Sie statten die Welt mit einem Sinn aus, den diese Welt, rein materialistisch betrachtet, aus sich heraus nicht liefert.

Literatur und Theologie also vereint im Widerstand gegen das pure Nichts?

Ja. Heute, nach mehr als 40 Jahren Arbeit im Gesprächsfeld »Literatur und Theologie« weiß ich, dass nicht nur die Religionskritik die Unverfügbarkeit Gottes wahrt, sondern auch die Literatur, überhaupt die Kunst. Sie ist durch ihre Existenz allein die Hüterin des Unverfügbaren in einer Welt, in der wir versuchen, technologisch alles verfügbar zu machen, alles ökonomistisch zu verzwecken. Hüterin des Unverfügbaren in einem dreifachen Sinn. Erstens ist die Entstehung eines Kunstwerks (ob Literatur, Malerei oder Musik) unableitbar. Zweitens ist seine Wirkung unkontrollierbar, was das politisch Subversive der Literatur ausmacht. Drittens ist die Deutung von Kunstwerken unerschöpfbar. Es gibt in der Interpretation kein richtig oder falsch. Es gibt nur Annäherungen im Diskurs, im Austausch. Exakt diese seine Unverfügbarkeit in Entstehung, Wirkung und Bedeutung macht das Kunstwerk den jeweiligen politischen und religiösen Ideologien und Orthodoxien verdächtig. Über das empirisch Beherrschbare hinaus verweist es auf die Präsenz von etwas prinzipiell

Unverfügbarem. Auf eine Formel gebracht: Literatur ist in einer durchverwalteten, abgedichteten oder abgeschirmten Welt die Hüterin, Verteidigerin und Statthalterin des Unverfügbaren.

So lässt uns die Begegnung mit einem Kunstwerk erfahren, dass die Welt mehr ist als ihr »Fall«, dass es Dimensionen von Sinn und Bedeutung gibt, die sich unserer wissenschaftlich-technologischen oder zweckrationalen Vernunft entziehen. Die »höher« sind als diese reduzierte Art von Vernunft, ohne ins Irrationale abzurutschen. Kurz: dass es eine Wirklichkeit gibt, die sich weder besitzen noch beherrschen lässt, die aber kostbar und nahrhaft ist wie das tägliche Brot. Dem entspricht – strukturanalog – eine Erfahrung, die der religiös Glaubende mit der Wirklichkeit Gottes macht. Denn das Wort »Gott« (im tiefsten Sinn verstanden) bezeichnet eine Wirklichkeit, die präsent ist, aber verborgen, wirklich, aber nicht greifbar, von der und zu der geredet werden kann und die zugleich unsagbar bleibt. In der Welt der Religionen ist »Gott« oder »das Göttliche« ein anderer Name für das Unverfügbare schlechthin.

Max Horkheimers folgenreiches Gespräch über Theologie

Sie haben geschrieben, Ihre besten »Verbündeten« in den frühen Tübinger Debatten seien Ernst Bloch, der marxistische Philosoph, und Max Horkheimer, der Mitbegründer der Kritischen Theorie der Frankfurter Schule, gewesen. Warum ausgerechnet die beiden?

Mein Boden damals schwankte erheblich. Heute würde ich sagen, Theologie muss wissen, dass sie sich grundsätzlich auf schwankendem Boden befindet, denn »Gott« ist kein »Standpunkt«, auf den man pochen kann, sondern der unverfügbare, schöpferische Urgrund unseres Lebens. Aber ich suchte ja nach Argumenten für ein glaubwürdiges Ja zu Gott. Und da kam 1970 jenes Gespräch im »Spiegel«, das Max Horkheimer dem Journalisten Helmut Gumnior gegeben hatte. Horkheimer war damals nicht irgendwer. Er war neben Theodor W. Adorno der führende Theoretiker der neomarxistisch orientierten »Kritischen Theorie« der »Frankfurter Schule«. Die hatte »metaphysische Fragen« längst für »erledigt« erklärt, nachzulesen in dem Schlüsselwerk der beiden über die »Dialektik der Aufklärung«, erstmals 1947. Jetzt aber erklärt ausgerechnet Horkheimer wörtlich: »Theologie bedeutet das Bewusstsein davon, dass die Welt Erscheinung ist, dass sie nicht die absolute Wahrheit, das Letzte ist. Theologie ist – ich drücke mich bewusst vorsichtig aus – die Hoffnung, dass es bei diesem Unrecht, durch das die Welt gekennzeichnet ist, nicht bleibe, dass das Unrecht nicht das letzte Wort sein möge.« Und auf die Nachfrage »Theologie als Ausdruck einer Hoffnung?«, antwortet Horkheimer: »Ich möchte lieber sagen: Ausdruck einer Sehnsucht, einer Sehnsucht danach, dass der Mörder nicht über das unschuldige Opfer triumphieren möge.« Verstehen Sie? Ausgerechnet ein Vertreter der Kritischen Theorie erklärt, dass Theologie Fragen wachhält, welche die Geschichte nicht beantworten kann. Die Fragen der unschuldigen Opfer vor allem, die zum Himmel schreien. Ein großes Thema schon bei Dostojewski. Die »Sehnsucht nach dem ganz Anderen« ist denn auch bei Horkheimer immer auch eine Sehnsucht nach Gerechtigkeit für »die Anderen«, für die in der Geschichte Vergessenen, Verachteten, Marginalisierten.

Im Alter entdeckte Horkheimer, der aus einer jüdischen Familie stammte, das Thema Religion für sich. Wobei den strengen Marxisten sein unorthodoxer Materialismus immer schon ein bisschen suspekt war.

Sie haben recht, ihn beschäftigte zunehmend die Frage nach der geschichtlichen Gerechtigkeit. Es mag innerweltlich partiell Gerechtigkeit geben, aber nicht für die Opfer. Bei Horkheimer stand die Schoa im Hintergrund, die Millionen ermordeter Juden, die keine Gerechtigkeit erfuhren und für die die Geschichte keine Antwort parat hatte. Und da sagt er: Theologie, Rede von Gott, hält dieses Bewusstsein wach, weil das, womit sie sich beschäftigt, über die Geschichte hinausweist und eine Instanz einklagt oder erhofft, die diese Gerechtigkeit herstellen kann. Und von dieser »Instanz« ist in den Ur-Kunden von Judentum, Christentum und Islam die Rede.

Damit wendet er sich gegen den marxistischen Heilsoptimismus, dass diese allumfassende Gerechtigkeit innerhalb der Geschichte zu erreichen ist – im Kommunismus.

Das ist ja in der Tat die große Täuschung und Selbsttäuschung von Marxisten, auch wenn sie alles dialektisch verrechnen und sagen: Zugegeben, in der von uns erfahrbaren Geschichte funktioniert das nicht, aber das sind dialektische Zwischenschritte auf eine klassenlose Gesellschaft hin, auf die vollkommene Gesellschaft, die kommt. Das war Fremdtrost und Selbstvertröstung zugleich, ging aber spätestens nach der Schoa nicht mehr auf. Horkheimer hatte das erkannt. Als Christenmensch hat mich das in meinem Glauben an die Botschaft vom »Tod des Todes« und an Gott als »Richter der Lebenden und Toten« sehr bestärkt. Zur »eisernen Ration« meines Glaubens gehört denn auch neben dem Text von Horkheimer ein Gedicht des Schweizer Poeten und Pfarrers Kurt Marti aus seinem Gedichtband »Leichenreden« von 1969. Ein Text, der die christliche Botschaft vom »Tod des Todes« und einem letzten Gericht nicht länger als beschwichtigende oder verharmlosende, sondern als eminent politische, will sagen: machtkritische zur Sprache bringt. Ich kenne ihn auswendig:

»das könnte manchen herren so passen
wenn mit dem tode alles beglichen
die herrschaft der herren
die knechtschaft der knechte
bestätigt wäre für immer

das könnte manchen Herren so passen
wenn sie in ewigkeit
herren blieben im teuren privatgrab
und ihre Knechte
knechte in billigen reihengräbern

aber es kommt eine auferstehung
die anders ganz anders wird als wir dachten
es kommt eine auferstehung die ist
der aufstand gottes gegen die herren
und gegen den herrn aller herren: den tod«

Ich begriff: Als Glaubende in der Nachfolge des auferweckten Gekreuzigten sind Christen unerbittliche Widerständler gegen die Verewigung der Herr-Knecht-Verhältnisse, wo immer sie bestehen. Und: Leidenschaftliche Protestleute gegen den Tod und die alles banalisierende Vergleichgültigung des Lebens. Vor allem begriff ich, dass beides zusammenhängt: Dem Tod die alleinige Macht lassen, hieße, die Machtverhältnisse auf Erden letztlich hinzunehmen. Der Tod wäre dann gerade nicht nur der egalitäre »Schnitter«, der alle gleich trifft, sondern auch ein Komplize der Mächtigen. Ein mir bis heute unerträglicher Gedanke. Die Rede von Gott als letzter Instanz von Gerechtigkeit ist seither für mich weder eine Weise der Vertröstung noch der Beschwichtigung, sondern Ausdruck meines Vertrauens, dass die Unrechtsverhältnisse der Geschichte nicht das letzte Wort behalten. Damit ist der Glaube verbunden, dass ein auf Gott gegründetes Leben mehr ist »als der Fall« und sich nicht reduziert auf die Grenzen unserer eigenen Erfahrungswelt.

Begegnungen mit Ernst Bloch

Dass Ernst Bloch für Sie wichtig war, liegt nahe. Sie sind ihm selbst begegnet, in Tübingen war er einer der ganz großen Namen – und sein Buch »Das Prinzip Hoffnung« hat ja einen spirituellen, geradezu religiösen Grundton.

Die Lektüre der drei Bände von »Prinzip Hoffnung« zu Beginn meines Studiums in Tübingen gehört zu den prägenden Leseerfahrungen meines Lebens. Welch ein Werk von einer geschichtlichen Breite und Tiefe, wie ich sie noch nie zuvor erlebt hatte. Sein »Prinzip Hoffnung« ist in der Tat ein religiöses, genauer: ein zutiefst jüdisch-christliches Motiv. Insofern ist Bloch von einem Vulgärmarxismus weit entfernt, der pauschal alles an Religion als »Ideologie« verwirft. Bloch dagegen, der Polyhistor, sah den Funken Utopie, die Sehnsucht nach einer »besseren Welt, den Schrei nach Gerechtigkeit, die Arbeit am »Reich Gottes« auch in religiösen Bewegungen durch die Geschichte hindurch: von den Bauernrevolten im 16. Jahrhundert angefangen bis zum »religiösen Sozialismus« im 20. Jahrhundert. Jürgen Moltmann konnte nicht zufällig 1964, gewissermaßen als christliche Antwort auf Bloch, eine »Theologie der Hoffnung« vorlegen, die das Bestehende in Kirche und Gesellschaft mit Gegenbildern einer anderen, einer Zukunft des »Reiches Gottes« konfrontiert. Sie können sich vorstellen, wie sehr mir das in meiner intellektuellen und zum Teil auch sozialen Defensive in diesen ersten Tübinger Jahren geholfen hat.

Und Sie auch in ihrem Glauben herausgefordert hat.

Wahrhaftig. Bloch hatte ja gerade sein Buch »Atheismus im Christentum« (1968) veröffentlicht, als ich nach Tübingen gekommen war. Die Sätze, die er schon als »Motti« diesem seinem Buch mitgegeben hatte, waren eine Herausforderung zum Denken für mich mit meinen 22, 23 Jahren: »Es ist das beste an der Religion, dass sie Ketzer hervorruft.« Oder: »Nur ein Atheist kann ein guter Christ sein, nur ein Christ kann ein guter Atheist sein.« Oder: »Entscheidend: Ein Transzendieren ohne Transzendenz«. Denn: »Denken ist Überschreiten«. Der letzte Satz steht auch auf seinem Grabstein auf unserem Tübinger Bergfriedhof, wo er seit 1978 liegt.

Sie sind ihm einmal auch persönlich begegnet.

Ich erinnere mich genau: Es war der 30. Juni 1975, das Jahr seines 90. Geburtstags. Aus diesem Anlass hatte Hans Küng ihn zu einem Begegnungsnachmittag in unser Institut eingeladen. Voraus geht am Vormittag mit uns Studierenden eine Beschäftigung mit Blochs Werk. Mitbeteiligt ist auch Jürgen Moltmann. Plötzlich kommt zwischen den beiden Theologen eine Streitfrage auf: Ist Ernst Bloch Atheist? Hans Küng bejaht diese Frage entschieden. Voraussetzung für Blochs Denken sei nun einmal die marxistische Religionskritik; das sei eine Feststellung, keine Wertung. Jürgen Moltmann ist ganz anderer Meinung. Er erklärt diese Frage für sinnlos. Bloch habe gerade als Marxist in Sachen Religion etwas Konstruktives zu sagen, habe Grenzüberschreitungen vorgenommen ...

Am Nachmittag dieses 30. Juni stößt Bloch zu uns. Hochbetagt, fast erblindet, betritt er den Seminarraum, gestützt auf seine Frau Karola. Aber lebhaft ist noch sein Geist, weiterhin kraftvoll seine Stimme. Als ihm die zwischen den Theologen kontrovers diskutierte Frage vorgelegt wird, antwortet er nicht direkt, sondern erzählt eine Geschichte. Eine Anekdote. Während des Zweiten Weltkriegs im amerikanischen Exil habe er, Bloch, eines Tages in New York Paul Tillich auf der Straße getroffen. Tillich, ein schon damals berühmter deutscher protestantischer Theologe, lebt ebenfalls im Exil und lehrt jetzt am Union Theological Seminary in New York. Man kommt ins Gespräch:

»Wo kommst du her, Paul?«
»Aus der Vorlesung.«
»Was hast du behandelt?«
»Die Gottesbeweise.«
»Und wann sagst du deinen Studenten,
dass Gott nicht existiert?«
»Nach dem Examen.«

Alle im Seminar lachen auf. Hatte Bloch damit die Frage nach *seinem* Atheismus nicht überdeutlich beantwortet, indem er ausgerechnet einen Theologen als Zeugen zitiert? Oder hatte er die Frage bewusst offengelassen? Denn sein hier zitierter Theologe bestätigt und ironisiert ihn zugleich, hat doch Tillich offensichtlich die Suggestivfrage durchschaut und bestätigt den Philosophen nur in dem, was dieser hören will. Er hatte das Spiel mitgespielt. Ist das also so wörtlich nicht zu nehmen: sein »Gott existiert nicht«? Spiel oder Ernst?

Am Grab von Max Horkheimer

Wie ging die Beschäftigung mit Horkheimer weiter?

Als ich 2021 an meinem Buch über die »Magischen Orte« arbeitete, schrieb ich im Tübingen-Kapitel auch über die Erfahrungen mit Horkheimers Interview und fragte mich spontan:

Wo liegt eigentlich das Grab des Mannes, dem ich seinerzeit so wichtige Impulse zu verdanken hatte? Wo ist Max Horkheimer bestattet? In Frankfurt, an dessen Universität er nach Rückkehr aus dem amerikanischen Exil gelehrt hat und deren Ehrenbürger er geworden war? Oder im Tessiner Montagnola, wo er zuletzt gelebt hatte, bekanntlich auch der Wohnort von Hermann Hesse? Zu meiner Überraschung entdeckte ich ein Dreifaches: Er liegt – erstens – in Bern begraben, und zwar auf dem jüdischen Friedhof dort, gemeinsam mit seinen Eltern, einem Unternehmerehepaar aus Stuttgart-Zuffenhausen, das dem mörderischen Zugriff der Nazis gerade noch rechtzeitig durch Flucht in die Schweiz hatte entkommen können. Und ich entdeckte zweitens: Auf seinen Grabstein hat er einen Satz aus Psalm 93 anbringen lassen: »Denn du, Ewiger, bist meine Zuversicht«. Und drittens: Es gibt von Horkheimer einen Radiobeitrag, eine Art Meditation über exakt diesen Psalm 93 über Gottes Schutz und Treue, in dem es unter anderem heißt: »Nicht fürchtest du vor dem Schrecken der Nacht, vor der Pest, die im Dunkeln schleicht, vor der Seuche, die wütet am Mittag.« In seinem Radiobeitrag schreibt er: »Die Mutter hat den Psalm geliebt, ihn von der Erinnerung an den Glanz ihrer Augen zu lösen mag ich auch heute nicht.« Zugleich zeige dieser Psalm, dass die in Gott gegründete Zuversicht nach all den grauenhaften geschichtlichen Erfahrungen von Juden etwas Kontrafaktisches habe: »Denn *du*, Ewiger, bist meine Zuversicht.« Da ist sie wieder, diese Sehnsucht danach, dass es beim Unrecht nicht bleiben und den Opfern der Geschichte Gerechtigkeit zuteilwerden möge. Ein auch für mein Gottesverständnis zentraler, kostbarer Gedanke.

Sie sind dann nach Bern gefahren und haben das Grab besucht.

Es war ein sonniger Sonntagvormittag Anfang September 2021 nach einer Gedenkfeier für Hans Küng in Luzern, der im April gestorben war. Ich war so gegen elf Uhr dort und saß ganz alleine auf dem Friedhof auf einem der schattigen Bänke. Das war so ein Moment, wo es mir ähnlich erging wie einst in der Kirche meiner Jugend: Ich fühlte ganz intensiv den Frieden Gottes und dankte in stiller Zwiesprache meinem »Lehrer« Max Horkheimer. Ich las den Psalm 93 noch einmal und auch Horkheimers existentielle Auslegung dazu. Und nehme mir vor, künftig intensiv am Zusammenhang seiner »Kritischen Theorie« mit dem jüdischen Bilderverbot und der transgeschichtlichen Hoffnung auf Vollendung und Versöhnung zu arbeiten.

So verstehe ich Ihre Annäherung an die Literatur und ihre Literaten durchs Hingehen: Dass Sie sich körperlich auf den Weg machen, mit allen Sinnen, lässt die Texte neu entstehen, ermöglicht eine ganz eigene Rezeption.

Sich auf den Weg zu machen ist der erste Schritt einer Transzendierung ohne Transzendenz. Eine Selbstüberschreitung. Sie lassen den banalen Alltag hinter sich und machen sich auf den Weg. Brechen buchstäblich auf, fahren nach Meersburg am Bodensee, wo Annette von Droste-Hülshoff schrieb, nach Svendborg, wo Bert Brecht sechs Jahre im dänischen Exil verbrachte, nach Poschiavo, wo Wolfgang Hildesheimer lebte, nach Petrópolis, wo Stefan Zweig schrieb und starb, nach Paraty bei Rio de Janeiro, wo die Familie von Heinrich und Thomas Mann mütterlicherseits herkommt, oder nach Calw, Gaienhofen und Montagnola, den Hesse-Orten. Ich bin dort übrigens fast immer allein, was mich nicht im Geringsten stört. An solche Orte kommen nicht Massen von

Touristen. Es gibt ja auch nichts Spektakuläres zu sehen. Man braucht Ruhe, genügend Zeit und ein bisschen Übung, um die Magie der Orte aufzunehmen und ihren Erzählungen zu lauschen. Und jeder dieser Orte hat etwas Unverwechselbares zu erzählen, wenn man bereit ist, ihnen zuzuhören. Das macht mich glücklich. Ich überschreite mich selbst, öffne mich für die geistige Energie dieser Orte, trete in eine stille Zwiesprache ein. Und habe die Texte dabei …

Wobei Sie ja auch Gruppen an solche Orte führen. Ist dann der Zauber weg?

Es ist nicht das dasselbe, hat aber seinen eigenen Charme. Kurz nach Ostern 2022 habe ich eine Gruppe an die Orte der Dichter hier in Tübingen geführt, nicht zum ersten Mal im Auftrag der Reiseagentur »Lingua et Cultura« in Mainz. Zum Denkmal für Ludwig Uhland, zu Turm und Grab Hölderlins, zum Haus, in dem Wilhelm Hauff als Student gewohnt hat, und zu Hermann Hesses altem Antiquariat, jetzt eine kleine, aber feine Hesse-Gedenkstätte. An den beiden nächsten Tagen auf Schillers Spuren in Ludwigsburg und Marbach und auf Hesses Spuren in Calw und Maulbronn. Ich entwerfe Porträts der Dichter, erzähle ihre Geschichten, lese ihre Texte oder gebe abends im Hotel Überblicksvorträge. Die Menschen nehme ich mit, sie hören gerne zu. Das ist sinnliche Literaturwissenschaft im Vollzug.

Erste Begegnungen mit Hans Küng und eine kleine Rebellion

Einer der Gründe für Sie, nach Tübingen zu wechseln, war Hans Küng, damals katholischer Professor für Dogmatik und ökumenische Theologie, einer der weltweit beachteten, geschätzten, umstrittenen Stars seines Fachs. Sie sollten sein Assistent, Schüler, Verbündeter, Mitstreiter, Freund werden. Wie war Ihre erste Begegnung?

Als ich nach Tübingen kam, habe ich sofort ein Seminar bei ihm belegt. Wintersemester 1969/70. Es ging um Küngs Buch »Die Kirche« (1967), eine gewichtige theologische Grundlagenstudie zur Ekklesiologie, geschrieben nach den zwiespältigen Erfahrungen während des Konzils. Wenn Sie so wollen, ist es die theologische Basistheorie Küngs zur Erneuerung der Kirche »an Haupt und Gliedern«. Grundlage vieler seiner Reformforderungen. Bedenken Sie: Diese Kirchenkritik kommt ja nicht aus Zeitgeistreiterei, wie die konservativen Kritiker Küng vorzuwerfen pflegen, sondern hat theologisch-biblische Grundlagen. Damals interessierte mich das Thema »Kirche« im Grunde wenig. Ich kann auch nicht behaupten, dass ich alles an ekklesiologischen Begründungsfiguren in diesem Werk verstanden hätte. Aber ich wollte »Küng« kennenlernen. Nicht zuletzt seinetwegen war ich ja nach Tübingen gewechselt. Und ich erlebte das Charisma dieses Mannes. 1928 in der Schweiz geboren, war er damals knapp 40 Jahre alt, sprach mehrere Sprachen, kannte die Weltkirche, die er während des Konzis erlebt hatte, hatte eine erste große Vortragsreise durch die USA hinter sich und galt mit seiner programmatischen Schrift »Konzil und Wiedervereinigung« von 1960 wie kaum ein anderer als Symbolfigur eines katholischen Reformaufbruchs durch das Konzil. Uns Studierenden vermittelt er das Bewusstsein: Alles an kirchlicher Lehre und Praxis konnte, sollte, musste auf neue, vor allem biblische Grundlagen gestellt werden unter Einschluss der Philosophie, der Religionskritik, des Ökumenismus und des Dialogs der Religionen. Er begeisterte uns. Wind of Change. Ich wurde dann sehr rasch Hilfskraft in seinem Institut.

Wie klappte das so schnell? Bei Küng wollten sicher einige Studierende Hilfskraft werden.

Ich hatte in dem genannten Seminar ein Referat gehalten, das Küng gut fand. Jedenfalls sprach er mich hinterher darauf an. Und dann half es, dass ich mich mit seinem damaligen Assistenten, Dr. Hermann Häring, angefreundet hatte, mit dem ich heute noch in Verbindung stehe. Meine Güte: mehr als 50 Jahre hält unsere Freundschaft. Häring war und ist ein großartiger Kommunikator, kenntnisreich in der Sache, scharfsinnig in seinen Argumenten, brillant in seinem Stil und immer aktuell informiert. 1980 wird er dann auf einen Lehrstuhl für Systematische Theologie an die Universität Nijmegen in Holland berufen. Seine Bücher zur heutigen Krise von Theologie und Kirche sind eine ingeniöse Verbindung von lutherischer Leidenschaft und Descartesschem Scharfsinn. So zum Beispiel sein Buch »Theologie und Ideologie bei Joseph Ratzinger« von 2001. Es ist wahrhaftig das geworden, was der Untertitel verspricht: eine »fundierte Analyse und überfällige Kritik einer zu Stein gewordenen Theologie« von 2001. Oder seine Streitschrift »Freiheit im Haus des Herrn. Vom Ende der klerikalen Weltkirche« (2011). Höchst aktuell sind auch seine Kommentare zur Zeit, die er unter seinem Namen ins Internet stellt. Auch er hatte mich natürlich in dem Küng-Seminar erlebt. Als eine Stelle am Institut frei wurde, kam er auf mich zu. So wurde ich Hilfskraft, bekam mein erstes Geld und kam in engeren Kontakt mit Küng. Ich wurde in sein Haus in der Waldhäuserstraße eingeladen und sah, wie er lebte. Klassisch bildungsbürgerlich, als Kleriker noch mit einer Haushälterin, vor allem aber mit einer großen Bibliothek. Aber da standen nicht nur theologische Fach- und Gebetbücher, da versammelte sich die Weltliteratur, da standen Standardwerke von Philosophie und Geschichtswissenschaft – aber auch zeitgenössische Romane, nicht nur in Deutsch, sondern auch in Italienisch, Englisch und Französisch, versteht sich. Er hatte ja in Rom und Paris studiert.

Das Charismatische, der weite Horizont – das war die eine Seite von Hans Küng. Es gab aber auch die andere: das bis zur Eitelkeit hin reichende Selbstbewusstsein, das es ihm schwer machte, andere neben sich glänzen zu lassen.

Das war die Schattenseite des Charismas dieses Mannes. Seine Person stand im Zentrum, bestimmte alles. Kritiker haben ihm das als Eitelkeit und Egomanie übelgenommen. Bei einer solchen Kritik aber war immer auch viel Neid im Spiel: eine vergiftete Mischung aus *invidia academica et clericalis*, akademischem und klerikalem Neid. Küng war ja auch den meisten Theologen oder Bischöfen in der Sache intellektuell überlegen: an profundem Wissen, Problembewusstsein und Lösungsvisionen. Und weil er das manche auch öffentlich fühlen ließ, wurde ihm das als Arroganz ausgelegt. Da durfte er sich nicht wundern. Selbstzurücknahme war in der Tat nicht die Stärke von Hans Küng. Er sei nicht zum »zweiten Vorsitzenden« geboren, war einer seiner Lieblingssprüche. Das hatte damals dazu geführt, dass er uns Studierende im Seminar immer erst einmal eine Dreiviertelstunde unsere Referate halten ließ, um dann die zweite Dreiviertelstunde zu monologisieren. Gruppendynamisch war das verheerend. Uns blieb zunächst nichts anderes übrig, als uns schweigend dem großen Meister unterzuordnen.

Haben Sie das mal angesprochen? Dass ausgerechnet Hans Küng, der doch zum eigenständigen Denken anleiten wollte, die Studierenden so unterpflügte?

Wir – einige Mitstudierende und ich – haben den »Aufstand« geprobt. Wir haben das in diesem Wintersemester 1969/70 noch ertragen, dann aber sind wir zu ihm gegangen und haben ihm gesagt: Herr Professor, die Weise, wie Sie das Seminar dominieren, ist schädlich für die Kommunikation. Sie lassen uns Referate halten, dann holen Sie zum großen Monolog aus. Das ist keine Kommunikation. Wir waren geprägt vom Geist der Achtundsechziger und sagten ihm, dass wir eine »herrschaftsfreiere Kommunikation« wünschten. Wir hatten ja schließlich auch »unseren Habermas« gelesen.

Hatten Sie Erfolg damit?

Oh, das stieß ihm zunächst sauer auf. Er fiel buchstäblich aus seinem Ordinarienhimmel und konnte das nur sehr schwer wegstecken, er, den doch gerade alle Welt gebeten hatte, er möge ihnen Welt und Kirche erklären. Er hatte nun einmal ein überlegenes Fachwissen. Aber er ließ sich dann doch darauf ein, weil er gemerkt hatte, dass wir nicht ganz Unrecht hatten. So sagte er dann einigermaßen unwirsch: Na gut, dann übernehmen Sie doch die Seminarleitung. Haben wir dann auch gemacht, und alles ging ganz gut, bis es um Sachfragen ging, die zu klären waren. Da endete dann unsere Kompetenz, und wir mussten dann doch Küng fragen. Der saß im Seminar dabei und wartete mehr oder weniger ab, bis wir aufgelaufen waren. Trotzdem war das eine heilsame Erfahrung für uns und für ihn. Es hat ihn, zumindest partiell, aus seiner narzisstischen Abkapselung befreit. Er hatte zum ersten Mal überhaupt in einem Seminar auf Studierende Rücksicht genommen. Er hatte begriffen, dass Sachkompetenz allein nicht reicht, Kommunikations- und Lernprozesse verlangen noch einmal etwas anderes, eine andere Art von pädagogischer Feinfühligkeit. Immerhin war ihm diese Episode so wichtig, dass er sie in den 2. Band seiner »Erinnerungen« aufnahm: »Umstrittene Wahrheit« (2007).

Das ist eine Leistung. Als was oder wer sind Sie da gelandet?

Als »Revolutionär aus Bochum«. Ein Ehrentitel. Immerhin ließ er mich seinerzeit die Darstellung dieser Episode in seinen »Erinnerungen« vorher lesen. Mittlerweile hatten wir ja auch viele Jahre zusammengearbeitet und oft schon über diese Szene gelacht. Denn ich war ihm schon damals nicht nur durch »Rebellion«, sondern auch durch gute Leistungen aufgefallen. In den »Erinnerungen« wörtlich: »Jener ›Revolutionär‹ aus Bochum wird in unserem Institut heimisch, bewährt sich und wird bald meine beste wissenschaftliche Hilfskraft.« So war es. Was erklärt, dass Küng mir 1972, nach meinem Examen in Germanistik und Theologie, eine Dissertation anbietet.

Ein Gespräch mit Walter Jens

Wer außer Küng hat sie noch beeindruckt in ihren Tübinger Studienjahren?

Walter Jens, Altphilologe von Hause aus, Schriftsteller und Mitglied der »Gruppe 47«, dann Professor für Allgemeine Rhetorik an unserer Universität. Er hat gemeinsam mit Küng meine Doktorarbeit betreut. Es geht um das Jesusbild in der deutschsprachigen Literatur nach 1945. Jens' Essays zum Beispiel in »Statt einer Literaturgeschichte« oder seine großen Reden, gedruckt in Bänden wie »Republikanische Reden« (1976) oder »Ort der Handlung ist Deutschland« (1981), haben etwas Mitreißendes, seine Übersetzungen neutestamentlicher Bücher rhetorische Kraft, welche die bisherigen Übersetzungen, in zwar korrektem, aber oft biederem Deutsch, für mich weit in den Schatten stellen. Die sprachlich kraftvollste und zugleich »packendste« Übertragung ist ihm nach meinem Urteil bei der »Offenbarung des Johannes« gelungen, der neutestamentlichen »Apokalypse«, 1987 erschienen. Sie stand ganz unter dem Eindruck der Demonstration von Jens und anderen kritischen Zeitgenossen gegen die Vorbereitung einer selbstverschuldeten Apokalypse vor Depots mit atomar bestückten Mittelstrecken-Raketen auf der Schwäbischen Alb unweit von Tübingen.

Wie war es, ihm zu begegnen?

Nicht leicht, aber unvergessen unsere erste und einzige längere Unterredung 1975, als er sich als Betreuer meiner Dissertation bereitgefunden hatte und ich ihn in seinem Haus in der Sonnenstraße besuchen durfte. Der Jesus der Dichter? Ich höre Warnungen: kein direkter Zugriff möglich, kein schulterklopfendes Eingemeinden, stattdessen: eine oft blitzartige Evokation Jesu bei den Dichtern, das Finden objektiver Korrelate, die Spiegeltechnik. Alles in allem bei den Schriftsteller:innen also eher eine »keusche Annäherung« (so drückte er sich aus) an den Nazarener als ein schamloser Zugriff. Sie lässt der Figur ihre Unfassbar-, ihre Unbegreiflichkeit. Mir wird klar, dass ich einen Fehler zu vermeiden hatte: Literatur nur nach Inhalten unter Vernachlässigung der Formentscheidungen, der Technik, des Stils abzusuchen. »Nehmen Sie etwa Hemingway ›Heute ist Freitag‹ und Huchels Gedicht ›Dezember 1942‹«, sagt Jens damals. So werde ich entlassen. Es sind die einzigen Fingerzeige, die er mir gegeben hat und das einzige persönliche Gespräch, das ich mit ihm vor Abgabe der Arbeit im Herbst 1977 geführt habe. Ich hatte damals keine Ahnung, dass Jens mir damit zwei literarische Kostbarkeiten überreicht hatte: Ernest Hemingways kurze Dialogskizze aus seinem Prosaband »Men without women« von 1927 und Peter Huchels Bethlehem-Stalingrad-Poem aus seiner Gedichtsammlung »Chausseen Chausseen« von 1963.

Heute weiß ich es. Über beide Texte habe ich gründlich gearbeitet. Als meine Dissertation dann 1978 als Buch erscheinen sollte, schrieb Jens mir ein Geleitwort dazu. Ganz ungewöhnlich damals. Aber dieses Wort eines so prominenten Kritikers hat die Rezeption des Buches und damit die Sache von Theologie und Literatur im deutschsprachigen Raum sehr gefördert. Das Buch erzielte in kurzer Zeit vier Auflagen. Und wurde vor allem für die Arbeit im Deutsch- und Religionsunterricht stark beachtet.

Sie haben dann sogar ein Buch über Walter Jens geschrieben.

1978 konnte ich wahrhaftig nicht ahnen, dass ich einmal eine Gesamtdarstellung seines literarisch-theologischen Œuvre vorlegen würde: »Walter Jens. Literat und Protestant«. Das wird 25 Jahre später geschehen, 2003, aus Anlass seines 80. Geburtstags. Nicht etwa aus Tübinger Lokalpatriotismus oder schülerhafter Dankbarkeit, sondern weil ich etwas Singuläres in Person und Werk herausarbeiten wollte, und der doppelte Untertitel des Buches sollte das signalisieren: Niemand unter den Autorinnen und Autoren der deutschsprachigen Literatur nach 1945 hat mit dieser Konstanz, Breite und Tiefe einen Dialog mit der Theologie geführt, ja hat sich so mit den Überlieferungen des Christlichen auseinandergesetzt wie eben Walter Jens.

Im Alter wurde Jens dann demenzkrank.

Ein Jammer, diesen brillanten Mann körperlich und geistig so reduziert zu erleben. Sieben, acht Jahre behielt ihn die Demenz im Griff. Aber auch in dieser Zeit habe ich ihn immer wieder besucht, obwohl Kommunikation nicht mehr möglich war. Es war vor allem Anteilnahme, die Wärme ausstrahlen sollte und moralische Unterstützung für seine Frau. Nach seinem Tod 2013 mit 90 Jahren bezog ich auch Inge Jens in meine regelmäßigen Besuche ein bis zu ihrem Tod Ende 2021. Gespräche bei ungezählten Spaziergängen durch Tübingen, oft auch über den alten Stadtfriedhof, wo sich das Grab ihres Mannes befindet und wo sie mir immer auch von bedeutenden Frauen erzählte, die hier liegen: von der Schriftstellerin Ottilie Wildermuth (gest. 1877) zum Beispiel oder von Josephine Lang, einer der begnadetsten Pianistinnen und Komponistinnen ihrer Zeit (gest. 1888) oder von Lilli Zapf, die 1974 nach langen Recherchen »auf eigene Faust« erstmals eine Geschichte der Tübinger Juden publiziert hat. Inge Jens, die man zu Recht eine »begnadete Literaturwissenschaftlerin« genannt hat, kannte die ganze literarische Szene der deutschsprachigen Literatur der letzten 40 Jahre und hatte sich als Editorin der letzten fünf Tagebücher von Thomas Mann einen Ruf als exzellente Kennerin von Thomas Mann, seines Werks und seiner Familie profiliert. So erklärt sich dann auch ihre originelle »Pringsheim«-Trilogie: Zuerst ihr Buch »Frau Thomas Mann« über Katja Mann, geb. Pringsheim (1883–1980), dann über Katjas Mutter Hedwig Pringsheim, geb. Dohm (1855–1942), eine Schriftstellerin und Frauenrechtlerin eigenen Rechtes, und schließlich über Katjas in Südamerika plötzlich verstorbenen Bruder Erik Pringsheim (1879–1908). Insbesondere die Geschichte Eriks ist eine wilde Abenteuergeschichte.

Ein protestierender Protestant: Ernst Käsemann

An welche Vertreter protestantischer Theologie erinnern Sie sich besonders?

Neben Jürgen Moltmann vor allem an Ernst Käsemann (1906–1998), den Neutestamentler. Er hat mir mit seiner Vorlesung über den »Römerbrief« des Apostels Paulus und Publikationen wie »Der Ruf der Freiheit« (1968) und »Paulinische Perspektiven« (1969) wie kein anderer die gesellschaftskritische Schärfe der paulinischen Kreuzestheologie erschlossen. Käsemann war für mich als katholischem Theologen die Verkörperung des »protestantischen Prinzips« schlechthin, ein Protestant, der gegen die reaktionären Kräfte in der bundesdeutschen Gesellschaft und auch in seiner Kirche noch zu protestieren wusste. Und zwar aus genuin theologischen Gründen. Ich vergesse nie einen seiner leidenschaftlichen Ausbrüche während der »Römerbrief«-Vorlesung: »Der Heilige Geist, meine Damen und Herren, der Heilige Geist, ist kein Zyniker, wohl aber ein Polemiker!« Dieser Exeget hatte den kämpferischen Paulus verstanden, den Mann, der um des Evangeliums willen selbst dem Petrus ins Angesicht zu widerstehen wagte, nachzulesen im 2. Kapitel seines Briefs an die Galater. Überschattet wurde sein und seiner Frau Leben dann durch die Verhaftung, Folterung und Ermordung ihrer Tochter durch Angehörige der Militärjunta Argentiniens 1977. Elisabeth Käsemann hatte sich in Argentinien für soziale Menschenrechte und die Abschaffung der Diktatur eingesetzt. Bei uns in Tübingen erinnert eine »Elisabeth-Käsemann-Stiftung« und eine »Elisabeth-Käsemann-Straße« an sie.

Alles freie Geister, die Sie über die enge katholische Welt hinauswachsen ließen.

Keine Frage. Heute begreift man kaum noch, wie neu das damals war, wie immer noch umstritten und bestritten. Der ökumenische Dialog, das Gespräch mit der Literatur jenseits der religiösen Welt und mit Ernst Käsemann, dem Urprotestanten. Küng hatte ja über die Rechtfertigungslehre bei Karl Barth promoviert und festgestellt, dass es keine kirchentrennenden Unterschiede mehr zwischen seiner und der katholischen Auffassung über die Erlösung des sündigen Menschen gibt. Die Zeit war vorbei, in der man die andere Konfession nur unter dem Aspekt einer möglichen Widerlegung gelten ließ. Später, nach einer Phase intensiver ökumenischer Gespräche, an denen auch unser Institut für ökumenische Forschung beteiligt war, konnten wir die Ergebnisse der ökumenischen Kommissionsarbeiten auf die Formel bringen: »Die seit der Reformation kirchentrennenden Fragen sind theologisch gelöst und die nicht gelösten nicht mehr kirchentrennend.« Daraus gilt es endlich Konsequenzen zu ziehen. Selbst das Jahr 2017, 500 Jahre nach der Reformation, ließ man von Seiten Roms verstreichen, von einigen schönen ökumenischen Gesten und guten Worten abgesehen, um die Kirchenspaltung aufzuheben und die protestantischen Ämter und Abendmahlsfeiern endlich anzuerkennen.

Hoffnung lernen mit Jürgen Moltmann

Inwieweit wurde Jürgen Moltmann wichtig für Ihr Denken?

Ich will nicht behaupten, dass ich seine »Theologie der Hoffnung« anfangs bis ins Letzte verstanden hätte. Schon gar nicht während des Studiums, da war ich viel zu unbedarft und unerfahren. Aber ich spürte die Leidenschaft, mit der Moltmann (geboren 1926) sich mit der Philosophie von Bloch theologisch auseinandersetzte, wie er in dieser Auseinandersetzung eine eigenständige politische Reich-Gottes-Theologie entwickelte, in der die Rede vom Reich Gottes nicht eine fromme Chiffre war, sondern eine Herausforderung an die Gesellschaft. Das fand ich erhellend und las kontinuierlich seine weiteren Bücher, durchaus auch mit kritischen Vorbehalten gegen manche überspitzten theologischen Konstruktionen und Spekulationen: Von der Christologie (»Der gekreuzigte Gott«, 2002) angefangen über die Ekklesiologie (»Kirche in der Kraft des Geistes«, 2010) bis hin zu einer »ökologischen Schöpfungslehre« (»Gott in der Schöpfung«, 2015) und einer »Ethik der Hoffnung« (2010). So wurde er, Jahrgang 1926, durch Lektüre für mich ein zweiter theologischer Lehrer, der es wie nur wenige akademische Theologen verstand, Wissenschaftsfragen mit Lebensfragen zu verbinden. Seine Theologie ist auch international stark beachtet worden, in Korea vor allem und den Vereinigten Staaten. Alles andere als selbstverständlich für einen deutschsprachigen Theologen. Seine Lebensgeschichte »Weiter Raum« (2006) nimmt ein Wort aus Psalm 31,9 auf: »Du stellst meine Füße auf weiteren Raum«. Das war in seinem Fall nicht fromme Lyrik. Ich lese seine Bücher mit großem Gewinn, zumal Moltmann auch über einen luziden Stil verfügt, was man nicht oft von theologischen Fachbüchern behaupten kann. Sein Deutsch ist präzise, geschmeidig und transparent.

Haben Sie ihn einmal auch persönlich befragen können?

Ja, und zwar für die Zeitschrift *Publik-Forum,* in der »Extra«-Ausgabe März 2014. Er war bereit, öffentlich mit mir über die ganz persönliche Frage zu sprechen: Erwartet mich als Mensch etwas nach dem Tod? Und wenn ja, was? Er erwarte die Auferstehung *in* seinem Tod, erklärte er. Und begegne dabei Gott mit seiner ganzen Lebensgeschichte. Er stelle sich vor, dass bei seiner Auferweckung sein ganzes Leben präsent sei, mit allen Lebensaltern, denn die Ewigkeit habe »die zeitliche Funktion der Gleichzeitigkeit«. Und als ich ihn fragte, in welcher konkreten Form er Gott zu begegnen glaube, sagt Moltmann wörtlich: »Ich werde so bei Gott sein, wie Gott mich erinnert. Gott macht nicht nur einen Eindruck auf uns, sondern wir machen auch einen Eindruck auf Gott … Es ist ein gnädiges Erinnern: Gedenke meiner nach deiner Barmherzigkeit, heißt es im Psalm. Es geht um ein lebendiges Gedenken. In dieser Weise werde ich dann Gott und mir selber begegnen«. Weitere Gedanken dazu hat Moltmann in unserem Gespräch und dann in seinem persönlichsten Buch entwickelt: »Auferstanden in das ewige Leben. Über das Sterben und Erwachen einer lebendigen Seele«. Er hat es 2019 mit 93 Jahren vorgelegt. Das bewegende Glaubenszeugnis eines bedeutenden Theologen unserer Zeit.

IV.

Der Jesus der Literaten

Wie sind Sie zu ihrem Promotionsthema gekommen: »Jesus in der deutschsprachigen Gegenwartsliteratur«?

In der Sache hat Hans Küngs damaliger Assistent Gotthold Hasenhüttl, eine Rolle gespielt, der später Professor in Saarbrücken werden und einmal bundesweit Aufsehen machen sollte. 2003 wird er von seinem Priesteramt suspendiert, weil er bei einem Gottesdienst am Rande des Ökumenischen Kirchentages in Berlin explizit und offen evangelische Christinnen und Christen zur Kommunion eingeladen hatte. Das hierarchische System schlug gnadenlos zu. Als ich Hasenhüttl traf, habilitierte er sich gerade bei Küng über das Thema »Charisma« als »Ordnungsprinzip« von Kirche. Er bot im Wintersemester 1970/71 ein Seminar über »Die Gottesfrage in der modernen Literatur« an, für mich genau das Richtige.

Und wie war Hasenhüttl auf das Thema gekommen?

Er war als österreichischer Priester wie Küng im Germanicum zu Rom ausgebildet worden, der römischen Kaderschmiede des deutschsprachigen Priesternachwuchses. Er hatte in Rom ein doppeltes Doktorat erworben, das eine so spannend wie das andere. Das theologische ging über einen evangelischen Theologen. Es ist bis heute eins der besten Bücher, die je über den damals so verketzerten Neutestamentler Rudolf Bultmann geschrieben wurden; Hasenhüttl versucht, dessen tiefste theologische Intentionen herauszuarbeiten. Wie Küng

Karl Barth, so hatte auch Hasenhüttl Rudolf Bultmann um ein Vorwort für seine Veröffentlichung gebeten und bekam es.

Seine philosophische Dissertation hat er dann über Jean Paul Sartre geschrieben, einen der schärfsten Religionskritiker unserer Zeit. Es ging um die Gottesfrage bei Sartre. Und in diesem Zusammenhang bot er das genannte Seminar an. Wir lasen August Strindbergs Roman »Am offenen Meer« und Bertold Brechts Drama »Der gute Mensch von Sezuan«, natürlich Sartres Stücke »Die Fliegen« und »Geschlossene Gesellschaft« und Camus' Roman »Die Pest«. Wir lasen das Who is Who der europäischen Literatur im Bezug auf die Gottesfrage. Das bestärkte mich in meinem Gedanken, der sich in dieser Zeit gerade entwickelte: Die Literatur zum *locus theologicus* werden zu lassen: zu einem Ort des Nachdenkens über Gott und Glauben, und zwar nicht nur dort, wo sich Schriftstellerinnen und Schriftsteller explizit mit der Gottesfrage beschäftigen, sondern auch dort, wo religiöse Spuren, Motive und Figuren nicht auf den ersten Blick als religiös relevant erkennbar sind. Hasenhüttl ist dann schon 1972 nach Saarbrücken gegangen, wo er einen Lehrstuhl für Systematische Theologie erhalten hatte. Für seinen Anstoß bin ich ihm bis heute dankbar.

Und dann sind Sie zu Hans Küng gegangen und haben ihm gesagt: Ich hätte da ein Promotionsthema?

Wie hätte ich das wagen können? Es war eher umgekehrt. Auch Küng hatte in einem seiner Seminare zum Thema »Neuere Jesusbücher« nicht nur die neuere exegetische, sondern erstmals auch die zeitgenössische Literatur einbezogen. Er war ja – auf dem Weg zu seinem dann sehr erfolgreichen Werk »Christ sein« (1974) – auf der Suche nach historisch belastbaren Kriterien der ursprünglichen Botschaft Jesu als Orientierung zum Handeln von Christen heute. Er wertete dafür die neuere exegetische Literatur aus, also Jesusbücher, von kritischen Exegeten geschrieben. Und er hatte verstanden, dass für die Vermittlung der christlichen Botschaft an Menschen von heute auch der Dialog mit Kunst, Musik und Literatur wichtig ist. Und wenn Künstler sich zu Jesus äußern, dann nicht, weil sie die Dogmatik bestätigen wollen, sondern weil sie existentiell herausgefordert sind von seiner Gestalt und seiner Botschaft und das in einer nichttheologischen Sprache ausdrücken. Jesus ja, Kirche nein, war schon damals eine Formel. Plakativ, zugegeben, aber ein Signal des Zeitgeistes, das es ernst zu nehmen galt. Küng jedenfalls hatte das ernst genommen und zwei Jesus-Romane, die gerade erschienen waren, in das Seminar einbezogen: Frank Andermanns »Das andere Gesicht« und Günter Herburgers »Jesus in Osaka«. Damals wichtige »Zeitgeist-Signale, heute zu Recht vergessen.

Und wie lief die Begegnung konkret ab?

Am Ende des Sommersemesters 1972, nach meinem Staatsexamen in Theologie und Germanistik, ließ er mich zu sich in die Waldhäuserstraße kommen. Solche Besuchstermine waren bei ihm immer Punkt 12 Uhr, eine halbe Stunde vor seinem Mittagessen. Er fragte mich, was ich nun nach dem Examen vorhätte, und ich sagte ihm, dass ich in den Schuldienst gehen wolle, als Lehrer für Deutsch und katholische Religion. Ob ich mir einmal überlegt hätte, wissenschaftlich weiterzumachen? Eine Dissertation? Nein, das hatte ich mir nicht überlegt, denn das traute ich mir nicht zu.

Sie wollten also Lehrer werden – ein Deutsch- und Religionslehrer, der pubertierende Neuntklässler bändigt …

Pubertierende Mittelstufenklassen waren nicht gerade mein Traum, aber die hätte ich in Kauf genommen. Gymnasiallehrer für Deutsch und Religion hätte ich mir gut vorstellen können. Aber ich traute mir eine Promotion einfach nicht zu. Dazu hatte ich viel zu viel Respekt vor Leuten, die ein Doktorat gemacht hatten.

Der Einstieg in die Wissenschaft

Das hatte vielleicht auch mit Ihrer Herkunft zu tun, wo niemand studiert hatte und eine Promotion als merkwürdige Beschäftigung von Menschen mit zu viel Zeit erschien.

Es war eine Frage des Selbstbewusstseins. Und da hat Küng mich entscheidend gestärkt – und mir auch eine Assistentenstelle angeboten. Das half. Ich musste jedenfalls nicht ins Referendariat, um Geld zu verdienen. Ich konnte so auch meine Eltern entlasten, die mich bis dato noch unterstützt hatten. Von daher hatten meine Zweifel schon mit meiner Herkunft und auch mit meiner konkreten finanziellen Lage zu tun. Küng sagte dann, dass noch nie jemand über das Jesusbild in der Literatur nach 1945 gearbeitet hätte. Er meinte damit nicht die dezidiert christliche Literatur eines Reinhold Schneider, einer Gertrud von Le Fort oder einer Elisabeth Langgässer, sondern die Literatur etwa der Mitglieder der Gruppe 47 und die anderer maßgebender zeitgenössischer Literatinnen und Literaten damals wie Nelly Sachs, Hilde Domin, Friedrich Dürrenmatt und Max Frisch. Genau das war auch mir bei meinen Recherchen zu den beiden Romanen im »Jesus«-Seminar aufgefallen. Das müsste doch zu Ihrem Germanistikstudium passen, sagte er noch. Ich nahm an und hatte keine Ahnung, worauf ich mich eingelassen hatte. Denn ich musste tatsächlich bei Null anfangen. Weder Germanisten noch Theologen hatten sich bislang für das Thema interessiert. Es begann eine mir vorher kaum vorstellbare Recherchearbeit, die erste in meinem Leben, der dann viele folgen sollten. Und ich traf eine weitere, eine *zweite Lebensentscheidung*: Ich würde in Tübingen bleiben und in die Wissenschaft gehen.

Jesus in der deutschen Nachkriegsliteratur – das klingt tatsächlich nach einer uferlosen Suche, zumal ja immer neue Werke entstanden, die sie einbeziehen mussten.

Zwischendurch hatte ich in der Tat den Eindruck, dass das alles uferlos wird. Es gab hier einen Aufsatz bei einem Religionspädagogen, da einen Hinweis bei einem theologischen Literaturkritiker, vor allem aber war es eine aufwendige Spurensuche, bis ich ein Gesamtbild zusammenhatte. Dann aber hatte ich tatsächlich etwas Neues geschaffen und »Spuren« Jesu bei zeitgenössischen Schriftsteller:innen nachgewiesen, bei denen man es wahrhaftig nicht erwartet hatte. Entsprechend groß war die Überraschung in der Sache, als die Arbeit als Buch herauskam, 1978. Und das Geleitwort von Walter Jens tat ein Übriges, um das Thema und seinen Interpreten bekannt zu machen. Das wirklich Beglückende aber: Sofort wurde das Thema aufgegriffen von Deutsch- und Religionslehrern und bekam so eine breite praktische Relevanz für den Deutsch- und Religionsunterricht. Ich schob dann nach vielen Fortbildungsseminaren mit Lehrer:innen eine Dokumentation mit Texten nach: »Der andere Jesus. Ein Lesebuch moderner literarischer Texte« (1983) und noch ein zweites Buch dieser thematischen Art: »Stellvertreter Christi. Der Papst in der zeitgenössischen Literatur« (1980). Immerhin hatte ich auch hier spannende Texten entdeckt: unter anderem von Franz Werfel und Thomas Mann bis zu Reinhold Schneider, Rolf Hochhuth und Wolfgang Hildesheimer. Und künstlerische Arbeiten, so die Bilder vom »schreienden Papst« (1953) des Briten Francis Bacon und Radierungen von Friedrich Dürrenmatt, darunter »Zwölf Päpste, die Bibel auslegend« (1973).

Heute erscheint die Erkenntnis, dass Schriftsteller religiöse Motive und Gedanken übernehmen, gar nicht so besonders.

1978 war das für viele neu. Bedenken Sie: Ich konnte zeigen, dass eine Nelly Sachs, ein Paul Celan, eine Marie Luise Kaschnitz, ein Günter Eich, ein Wolfgang Koeppen, ein Alfred Andersch oder ein Max Frisch und ein Friedrich Dürrenmatt, um nur wenige Namen zu nennen, also maßgebende Schriftsteller:innen der deutschsprachigen Nachkriegsliteratur, sich in vielfältigen Formen zu diesem Jesus geäußert haben. Und plötzlich war mir aufgrund der Nachfrage eine Aufgabe zugefallen, Theologie und Literatur im Gespräch zu halten, die bis heute anhält. Ich war natürlich nicht der Einzige auf diesem Feld, damals aber der Jüngste, zudem ausgestattet mit der Doppelkompetenz von Literaturwissenschaft und Theologie.

Hatten Sie auch mal überlegt, in Germanistik zu promovieren?

Da hatte ich tatsächlich auch ein Angebot. Meine Staatsexamensarbeit ging über Rainer Maria Rilkes Verhältnis zum literarischen Expressionismus seiner Zeit, ein damals innovatives Thema, das Rilke, den man als »engelgleichen Poeten« verklärt hatte, historisch kontextualisieren und damit »erden« sollte. Das gelang mir, und ich habe dabei auch viel über moderne Lyrik und Lyriktheorien gelernt, was mir bis heute nützt. Die Dozentin, die diese Arbeit betreut hatte, lobte sie und fragte mich, ob ich da nicht weiter forschen wolle. Und auf einmal stand ich vor der Entscheidung: Soll ich in der Germanistik weitermachen oder in der Theologie? Und wieder bringt eine leere Kirche die Entscheidung. In Metzingen, nicht weit vor Tübingen, liegt gleich beim Bahnhof eine Kirche. Ich weiß nicht mehr, warum ich damals dort hingegangen bin. Aber das eine hat sich mir unauslöschlich ins Gedächtnis gebrannt: Ich sitze in dieser Kirche und denke über die anstehende Entscheidung nach. Und da schießt mir der Gedanke durch den Kopf: Theologie hat mehr mit Menschen zu tun. Theologie fordert dich mehr heraus, die Sinnfrage für dich selber und für andere Menschen zu stellen und dich nicht hinter literarischen Größen zu verstecken. Ich habe das später immer wieder bestätigt bekommen: Als Theologe, verpflichtet auf eine Botschaft, muss ich fragen: Was geht mich dieser Text an? Wie fordert er mich heraus? Mich ganz persönlich? Es sind die Urfragen, mit denen schon die Bibel beginnt. Nicht zufällig sind es drei. »Wo bist du?, fragt Gott Adam nach dem Sündenfall. »Wo ist Abel, dein Bruder?«, fragt Gott Kain nach dessen Tötung seines Bruders. Aber auch umgekehrt: Der Mensch befragt Gott. »Sollte der Richter der ganzen Erde sich nicht an das Recht halten?« Abrahams Frage an Gott. Im Spannungsfeld dieser drei Urfragen steht auch heute jede Rede von Gott. Und glaubwürdige Theologie ist die Hüterin dieser Fragen.

Über Goethes Islam: Lernen von Katharina Mommsen

Mir fällt auf: Sie erzählen viel von den Theologen, der Theologie in Tübingen – und nicht so sehr von den Germanistinnen und Germanisten. Da scheinen Sie, vielleicht unausgesprochen, klar Prioritäten gesetzt zu haben.

Ich habe die Kolleginnen und Kollegen der Literaturwissenschaft stets für ihre Gelehrsamkeit bewundert, für das, was sie an kommentierten Editionen, Handbüchern, Biografien, Kontextualisierungen, Analysen und Diskursen produziert haben. Wie hätte ich zum Beispiel über Brecht schreiben können ohne die Große Kommentierte Berliner und Frankfurter Ausgabe, über Hesse ohne die 20-bändige Edition der Sämtlichen Werke, herausgegeben von Volker Michels, oder über »Goethe und der Koran« (2021) ohne die bewundernswert komplexen Kommentare zu Goethes »West-östlichem Divan« von Katharina Mommsen, Karl Richter oder Hendrik Birus in der Münchner und in der Frankfurter Goethe-Ausgabe. Aber Gelehrsamkeit allein genügt nicht. Ich wollte näher bei den Lebensfragen der Menschen sein. Ich wollte mich in existenzielle Fragen verwickeln lassen. In die Urfragen eben. Meine Arbeit an einer sinnlich erfahrbaren Literatur war dann durchaus auch eine Alternative zu der Kälte, mit der Germanisten oft ihre Gegenstände behandeln.

Gab es persönliche Begegnungen?

In den 1990er-Jahren bin ich auf das bahnbrechende Werk von Katharina Mommsen gestoßen: »Goethe und die arabische Welt«, 1988 erschienen, später 2001 in teils gekürzter, teils erweiterter Form neu vorgelegt unter dem Titel »Goethe und der Islam«. Was ich zu diesem Thema gelernt habe, verdanke ich vor allem ihr, die ihre jahrzehntelangen interkulturellen Forschungen zu Goethe 2012 noch einmal in einem eigenen Band versammelt hat: »›Orient und Okzident sind nicht mehr zu trennen‹. Goethe und die Weltkulturen«. Das Verdienst dieser großen Goethe-Forscherin ist es, auf der Basis überragender Quellenkenntnisse eine Dimension von Goethes Werk freigelegt zu haben, welche die übliche Forschung weitgehend ignoriert hatte: Goethes Auseinandersetzung mit der Welt des islamisch geprägten Orients. Ich hatte das Glück, diese seit Mitte der 1970er-Jahre in Kalifornien lebende Gelehrte auch persönlich kennenzulernen. Mitte März 2004 war es mir gelungen, sie für eine Tagung über »Goethe und der Islam« auf der Burg Rothenfels am Main im Kontext der von mir dort geleiteten Reihe »Theologie und Literatur« zu gewinnen.

So war es für mich selbstverständlich, dass ich auf ihren Wunsch hin die Aufgabe übernahm, ein Vorwort zur Neuausgabe ihrer seinerzeit in Tübingen entstandenen Dissertation zu schreiben, die erstmals 1960 erschienen war und 2006 neu publiziert werden sollte. Titel: »Goethe und 1001 Nacht«. Diese Arbeit war nur der Auftakt zu einem Lebenswerk, das sie später mit dem genannten Buch »Goethe und die arabische Welt« krönen sollte. Und dieses Buch war gerade zur rechten Zeit gekommen. Ursprünglich zunächst nur Teil der Goethe-Philologie, wurden diese Arbeiten im Zuge von Auf- und Umbrüchen in der islamischen Welt zu einem Politikum und konnten im globalen interreligiösen und interkulturellen Dialog eine Rolle spielen.

Unvergessen dann die Feier zu ihrem 85. Geburtstag 2010, den sie in Weimar feiert. Wo sonst? Die Feier beginnt am Freitag 17. September 2010 mit einem »Konzert der Freu(n)de« im Richard-Wagner-Saal des legendären Weimarer Hotels Elephant. Klassische Musik erklingt. Am Samstag darauf wird uns eine Exkursion ins Thüringer Land geschenkt zu Bach-, Goethe- und Feininger-Gedenkorten, bevor der Tag mit dem Höhepunkt der Feier, ebenfalls im Richard-Wagner-Saal, zu Ende geht: der Übergabe einer Festschrift und einem festlichen Abendessen bei persischen Santur-Klängen. An den Wänden des Saales große Tafeln mit Kalligrafien, die Shahid Alam zu Ehren von Katharina Mommsen aufgestellt hatte. So lerne ich erstmals auch Person und Werk dieses aus Pakistan stammenden und seit Jahrzehnten in Deutschland arbeitenden begnadeten Kalligrafen kennen. Unsere Verbindung bleibt erhalten, ja führt 2021 zu einem gemeinsamen Buch »Goethe und der Koran«, mit Kommentaren zu allen Islam-bezogenen Goethe-Texten von mir und 15 Kalligrafien von Shahid Alam. Für uns beide auch eine Hommage an Katharina Mommsen.

Zurück im »Hauptquartier«: Arbeit über Christologie

Aber bei der Theologie haben Sie dann doch weitergemacht. Noch eine Weichenstellung: Theologie statt Germanistik.

Das war in der Tat eine Richtungsentscheidung, wie man erst in der Rückschau erkennen kann – nach dem Wort von Sören Kierkegaard: »Das Leben wird vorwärts gelebt und rückwärts verstanden.« Die dritte Weichenstellung war dann die Habilitationsschrift. Und Küng gab mir hier einen guten Rat. Meine Vorstellung war, auf dem Gebiet der theologischen Literaturrezeption weiter zu arbeiten, zum Beispiel über die Arbeiten des katholischen Theologen Romano Guardini, der katholischerseits als Erster in der ersten Hälfte des 20. Jahrhunderts die Literatur in die Theologie einbezogen hatte. Seine Bücher über Dante, Hölderlin, Mörike, Dostojewski oder Rilke sind dafür eindrucksvolle Belege. Das wäre insofern lohnend gewesen, weil diese Arbeiten noch nie kritisch literaturwissenschaftlich und theologisch untersucht worden waren. Aber bedenken Sie, meinte Küng, Sie bleiben dann immer in einem Grenzgebiet der Theologie und werden nicht als Theologe ernst genommen. Sie sollten, nachdem Sie nun jahrelang Grenzgänger waren, auch mal ins »Hauptquartier« zurück. So drückte er sich aus. Eine wunderbare Metapher, weniger militaristisch als sportlich gemeint: ins Hauptquartier zurück, also ins Kerngebiet der christlichen Theologie. Und dann können Sie zeigen, dass Sie auch theologisch denken können. Dazu gehört das Exegetische, das Theologiegeschichtliche und das systematisch Theologische.

Und weil Küng gerade mit seinem Buch »Christ sein« (1974) von konservativen Theologen unter Beschuss geraten war, vor allem mit dem, was er über die Trinität und die Gottheit Christi geschrieben (oder nicht geschrieben) hatte, sagte er, es sei überfällig, diese Aussagen über Jesus einmal historisch-kritisch zu untersuchen. Woher kommt die Vorstellung, Jesus Christus sei längst vor seiner irdischen Geburt aus Gott, dem Vater, »geboren *vor* aller Zeit« (»Präexistenz«, wie der Fachausdruck heißt), mit ihm habe Gott »alles erschaffen im Himmel und auf Erden« (»Schöpfungsmittlerschaft«)? Beide Aussagen von der Präexistenz des Gottessohnes und seiner Schöpfungsmittlerschaft sind ja in der Tat Bestandteile des kirchlichen Glaubensbekenntnisses. Und darauf hatten jetzt die orthodoxen Kirchenvertreter gepocht. Küng aber fragte: Gehört das noch zum Kernbestand des Glaubens heutiger Christen? Entspricht das der Urbotschaft Jesu? Was sagt die kritische Exegese dazu? Ich habe mich auf dieses Thema eingelassen und es nicht bereut. Die dritte Tübinger Weichenstellung für mein weiteres Leben.

Was ist das Problem? Können das nicht nur ein paar theologische Experten, sondern auch einfache Christenmenschen verstehen?

Ich meine Ja, wenn man es den Menschen vernünftig erklärt. Denn gerade als Christenmensch muss man sich doch irgendwann fragen, was man da im Glaubensbekenntnis (»Credo«) behauptet, das man in jeder Messe aufgefordert wird, nachzusprechen. Zum einen ist der geschichtliche Jesus unbestritten der Sohn einer jüdischen Mutter, ist als Jude in Nazaret aufgewachsen, hat jüdische Jünger um sich versammelt, hat eine unverwechselbare »Reich-Gottes«-Botschaft unter die Menschen gebracht, hat ein konkretes Schicksal erlitten, »gekreuzigt unter Pontius Pilatus«. Und hat im Rahmen seiner Verkündigung nichts über eine Dreifaltigkeit Gottes (der eine Gott in drei Personen) oder seine eigene Präexistenz und Schöpfungsmittlerschaft gelehrt. Solche Aussagen sind ja erst in der nachösterlichen Verkündigung im Neuen Testament greifbar: im Johannesevangelium vor allem und in der späteren Briefliteratur: in den Hymnen des Kolosser- und Epheserbriefs. Selbst ein so großer Theologe wie Karl Rahner hat einmal zugegeben, Jesus selber hätte von solchen Aussagen über ihn mit Sicherheit nichts verstanden.

Und von demselben Menschen wird in einem Glaubensbekenntnis bekannt, für die ganze Kirche festgelegt 300 Jahre nach seinem Tod auf den altkirchlichen Konzilien von Nikaia (325) und Konstantinopel (381): Er sei aus Gott, dem Vater, »geboren vor aller Zeit, Gott von Gott, Licht vom Lichte, wahrer Gott vom wahren Gott«, er sei »gezeugt, nicht geschaffen, eines Wesens mit (Gott) dem Vater« und durch ihn sei »alles« geschaffen, die ganze Schöpfung. Verstehen Sie? Es ging in der neuen Arbeit darum, diese riesige Kluft zwischen den beiden skizzierten Bildern von Jesus zu überbrücken und zu verstehen, wie es im Zuge komplexer, durch die hellenistisch-philosophische Kultur geprägter Deutungsprozesse von dem einen zu dem anderen hatte kommen können. Ich musste mich jetzt in Dogmengeschichte, Systematische Theologie und Exegese gründlich einarbeiten. Das Ergebnis lege ich dann in meiner Habilitationsschrift vor, als Buch 1990 erschienen unter dem Titel: »Geboren vor aller Zeit? Der Streit um Christi Ursprung«. Und ich gestehe: Die Rückkehr ins »Hauptquartier« hat mir gutgetan und mich davor bewahrt, Theologie zu flach anzusetzen. Für den interreligiösen Dialog ist das eine ganz wichtige Voraussetzung. Und ich zehre heute noch von den Ergebnissen meiner damaligen Studien.

Weil man das Eigene sehr gut kennen muss, wenn man mit den anderen Religionen in den wirklich intensiven Dialog gehen will.

Präexistente Figuren sind keine »Erfindung« von Christen für ihre Christusverkündigung. Schon im Judentum waren Figuren wie die »Göttliche Weisheit« oder der »Menschensohn« »bei Gott«, also »vor aller Zeit«. So sollten Fragen nach Herkunft, Ursprung, Anfang beantwortet werden. In der biblischen Weisheitsliteratur ist es die Figur der »Weisheit«, die schon bei Gott war und mit der Gott die Welt geschaffen hat. In der apokalyptischen Literatur ist es die Figur des Menschensohns, der bei Gott war, bevor er »auf die Erde« gesandt wurde. Später wurde in den rabbinischen Diskursen über Präexistenz und Schöpfungsmittlerschaft der Tora spekuliert: Was brauchte Gott, bevor er die Welt erschaffen hat? Insofern musste ich mich mit diesen Präexistenz-Figuren in der Hebräischen Bibel und in den rabbinischen Diskursen beschäftigen, die den religions- und kulturgeschichtlichen Hintergrund für die frühchristliche Christologie bildeten. Davon zu unterscheiden sind die Bekenntnisse der altkirchlichen Konzilien von Nicäa und Konstantinopel, ich sagte es. Ungemein spannend war für mich dann die Frage, ob die Christusbekenntnisse des Neuen Testaments mit denen der Konzilien überhaupt vereinbar sind. Ob nicht ein kulturgeschichtlicher Bruch zwischen beiden Welten herrscht.

Ich konnte dabei auch einen großen Bogen schlagen bis zur Theologie der Gegenwart, katholisch und protestantisch. Das Buch eröffne ich mit einem Dreiecksgespräch zwischen den drei größten und zugleich so unterschiedlichen evangelischen Theologen in der ersten Hälfte des 20. Jahrhunderts zum Thema »Präexistenz« und »Schöpfungsmittlerschaft« Christi: mit Adolf von Harnack (Dogmengeschichte), Rudolf Bultmann (Exegese) und Karl Barth (Dogmatik). Bis heute, meine ich, spannend zu lesen und lehrreich zugleich. Ein kleines Kabinettstück, angelegt als fiktives trilaterales Gespräch. Ein Stück narrativer, ja dramatisierter Theologie. Das ist in der Rezeption der Arbeit kaum gesehen, geschweige denn gewürdigt worden. Und ich wünschte, jemand würde einmal die narrative Struktur dieser meiner Arbeit analysieren, nicht nur die Inhalte, sondern auch die von mir gewählte Formensprache. Und nur nebenbei bemerkt: Auch die Anfragen von Juden und Muslimen an das christliche Bekenntnis zur »Gottheit Christi« habe ich in dieser Arbeit schon einbezogen. Ein Vorgriff auf meine späteren Bibel-Koran-Studien, wie ich heute erkenne. Denken Sie daran, dass auch im Islam eine Präexistenz des Koran gelehrt wird: Er ist Gottes Wort »von Ewigkeit«, das dann ab dem Jahr 610 über 22 Jahren dem Propheten übermittelt wird. Aber schon damals wusste ich: Interreligiöser Dialog ist gar nicht möglich, wenn wir Christen nicht darüber Auskunft geben können, wie unsere Glaubensaussagen geschichtlich entstanden sind und was – bei aller historischen Kritik und allen Vorbehalten von Nichtchristen – für uns Christen das Unverwechselbare und Unaufgebbare ist.

In der Welt von Hans Küng

Wie lief denn die Zusammenarbeit mit Hans Küng?

Er hatte mir als Doktorvater ja eine Assistentenstelle angeboten, ich sagte es. So wurde ich in seinen Arbeitsprozess hineingezogen. Was ich nicht wusste: Küng brauchte immer einen Partner an seiner Seite, mit dem er kommunizieren konnte und der zur Gegenlektüre seiner Schriften bereit war. Das erste Buch, bei dem das so lief, war »Christ sein«, erschienen 1974. Ich war völlig überrascht von diesem Arbeitsstil; andere Professoren dachten nicht daran, ihre Assistenten so sehr an ihrer Arbeit zu beteiligen – und so zu fordern bis in die Privatsphäre hinein. Von 1972 an sah unsere Zusammenarbeit über viele Jahre so aus, dass ich in sein Haus kam, vormittags und auch nachmittags, und er mir alles zu lesen gab, was er produziert hatte. Dabei wurden natürlich auch ungezählte Gespräche geführt, Entscheidungen getroffen, Erfahrungen ausgetauscht, Tagesaktualität besprochen. Küng wollte ein kritisches Echo und nahm mich so in große geistige

Welten der Theologie und Philosophie mit. Zugleich aber war ich einem strengen Arbeitsrhythmus unterworfen, *seinem* Arbeitsrhythmus. Irgendwann kursierte dann das Geschwätz, angesichts der großen Produktion von Küng hätte auch ich einige seiner Bücher geschrieben. Das ist völliger Unsinn. Aber tatsächlich hat er nichts veröffentlicht, was ich als sein engster Mitarbeiter nicht sehen sollte. Ich hatte alle Freiheiten, meine Meinung dazu zu sagen. Er wünschte das ausdrücklich. Eine Herausforderung zum Denken auch für mich, wie Sie sich denken können. Und ein unaufhörliches Lernen.

Hat er Ihre Kritik dann auch angenommen?

Selbstverständlich, wenn sie sachlich begründet war. Vor allem im Stilistischen. Er schätzte mein Sprachverständnis und meine stilistischen Anregungen, die dann oft auch zu inhaltlichen Rückfragen führten. Wenn ich zum Beispiel sagte, das ist viel zu kompliziert, das versteht kein »normaler Mensch«, dann hat er entsprechende Korrekturen vorgenommen. Oder diese Abschnitte sind zu weitschweifig, zu geschwätzig oder zu polemisch, das sollte so nicht stehenbleiben. Zugleich war dieser Arbeitsstil, wie Sie sich denken können, sehr zeitraubend. Ich war eng an Küngs Timing gebunden. Entsprechend musste ich aufpassen, dass ich noch zu meiner eigenen Arbeit kam, dass ich meine Dissertation vorantrieb.

Das ist die Gefahr, wenn man für jemanden arbeitet, der ganz in seinen Themen aufgeht: dass man aufgesogen wird.

Diese Gefahr war gegeben. Zugleich war es ungemein lehrreich, als junger, noch unerfahrener Doktorand für einen Mann wissenschaftlich und publizistisch zu arbeiten, der derart international aufgestellt war, der Verbindungen hatte in die Welt der internationalen Presse, der Politik, der Wissenschaften, der Religionen. Ich konnte ihn mit den Jahren auf wichtigen Auslandsreisen begleiten, zum Beispiel nach Paris, wo im Februar 1989 von der UNESCO ein von Küng angeregtes Symposion zum Thema »Weltreligionen, Menschenrechte und Weltfrieden« stattfand, eine wichtige Etappe auf dem Weg zu Küngs Programmschrift »Projekt Weltethos« (1990). Und dann auch nach Chicago 1993, wo beim *Parlament der Religionen der Welt* die von uns in Tübingen ausgearbeitete »Erklärung zum Weltethos« verabschiedet wurde, bis heute das Basisdokument der ganzen »Weltethos«-Programmatik. Nicht zuletzt lernte ich von ihm ganz nebenbei auch das »Handwerk« des Bücherschreibens, gewissermaßen »von der Pike« auf, habe ich doch jedes Buch von ihm von »Christ sein« (1974) und »Existiert Gott?« (1978) angefangen bis zu seinen drei Bänden »Erinnerungen« (2002–2013) begleitet. Ich lernte von ihm, dass man ohne Niveauverlust allgemein verständlich schreiben kann, dass man Bücher komponieren muss, indem man Abschnitte und Untertitel einzieht, vor allem immer wieder neu an seiner Sprache arbeitet. Die sollte frei bleiben von Fachjargon und wissenschaftlichem Wortgeklingel. Ich lernte von seiner Weltoffenheit und Weltgewandtheit, mit der er sich, polyglott wie er war, in vielen Ländern bewegen konnte. Lernte auch nicht zuletzt vieles über die Geschichte der Schweiz, was mir als Deutschem völlig unbekannt war. Denn bei aller Internationalität war Küng immer auch ein Schweizer Patriot geblieben, der auf die demokratische Freiheitsgeschichte seines Heimatlandes stolz war und nichts mehr verabscheute, als sich Amtsträgern unkritisch zu unterwerfen, seien sie politischer oder kirchlicher Provenienz. Zugleich profilierte sich bei mir mit den Jahren im Bereich der Literaturen und des interreligiösen Dialogs eine eigene Agenda aus. Ich hatte bei Küng wahrhaftig das wissenschaftliche Handwerkszeug gelernt, um immer stärker mein eigenes Profil zu schärfen und eigene Publikationen zu wagen.

Wie haben Sie den Entzug der Lehrerlaubnis von Hans Küng im Dezember 1979 erlebt? Da haben Sie sehr eng mit ihm zusammengearbeitet. Er hat die Zeit als existenzbedrohende Krise empfunden. Sie auch?

Das hat auch mich tief getroffen, wie alle Mitarbeiterinnen und Mitarbeiter damals. Vor allem durch die kalte Art, mit der der Vatikan im Zusammenspiel mit bestimmten deutschen Bischöfen, Kardinal Ratzinger als Erzbischof von München allen voran, das Ganze in Form einer Geheimoperation durchgezogen hatte. Plötzlich, kurz vor Weihnachten 1979, taucht unangemeldet ein Bote aus der Bonner Vatikan-Nuntiatur vor Küngs Haus in Tübingen auf und bringt den Ukas: Entzug der kirchlichen Lehrerlaubnis als katholischer Theologe, der sogenannten »missio canonica«. Es gab keine Vorwarnung, geschweige denn ein ordentliches juristisches Verfahren. Diese gnadenlose bürokratische Kälte im Namen einer Botschaft der Liebe und Gnade hat mich und andere zutiefst abgestoßen. Die Nuntiatur erwies sich einmal mehr als De-Nuntiatur. Mit Küng schämten wir uns für diese Art Kirche und mussten erkennen, dass die kirchliche Hierarchie, an der Spitze der damalige Papst Johannes Paul II. nicht bereit war, einen Mann wie Küng, den Autor von »Die Kirche«, »Christ sein« und »Existiert Gott?«, mit seinen theologischen Ansätzen im Spektrum einer legitimen katholischen Vielfalt zumindest zu tolerieren. Man argumentierte nicht mehr, man stritt nicht in der Sache, man strafte den Kritiker ab, indem man ihn abservierte. Das hat das Verhältnis vieler engagierter katholischer Christen zu kirchlichen Autoritäten schon damals schwer erschüttert. Das vergesse ich nicht. Dass wir als seine engsten Mitarbeiter in dieser Situation loyal an der Seite Küngs blieben, war selbstverständlich.

Wie war Ihre Stimmung in diesen Wochen? Zornig und kampfeslustig oder frustriert und bedrückt?

Es war zunächst eine Mischung aus Zorn und Ohnmacht. Wir wussten lange nicht, wie es weitergehen sollte. Mit Küng selber und uns Mitarbeitern. Dann kam es zu Verhandlungen zwischen dem Rottenburger Ortsbischof und Rom auf der einen und dem Stuttgarter Wissenschaftsministerium, der Universität und der Fakultät auf der anderen Seite. Es ging um den künftigen Status von Küng an der Universität. Klar war, dass er seine Fakultät ohne »missio« zu verlassen, klar aber auch, dass er als Staatsbeamter an der Universität zu verbleiben hatte. Man fand nach einigen Monaten im April 1980 einen »historischen Kompromiss«: Küng wurde nicht (wie sonst üblich) in eine andere Fakultät versetzt, sondern mit seinem Institut für ökumenische Forschung und seinem Lehrstuhl für ökumenische Theologie aus der Katholisch-Theologischen Fakultät ausgegliedert und direkt dem Senat und dem Rektorat unterstellt. Damit hatte Küng trotz allem inneruniversitär Entscheidendes erreicht: Er konnte Theologe bleiben, jetzt in einer Art universitärem Zentralinstitut, vergleichbar den *Max-Planck-Instituten.* »Historisch« war der »Tübinger Kompromiss« deshalb, weil es damit erstmals in der Geschichte deutscher Universitäten eine »Theologie« (und eben nicht nur »Religionswissenschaft«) gab, die nicht in einer evangelischen oder katholischen Fakultät unterrichtet wird. Eben eine wahrhaft »ökumenische Theologie«. Große Verdienste um die akademische Zukunft von Küng an der Universität Tübingen hatte vor allen anderen der damalige CDU-Fraktionsvorsitzende im baden-württembergischen Landtag, Erwin Teufel, ein hochengagierter Reformkatholik, dem Geist des Zweiten Vatikanischen Konzils verpflichtet. Er löste dann im Januar 1991 Lothar Späth als Ministerpräsident ab. Auch ich sollte später von ihm gefördert werden.

Als ich viele Jahre später mit Hans Küng über diese dramatische Zeit redete, war ich immer wieder überrascht, wie sehr ihn auch Jahrzehnte später dieser Entzug der Lehrerlaubnis traf. Er blieb ja Professor, er bekam sein eigenes Institut für Ökumenische Theologie, er war bekannt wie nie zuvor – aus dieser Perspektive war die Strafaktion aus Rom und Rottenburg ein gigantischer Fehlschlag. Warum hat ihn das so beschäftigt?

Ihm hat die weltweite Solidarität aus dem Kirchenvolk gut getan, keine Frage, und natürlich war er dankbar, dass das Land Baden-Württemberg ihm einen würdigen Status verschafft hatte. Aber sie dürfen nicht vergessen: Die deutschen Bischöfe haben damals, um ihr Verhalten im »Fall Küng« zu rechtfertigen, einen »Hirtenbrief« verfasst und ihn in allen Gottesdiensten verlesen lassen. Deutschlandweit. Sie können sich vorstellen, welcher Druck da auf Küng lastete. So etwas hatte es gegen einen einzelnen Theologen noch nie gegeben. In allen Kirchen sollte verkündet werden, dass die deutschen Bischöfe ihn als »Irrlehrer« betrachteten und ihn als katholischen Theologen ausgeschlossen hatten. Dabei war Küng selber der Überzeugung, und zwar zu Recht, dass er die legitimen Grenzen katholischer Theologie nicht überschritten hatte. Er hatte berechtigte kritische Anfragen gestellt, nicht willkürlich und beliebig, sondern stets auf der Basis der Schrift und der guten katholischen Tradition. Vor allem betrachtete er das als die genuine Aufgabe einer wissenschaftlich verantworteten Theologie. Was sonst? Er wollte also in diesem Sinn katholischer Theologe sein und bleiben, in aller »kritischen Loyalität« zu seiner Kirche als Glaubensgemeinschaft. Die wollte er nie aufgeben, sondern sie öffnen für das Ökumenische, für die Herausforderungen des Säkularismus und einer pluralen religiösen Welt. Und dann wird sein Engagement kirchenamtlich desavouiert. Bischöfe fallen ihm in den Rücken und Kollegen der eigenen Fakultät machen mit.

Verstehen Sie? Plötzlich steht seine Identität auf dem Spiel: Wozu bin ich Priester geworden, wozu Theologe? Wofür habe ich all die Bücher geschrieben? Letztlich doch, um den Menschen in meiner Kirche als der Gemeinschaft der Glaubenden und Hoffenden zu dienen. Und Vertreter der Hierarchie haben in ihrer Machtarroganz nichts Besseres zu tun, als den Kritiker gnadenlos abzuservieren. Per Boten aus der vatikanischen Botschaft, der ihm ein Schreiben aushändigt, in dem steht, er sei kein katholischer Theologe mehr. Umgangsstil unter Christen sieht anders aus. Das hat ihn schwer getroffen, und er hat einige Zeit gebraucht, bis er wieder Tritt fassen konnte.

Über die »ewige Dialektik« der Inquisition

Was hat geholfen, dass er wieder Tritt fassen konnte?

Die Wiederbelebung des Studium-Generale-Projekts an der Universität zusammen mit Walter Jens. Eine großartige Aufgabe für die nächsten 15 Jahre, die dann mit vollen Hörsälen eine Erfolgsgeschichte wurde. Dazu hatte der »Tübinger Kompromiss« vom April 1980 die Voraussetzungen geschaffen. Insofern sprechen Sie mit Recht von einem »gigantischen Fehlschlag« der hinterrücks vorbereiteten Strafaktion. Sie bekam im Gegenteil etwas Selbstzerstörerisches für die Kirche, da sie viele katholische Christen von der Kirchenführung entfremdete. Das ist ja die »ewige Dialektik« aller Inquisitoren: Sie bringen erst recht hervor, was sie vernichten wollen. Und die »List der Gnade« wollte es, dass Küng jetzt eine Bekanntheit erlangte, wie er sie nie zuvor hatte – weit über das eng Kirchliche hinaus. So aber hatten sich das die römischen Inquisitoren und die deutschen Drahtzieher im Fall Küng nicht vorgestellt.

Küng war sehr viel stärker seiner Kirche verbunden und frommer, als seine konservativen Kritiker das glauben konnten oder wollten.

Es war eine sehr persönliche Frömmigkeit, die man ihm nicht ansah und die er nicht vor sich hertrug. Wenn man bei ihm zum Essen eingeladen war, sah man ihn immer ein kurzes Tischgebet sprechen. Nichts Vorgestanztes, sondern wenige Wortes des Dankes und der Bitte, aus dem Moment heraus spontan gesprochen und die »Forderung des Tages« aufnehmend, um mit Thomas Mann zu sprechen. Er hat als Priester regelmäßig in den 1960er-Jahren Gottesdienst gehalten, bis ein konservativer Pfarrer der katholischen Gemeinde in Tübingen die Messe abschaffte, der Küng vorstand. Natürlich, um ihn auszubooten. Danach hat er nur noch gelegentlich auf Einladung Eucharistie gefeiert. Aber bis zum Schluss gehörte diese Art der Frömmigkeit zu seinem Selbstverständnis. Es wird ja tiefe Gründe gegeben haben, warum er sich 1954 zum Priester hat weihen lassen und daran ein Leben lang festhielt. Aber dieses »Geheimnis« behielt er für sich. Mit mir jedenfalls hat er nie darüber gesprochen. Aber wenn er einmal Eucharistie feierte, mit einer ganz an den Ursprüngen Jesu orientierten Sprache und Gestik, zum Beispiel in unserem Doktorandenkreis, fand ich das zutiefst stimmig.

Wie war Ihr Status im neuen Institut?

Ich blieb auf der beamtenrechtlich abgesicherten Stelle eines Akademischen Rates. Unkündbar glücklicherweise. So konnte ich mich in Ruhe in der Fakultät 1989 habilitieren, wurde Privatdozent und bekam nach einiger Zeit den Professorentitel, nachdem ich auf Listenplätzen anderer Universitäten gestanden hatte. Dadurch war niemand mir gegenüber weisungsberechtigt. Ich konnte meine eigenen Themen bearbeiten und

Lehrveranstaltungen in den Bereichen »Theologie der Kultur und Theologie des interreligiösen Dialogs« im Rahmen des Lehrangebots des Instituts für ökumenische Forschung frei anbieten. Mit dem neuen Direktor des Instituts, Professor Bernd Jochen Hilberath, verstand ich mich sofort ausgezeichnet. Er lehrte nicht nur eine »Communio«-Ekklesiologie und eine »kommunikative Theologie«, er lebte sie. Ein Glücksfall für die Arbeit des Instituts nach den Konflikten um Küng, auch was sein Einsatz für die innerchristliche Ökumene angeht. Ich verweise auf die Programmschrift »Abendmahlgemeinschaft ist möglich. Thesen zur Eucharistischen Gastfreundschaft«, die 2003 in Zusammenarbeit mit den beiden Ökumenischen Instituten protestantischer Provenienz veröffentlicht wurde, dem der EKD in Bensheim und dem des Lutherischen Weltbundes in Straßburg. Sie wäre ohne den Einsatz des leidenschaftlichen Ökumenikers Bernd-Jochen Hilberath nicht zustande gekommen, der wie Küng auch über das nötige theologische Fachwissen verfügte. Leider wieder so ein theologisch gut begründeter ökumenischer Vorstoß, der die Kirchenleitungen kalt ließ.

War es da schwer, als Schüler von Hans Küng gehandelt zu werden?

In bestimmten Kreisen Ja. Es hat zweifellos meine Berufung auf einen Lehrstuhl an einer anderen Katholisch-Theologischen Fakultät in Deutschland verhindert. Ich konnte das verschmerzen, denn in Tübingen war für mich nach der Habilitation die Stelle eines Akademischen Direktors geschaffen worden, was ich ebenfalls dem damaligen baden-württembergischen Ministerpräsidenten Erwin Teufel zu verdanken habe. Der kannte meine Arbeiten und wollte mir eine Zukunft in Tübingen verschaffen, damit die ökumenische und interreligiöse Programmatik weiter bearbeitet wird, für die Küng die Grundlagen gelegt hatte. Ich nutze meine Chance und zögerte auch nicht, mich publizistisch weiter für Küngs Werk einzusetzen, zum Beispiel durch zwei größere öffentliche Reden. Die eine anlässlich seines Abschieds von der Universität 1996, die andere zu seinem 80. Geburtstag 2008, beide nachzulesen entweder in den Piper-Bändchen »Dialog mit Hans Küng«, 1996 herausgegeben zusammen mit Walter Jens oder in »Hans Küng – Eine Nahaufnahme«, herausgegeben zusammen mit Stephan Schlensog 2006. Und da ich wahrhaftig die Breite und Tiefe seines Werkes kannte, hat es mich zunehmend geärgert, dass Kritiker es nicht lassen konnten, Küng auf die Rolle eines Papst- und Kirchenkritikers zu reduzieren. Ein Kirchen- und Papstkritiker ist tot: Dieses Klischee war nach seinem Tod im April 2021 wieder wohlfeil. Andere reduzieren ihn darauf, dass er doch in der Kirche geblieben sei und viele Menschen in der Kirche gehalten habe. Kirche, Kirche, Kirche, das war alles, was bestimmte Leute interessierte. Billiger kann man es sich mit einem Werk nicht machen, das über gut 60 Jahre gewachsen ist und am Ende 2020 in der Gesamtausgabe 24 Bände umfasst. Was sie für die Geschichte der Theologien und der Religionen im 20. Jahrhundert bedeutet, ist noch gar nicht abzuschätzen. Eine vergleichende Forschung, gar eine Auswertung der einzelnen Schriften hat noch gar nicht begonnen. Überraschende Entdeckungen wären zu machen etwa bei der Rezeption hinduistischer, islamischer und europäischer Philosophie, der Analyse von Paradigmenwechseln in Judentum, Christentum und Islam, der Auseinandersetzung mit Fragen von Biologie, Kosmologie, Politologie und Ökonomie oder der Deutung der Musik von Mozart, Bruckner und Wagner oder der Werke von Hermann Hesse, Thomas Mann und Heinrich Böll.

Fiel es Ihnen schwer, sich zu lösen? Wann war der Punkt, an dem Sie dachten: Jetzt stehe ich als Professor auf meinen eigenen

Beinen und möchte nicht mehr vorrangig als Küng-Schüler gesehen werden?

Es war schwer, sich von ihm zu lösen. 1995 war durch einen Millionenbetrag von Konrad Graf von der Groeben die »Stiftung Weltethos« gegründet worden. Küng wurde Präsident, ich auf seinen Wunsch hin Vizepräsident. Wir kommen am Ende unseres Gesprächs darauf noch einmal genauer zu sprechen. Doch nach Jahren intensivster Arbeit für die »Stiftung« hatte ich das Gefühl, es bleibt mir zu wenig Freiraum für die eigene Arbeit und die Familie. Denn die Stiftung hatte sich nach 1995 (erfreulicherweise) gewaltig entwickelt, mit internationalen Beziehungen, Programmen, Projekten, Vorträgen, Ausstellungen und Reisen. Die Hauptlast trug natürlich Küng und dann auch der Geschäftsführer und spätere Generalsekretär Dr. Stephan Schlensog. Aber auch ich war als Vizepräsident sehr belastet, was dann auch wiederum Auswirkungen auf meine Familie und meine Gesundheit hatte. Es kam der Zeitpunkt, wo ich Küng sagen musste, dass ich diese Belastung nicht länger schultern könnte. Da war 2009. Ich bin dann vom Amt des Vizepräsidenten zurückgetreten. Dem Projekt und der Stiftung Weltethos bleibe ich in der Sache verbunden. Ich bin im Wissenschaftlichen Beirat und im Kuratorium.

Der Kampf um die »katholische Identität«

Wenn Sie im Abstand den »Fall Küng« betrachten, welche kirchen- und theologiepolitische Bedeutung kommt ihm und anderen Fällen katholischer Reformer zu?

Solche katholischen Reformfiguren wie Küng, die es auch in Holland, Frankreich, England, den USA und Lateinamerika gegeben hat und gibt, sind auf der einen Seite Symbolfiguren des Aufbruchs in eine andere Katholizität, die Ökumenizität, Interreligiosität und Geschlechtergleichheit als genuin »katholisch« integriert hat, und zugleich Testfiguren, wie weit die zentrale römische Autorität, sprich: der Papst und die Kurie, diese Öffnung noch als »katholisch« hinnehmen. Im »Fall Küng« hatten sie ja bereits diese Öffnung für nicht mehr katholisch verurteilt. Weitere Fälle sollten folgen, wenn ich zum Beispiel an den Brasilianer Leonardo Boff denke. Ständig erleben wir ja seit den Zeiten des Konzils diese institutionalisierten Spannungen, ja Konflikte: Den Reformern gilt die Agenda des Konzils als unvollendet und sie drängen auf eine Weiterentwicklung mit »klassischen Themen«, die sie mittlerweile gebetsmühlenartig bei jeder Gelegenheit wiederholen und wiederholen müssen: Anerkennung evangelischer Ämter und Abendmahlsfeiern, Frauenordination, Aufhebung des Zwangszölibats für Weltkleriker, Segnung homosexuell Liebender usw. Die anderen finden, dass die durch das Konzil durchgeführten Reformen das Äußerste an Zugeständnissen an den »Zeitgeist« sind, welche die katholische Kirche sich leisten kann, wenn das spezifisch »Katholische« nicht völlig verwässert werden soll und dass man, um die eigene Identität zu bewahren, alles mobilisieren muss, um weitere Reformschübe aufzuhalten. Auch mit Strafmaßnahmen, Verurteilungen, Lehrstuhlverboten.

An dem »Synodalen Weg« in Deutschland lässt sich dieser Kampf um die »katholische Identität« sehr klar ablesen. Und ich nenne das »Kampf«, weil er unerbittlich mit »harten Bandagen« ausgefochten wird. Schisma-Verdächtigungen stehen im Raum. Das ist »harter Tobak«, ja erpresserisch. Da geht es ums Grundsätzliche. Wo die einen für eine Weiterentwicklung des Katholischen im Geist des biblischen Menschenbildes eintreten, wittern die anderen Häresie, Spaltung, Verlust von Substanz in Lehre und Moral. Kurz: den Verlust oder die Selbstaufgabe des Katholischen.

Diese Identitätskampf ist seit dem Ende des Konzils 1965 weltweit in vollem Gang – mit unbestimmtem Ausgang. Ein klassisches Identity-Involvement-Dilemma, wie Systemtheoretiker es nennen würden. Die Gleichzeitigkeit von Identitäts- und Relevanzkrise. Das ist es, was wir innerkatholisch seit einigen Jahrzehnten erleben. Will sagen: Je mehr man sich katholischerseits in den Reformprozess involviert, umso größer die Gefahr eines Identitätsverlustes. Es droht Beliebigkeit und Austauschbarkeit der Inhalte. Und je mehr man glaubt, an seiner einmal gegebenen Identität in Verfassung, Recht, Dogma und Moral festhalten zu müssen, umso irrelevanter wird man für die Veränderungen, die sich in unserer Welt vollziehen, umso mehr verliert man den Kontakt mit innovativen Strömungen. Man bleibt dann wie eh und je »katholisch«, droht aber realitätsfremd, ja weltlos zu werden. Ein Dilemma, in der Tat! Daher ist auch die Figur des jetzigen Papstes so ambivalent: Er erweckt, oft durch spontane Äußerungen, die ihn menschlich sympathisch machen, Hoffnungen bei den Reformern, zieht aber dann keine praktisch sichtbaren und kirchenrechtlich relevanten Konsequenzen, vermutlich weil der Widerstand doktrinärer Hardliner in seiner Umgebung zu groß ist und er mit einer Schisma-Drohung unter Druck gesetzt, wenn nicht gar erpresst wird.

Dabei bleibt der Kampf um solche Reformen der Kirche eher an der Oberfläche unserer Gesellschaft. Die Glaubenskrise geht doch tiefer.

Sie haben völlig recht. Ich kann das nicht genug unterstreichen. Die innerkirchliche Reformagenda wird ja von dem Glauben getragen, der Sache des Christlichen ginge es besser, wenn all die Reformforderungen erfüllt wären. Da täuscht man sich. Die Glaubenskrise unserer Gesellschaft, die sich über lange Zeit herausgebildet hat, geht wesentlich tiefer. Ist zur Gotteskrise geworden. Denn traditionelle Kernelemente des Religiösen: der Glaube an Gott und seine Gebote, damit verbunden der Glaube an eine Auferweckung aus dem Tod und an ein letztes Gericht sind radikal geschwunden. Man darf sich da nicht in die Tasche lügen. Niemand findet doch im Ernst zu einem authentischen Gottesglauben zurück, weil plötzlich die katholischen Priester heiraten oder katholische Frauen zu Priestern ordiniert werden können. Oder weil man in Sachen Sexualmoral jetzt etwas »liberaler« denken darf. Diesen Illusionen darf man sich nicht hingeben.

Zugleich aber darf dies nicht zur Ausrede werden, die Reformen gar nicht zu wollen. Das ist ja ein Lieblingsargument der Reformgegner: Man müsse erst den Glauben an Gott und Christus wieder beleben, bevor man die Struktur der Kirche verändert. Ein Scheinargument. Vorgetragen oft mit einem verächtlichen Seitenhieb auf die protestantischen Kirchen, die »das alles« schon hätten, denen es aber »statistisch« miserabler gehe als der katholischen Kirche. Als ob nicht gerade die Verweigerung von Reformen mit ein Grund für Ungezählte wäre, sich von der kirchlichen Art, an Gott und Christus zu glauben, abzuwenden. Die Krise des religiösen Glaubens ist also *auch* hausgemacht und nicht bloß die »Schuld« der »gottlosen Welt«. Deshalb gilt es, beides zugleich zu bejahen und sich nicht irre machen zu lassen: die überfälligen Reformen innerhalb der katholischen Kirche endlich zu vollenden und zwar wider den lähmenden Zeitgeist der Reaktionäre und zugleich für einen glaubwürdigen Gottes- und Christusglauben einzutreten wider den Zeitgeist der Religionsverachtung oder der bleiernen Gleichgültigkeit.

V.

In Jerusalem

Im Jahr 1979 gingen Sie nach Jerusalem. Sie haben erzählt, dass Sie in Deutschland als junger Erwachsener, als Student, keinen direkten Kontakt zu Jüdinnen und Juden hatten. Das änderte sich nun. Sie lebten in einem jüdischen Staat, damals noch viel mehr als heute geprägt von den Holocaust-Überlebenden. Der Sechstagekrieg war zehn Jahre her, in dem Israel die gesamte Stadt erobert hatte, der Jom-Kippur-Krieg vier. Es gab dennoch Hoffnung auf einen Friedensprozess, die Gespräche zwischen Israel und Ägypten unter Vermittlung der USA in Camp David liefen seit einem Jahr. Wie haben Sie diese Zeit wahrgenommen?

Zunächst einmal war die Zeit damals für mich gar nicht so sehr von den politischen Ereignissen dominiert, die Sie mit Recht erwähnen. Im November 1977 hatte es in der Tat die sensationelle Reise des damaligen ägyptischen Präsidenten Sadat nach Jerusalem gegeben, dessen Rede vor der Knesset. Ein Jahr später, im September 1978, die Verhandlungen zwischen Israel und Ägypten unter Vermittlung des damaligen amerikanischen Präsidenten Jimmy Carter in Camp David, die im März 1979 zu einem Friedensvertrag zwischen Israel und Ägypten in Washington geführt hatten, der bis heute gilt. Als ich also im Herbst 1979 nach Jerusalem kam, hatten sich die politischen Spannungen sichtlich verringert, obwohl die Palästinenser den Friedensvertrag vehement abgelehnt hatten, weil sie angeblich nicht einbezogen gewesen waren. Wir kommen darauf noch einmal im Zusammenhang meines Buches über die Begegnung von Bundeskanzler Helmut Schmidt mit Sadat zurück.

Ich war also zunächst aus meinem Forschungsinteresse heraus an die Hebrew University gekommen. Ich wollte das Judentum in all seinen Facetten kennenlernen. Insbesondere interessierte ich mich dafür, wie die Vorstellung von der Präexistenz und Schöpfungsmittlerschaft Jesu Christi in die kirchliche Christologie gekommen war. Um diese Glaubensfiguren besser zu verstehen, musste ich die jüdischen Hintergründe tiefer verstehen lernen. Ich brauchte also unbedingt einen Input im Studium der rabbinischen Überlieferungen in Mischna und Talmud, und da bot sich die Hebrew University natürlich an. Glücklicherweise bekam ich von der Deutschen Forschungsgemeinschaft DFG ein Habilitations-Stipendium für das Wintersemester 1979/80 in Jerusalem und anschließend für die Harvard University in Cambridge.

Sie lebten aber hoffentlich nicht nur in Ihrem Forschungsgebiet und für Ihren Forschungsgegenstand.

Wahrhaftig nicht. Die Zeit in Jerusalem war eine »Offenbarung« für mich. Zunächst elementar als Stadt von unvergleichlicher historischer Tiefe. »Tief ist der Brunnen der Vergangenheit. Sollte man ihn nicht unergründlich nennen?« Ich habe oft an diesen Auftaktsatz von Thomas Manns »Joseph«-Romanen denken müssen. Was heißt es, in den Mauern Jerusalems zu sein, seine Tore zu durchschreiten: Jaffa-Tor, Damaskus-Tor, Herodes-Tor, Zions-Tor, Löwen-Tor ... Was heißt es, durch die engen Gassen des Suk zu gehen bis hinunter zu dem Platz, wo eine Außenmauer des zweiten, von den Römern 70 n. Chr. zerstörten Tempels noch steht, die Klagemauer, die das jüdische Volk einfach nur *Hakotel,* »die Mauer« nennt, tagtäglich umstellt von ungezählten nach Geschlechtern streng getrennten Betern? Was bedeutet das alles für mich? Als Christ und als Zeitzeuge, mitbetroffen von einem politischen Prozess seit der Gründung des Staates Israel 1948, dessen nach wie vor vorhandene Spannungen sich jederzeit entladen und die Welt mit in den Abgrund reißen könnten. Aber als Christ aus der Völkerwelt? Was habe ich mit der Geschichte Israels zu tun?

Den Spuren Jesu nachgehen: Wer ist Er für mich?

Viel, weil die Präsenz Jesu in dieser Stadt kaum übersehbar ist.

In der Tat auf Schritt und Tritt Spuren Jesu in dieser Stadt. Ich bin ihnen nachgegangen. Hier die »Via dolorosa« genannte Straße in den engen Gassen des muslimischen Viertels. Sie erinnert an den Kreuz-Weg Jesu zur Stätte seiner Hinrichtung. Dort der Bethesda-Teich. Hier soll der Nazarener einen seit 38 Jahren gelähmten Mann geheilt haben (Johannesevangelium 5,1–15) – freilich am Schabbat, wodurch er sich den Zorn der religiösen Autoritäten zuzog. Hier das freigelegte Pflaster der Burg Antonia, der Ort, an dem Jesus Christus vor Pontius Pilatus gestanden hat und zum Tode verurteilt worden war. Dort die Grabeskirche, überladen von Kult und Kitsch und doch ebenfalls ein einzigartiger Platz der Erinnerung. Ich spürte die Energieströme, die von diesen Orten ausgehen. In dieser Stadt hatte sich das Schicksal Jesu entschieden. Intensiver als je zuvor habe ich gespürt, wie diese Stadt mich fordert. Ich ahnte mehr als ich schon begriffen hatte: Meine biografischen Wurzeln liegen in Deutschland, meine geistigen aber Tausende von Kilometern weiter hier in Jerusalem. Meine geistige Heimat – verlagert, exterritorial. Um die Botschaft des Mannes aus Nazaret zu verstehen, der in dieser Stadt im Zusammenspiel von jüdischen und römischen Autoritäten wie ein Verbrecher hingerichtet worden war, muss ich mich geistig nach Jerusalem versetzen, muss ich ex-zentrisch werden.

Was aber auf den ersten Blick irritiert, ist in Wahrheit befreiend. Ich werde freier gegenüber meiner germanozentrischen Verengung, resistenter gegen eine narzisstische Verabsolutierung der Gegenwart, getragen von Überlieferungen, deren Subjekt ich nicht selber bin. In Goethes großem Gedichtzyklus »West-östlicher Divan« werde ich später diesen Vierzeiler entdecken: »Wer nicht von dreytausend Jahren / Sich weiß Rechenschaft zu geben, / Bleib im Dunkel unerfahren / Mag von Tag zu Tage leben.« Ich spürte, welche Kraft Erinnerung haben kann. Wer sich einbindet in eine Abfolge der Geschlechter vor ihm gibt den Toten die Ehre eines Vermächtnisses und eines Auftrags. Und für einen gottgläubigen Menschen wie mich umfasst die Gedächtnisgeschichte auch die Gemeinschaft der Toten. Das Eingedenken vergangener Geschlechter wird somit zur Selbsteinbindung in einen geschichtlichen Zusammenhang *und* zu einer Selbstverpflichtung auf Zukunft. Genealogisches Wurzelbewusstsein ist Herkunftsbewusstsein und Zukunftsvertrauen zugleich.

Gibt es einen Schlüsseltext im Neuen Testament für Ihr Verständnis von Jesus? Was macht seine Unverwechselbarkeit aus? Wer ist er für Sie?

Ich könnte mit einem Satz von Hermann Hesse antworten. Ich suche Ihnen die schöne Stelle heraus, damit ich sie wörtlich zitieren kann. – Da ist sie, ein Text aus dem Jahr 1926: »Ich weiß nichts so Erschütterndes in der Welt wie dies, dass eine Religion, eine Lehre, eine Seelenschule durch Jahrtausende die Lehre von Gut und Böse, von Recht und Unrecht immer feiner und straffer ausbildet, immer höhere Ansprüche an Gerechtigkeit und Gehorsam stellt, um schließlich auf ihrem Gipfel mit der magischen Erkenntnis zu enden, dass neunundneunzig Gerechte vor Gott weniger sind als ein Sünder im Augenblick der Umkehr.« Eine Anspielung auf Lukas 15,7.

Oder nehmen Sie ein zweites Beispiel, eines aus dem Johannesevangelium, Kap. 8,1–11: Jesus lehrt wie üblich im Tempel zu Jerusalem. Da schleppen »Schriftgelehrte und Pharisäer« eine Frau herbei, die man beim Ehebruch ertappt hat. Jesus soll bestätigen, was im »Gesetz des Mose« für einen solchen Fall geschrieben steht: Steinigung. Eine hinterlistige Frage für Jesus: Entschuldigt er die Frau, macht er sich selbst der Sünde schuldig. Verurteilt er sie, verliert er bei seinen Anhängern an Achtung.

Jetzt aber passiert etwas Unerhörtes, mit treffenden Pointen, dem Einsatz von Körpersprache und Zeichenhandlungen vom Evangelisten wunderbar erzählt. Auch deshalb liebe ich diese Geschichte. Jesus durchschaut die Falle und lässt sich auf diese Provokation gar nicht ein. Im Gegenteil. Wortlos »bückt« er sich weg, zeigt ihnen buchstäblich die kalte Schulter und distanziert sich so schon körpersprachlich von den gnadenlosen Exekutierern. Dann schreibt er mit dem Finger etwas auf die Erde, in den Sand, in den Staub. Kein Wort der Rechtfertigung oder Verurteilung kommt über seine Lippen. Erst als seine Gegner insistieren, richtet er sich wieder auf und sagt ihnen ins Gesicht: »Wer von euch ohne Sünde ist, werfe als Erster einen Stein.« Dann bückt er sich ein zweites Mal weg und schreibt wieder etwas in den Staub.

Eine faszinierende Szene. Bekanntlich hat Jesus keine schriftlichen Zeugnisse hinterlassen. Nur in dieser Szene sehen wir ihn schreiben. Zu gerne wüssten wir, was er geschrieben hat. Doch die Pointe dieser Szene ist gerade eine andere. Jesus hat bewusst etwas geschrieben, was der Wind gleich wieder verwehen wird. Eine Zeichenhandlung von tiefer Bedeutung. Denn damit steht sein Geschriebenes in schärfstem Kontrast zum starren »geschriebenen Gesetz«, auf dem die Exekutierer insistieren. Indem Jesus also wegduckend etwas in den Staub schreibt, entzieht er sich nicht nur der Aufforderung der gnadenlosen Moralisierer, er relativiert grundsätzlich die Voraussetzung aller Selbstgerechtigkeit: die starre Vergesetzlichung des lebendigen Gottes. Nicht »das Gesetz« interessiert ihn, sondern diese konkrete Frau! Seine Gegner aber? Sie schleichen sich davon. Jetzt richtet sich Jesus ein zweites Mal auf: »Wo sind sie geblieben?«, wendet er sich an die Frau. »Hat dich keiner verurteilt«? Und als sie das verneint, fügt er noch zwei ergreifende Sätze hinzu: »Auch ich verurteile dich nicht. Geh und sündige nicht mehr«. Drei Dinge also gehören in dieser Szene zusammen: gnadenloser Moralismus wird von Jesus unterlaufen. Verurteilungen von Menschen sind seine Sache nicht. Aber Ehebruch bleibt Sünde: Tu es nicht mehr! Das ist die durch lapidare Pointen, körpersprachliche Signale und stumme Zeichenhandlungen verdeutlichte Botschaft. Wer ist er für mich, fragen Sie? Ich verweise exemplarisch auf diese eine Szene und sage: Er ist der, der in den Staub schrieb und dir dann die Wahrheit ins Gesicht sagt.

Wie sahen Ihre Kontakte in Jerusalem aus?

Ich traf auf eine deutschsprachige Kommunität rund um den Religionswissenschaftler und Publizisten Schalom Ben-Chorin und gleichzeitig an der Universität auf wissenschaftliche Autoritäten, die mich herausforderten, gründlich die normativen jüdischen Überlieferungen inklusive den Talmud zu studieren. Der Lohn dafür war, dass sich mir eine neue Welt erschloss: die des orthodoxen rabbinischen Judentums.

Eine Entdeckung: Das rabbinisch-orthodoxe Judentum

Interessant: Sie waren damals ein promovierter Theologe auf dem Weg zur Habilitation, hatten an einer der renommiertesten deutschen Universitäten bei einem der renommiertesten deutschen Theologen studiert – und trotzdem war Ihnen das orthodoxe Judentum fremd.

Da hat die christliche Theologie bis heute blinde Flecken, obwohl doch Grundlegendes im Christentum nicht ohne dieses orthodoxe Judentum zu erklären ist, vor allem nicht Jesu Relativierung einer starren Orthopraxie (»Der Sabbat wurde für den Menschen gemacht, nicht der Mensch für den Sabbat«: Markus 2,27) und auch nicht des Paulus' Ringen um die durch den Glauben an den von Gott auferweckten Jesus Christus *durch Gott selbst* ermöglichte »Freiheit vom Gesetz« für Heidenchristen. »Zur Freiheit hat uns Christus befreit«, heißt es in seinem Brief an die Galater (5,1). Das versteht man ja nur vor dem Hintergrund der ebenfalls von Gott gegebenen Gesetzesordnung (der »Halacha«) für gläubige, toratreue Juden. Für Heidenchristen ist sie durch den Glauben an Jesus Christus nicht mehr heilsnotwendig. Das *theologisch* begründet und durchgefochten zu haben, ist die epochale Leistung des orthodox aufgewachsenen und geschulten Pharisäer-Zöglings Paulus aus dem kleinasiatischen Tarsus. Jedenfalls habe ich mir erst durch die Begegnung mit dem orthodoxen Judentum in Jerusalem diese Zusammenhänge klargemacht. Umso dankbarer kann ich als Heidenchrist sein für die »Freiheit eines Christenmenschen«, ohne auf die jüdische Orthopraxie verächtlich oder gar triumphalistisch herabzusehen, wie es lange Christenunart war. Ich halte mich an das Wort von Paulus aus demselben 5. Kapitel des Galaterbriefes: »Denn in Jesus Christus vermag weder die Beschneidung noch die Unbeschnittenheit etwas, sondern der Glaube, der durch die Liebe wirkt.«

Das klingt anstrengend.

Mir aber half es, dass ich in Jerusalem eine sehr sinnliche Anschauung vom lebendigen orthodoxen Judentum bekam. Ich hatte damals ein Zimmer im Norden von Jerusalem beim zentralen Busbahnhof im Stadtteil Romema, und nahm oft, um zur Altstadt zu kommen, den Weg durch das jüdisch-orthodoxe Viertel Mea Shearim. Jeden Tag sah ich in ganz kleinen Synagogen oder Jeschiwot, also religiösen Schulen, die Männer hinter den Büchern sitzen und studieren. Das Beziehungs- und Frauenbild, das dahintersteht, ist für mich natürlich nicht akzeptabel: Aufgabe der orthodox lebenden Frauen ist es, den Männern das Studium zu ermöglichen und sich um den Rest zu kümmern – den Haushalt, die Kinder, das tägliche Leben. Aber ich habe doch begriffen: Dieses Judentum verlangt lebenslanges Lernen. Der Talmud besteht aus Hunderten von Diskussionsbeiträgen gelehrter Rabbiner über die Jahrhunderte hinweg zu einer Bibelstelle. Das alles zu memorieren, zu durchdringen, geistig sich damit auseinanderzusetzen, dafür braucht man das Ethos eines lebenslangen Lernens. Und das habe ich zu respektieren gelernt.

Also auch Sie mussten Klischees von orthodoxer Frömmigkeit überwinden?

Genügend davon hatte auch ich im Kopf: ein Leben in weltfremder Isolation, in düsterem Rigorismus und naiver Frömmigkeit. Und wer wollte bestreiten, dass es das alles in dieser Welt *auch* gibt? Aber zugleich erlebe ich Menschen, die mitten im Alltag der Welt ihr Leben dem Studium der »Weisung Gottes« (Tora) geweiht hatten und mit Freude, manchmal mit Tanz und Gesang, ihr Leben vor Gott leben. Diese konkrete Anschauung ließ mich besser verstehen, warum das Buch der Psalmen mit dem Vers eröffnet wird: »Wohl dem Mann, der nicht dem Rat der Frevler folgt, / nicht auf dem Weg der Sünder geht, / nicht im Kreis der Spötter sitzt, sondern Freude hat an der Weisung des Herrn, / über seine Weisung nachsinnt bei Tag und bei Nacht.« Verstehen Sie? »Freude« an der Weisung des Herrn. Und wir Außenstehende denken bei »Weisung« gleich an Versklavung unserer Freiheit. Tagtäglich geben sich die Frommen denn auch dem Studium der Tora hin. Lebenslanges Lernen ist ihnen Selbstverpflichtung. Das macht ihre Demut und ihren Stolz aus, ihren Ernst und ihren Humor. Ich gestehe, dass ich niemals so leben könnte wie sie, dass ich sie aber manchmal darum beneide: um diese Hingabe an ein ganzheitliches, spirituell-intellektuelles Leben.

Können Sie das mit einem Beispiel aus der jüdischen Tradition belegen?

Was mit dieser Mischung aus Ernst und Humor gemeint ist, zeigt eine kleine Geschichte, die der Babylonische Talmud überliefert hat. Ich liebe sie. Man kennt sie unter dem Titel: »Die schiefen Wände des Lehrhauses«, und sie geht so: Bei einem Streit über eine Frage der »Halacha«, der Rechtsauslegung der Tora, steht die Meinung Rabbi Eliesers gegen die der anderen Rabbiner. R. Elieser ruft nacheinander einen Baum, das Wasser eines Kanals und die Wände des Lehrhauses zu Zeugen für die Richtigkeit seiner Auslegung an. Und tatsächlich: Seine Autorität ist so groß, dass der Baum seinen Standort verändert, das Wasser rückwärts fließt und die Wände sich neigen und einzustürzen drohen. Was braucht es mehr an göttlichen Zeichen, dass Rabbi Elieser im Recht ist?

Doch Rabbi Jehoshua empört sich und schreit sie an, den Baum, das Wasser und die Lehrhauswände: »Wenn die Gelehrten in der Rechtsauslegung einander bekämpfen, was geht das euch an?« Entsprechend wagen die Wände des Lehrhauses nicht einzustürzen und bleiben schief. Was aber jetzt?

Eine Patt-Situation. Da ruft Rabbi Elieser Gott selbst zu Hilfe. Und tatsächlich: Gott antwortet. Eine Hallstimme aus dem Himmel lässt sich vernehmen und spricht: »Was habt ihr gegen Rabbi Elieser; die richtige Gesetzesauslegung ist stets die seine.« Abermals erhebt sich Rabbi Jehoshua. Entschieden protestiert er aufs Neue und zwar jetzt mit einem Zitat aus der Tora selbst: »Lo baschamajim hi« – »Nicht im Himmel ist sie (die Tora)!« (Deuteronomium 30,12). Will sagen: Zwar hat Gott seine Weisung dereinst am Sinai geoffenbart, sie dann aber *Menschen* übergegeben. Damit ist sie nicht mehr im Himmel; sie auszulegen und anzuwenden, ist Sache des Menschen allein – und zwar nach dem Entscheid der Mehrheit. Eine Einmischung Gottes? Unerwünscht! Und Gott? Was tut er in dieser Lage? Ist er beleidigt, zornig, rachsüchtig? Der Talmud erzählt, dass Gott nach all dem Streit geschmunzelt und gesagt habe: »Meine Kinder haben mich besiegt, meine Kinder haben mich besiegt.«

Die Pointe dieser Geschichte?

Für orthodox-jüdisches Denken ist Selbstbescheidung (wir sind bloß Empfänger der Tora) und Selbstbewusstsein kein Gegensatz: Wir Menschen *allein* sind die Ausleger der Tora. Gott bindet sich und uns an seine Weisungen, gibt uns aber zugleich die Freiheit, über ihre Auslegung mit Mehrheit zu entscheiden. Diese rabbinische Grundhaltung lernte ich erstmals in Jerusalem kennen. Sie forderte mich heraus, mehr von dieser großen jüdischen Tradition wissen zu wollen. In einer alten, mit Büchern bis unters Dach vollgestopften kleinen Jerusalemer Buchhandlung, schon 1908 von dem deutschen Buchhändler Ludwig Meyer in der Nähe des Jaffa Tores gegründet, erstehe ich das zweibändige Werk »The Sages. Their Concepts and Beliefs« (1979) von Ephraim Urbach (1912–1991), eine Art systematischer Theologie des Judentums aus rabbinischen Quellen. Urbach, der damals noch lebte und lehrte, gilt als »die« universitäre Autorität des orthodoxen Judentums. Mehr noch: In einem Antiquariat mit deutschsprachiger Literatur an der Ben-Yehuda-Straße in Tel Aviv kaufe ich mit letztem Geld die 12-bändige deutschsprachige Übersetzung des Babylonischen Talmuds, die der große Berliner Orientalist Lazarus Goldschmidt 1930 bis 1936 herausgebracht hat. Damit habe ich zwei unverzichtbare Schlüsselwerke, die ich bis heute konsultiere, wenn ich »Judentum« in seiner rabbinisch-talmudischen Dimension verstehen will.

Was man vom orthodoxen Judentum lernen kann

Was haben Sie als Christ mitgenommen in Ihr Christentum?

Diese lebenslange, nie endende und alles durchdringende Gottsuche in Diskursform. Und die Rückfrage an meinen Selbstanspruch als Christ: Was tue ich für meine Religion? Will ich das? Lebenslang lernen, mich immer wieder in Frage zu stellen und stellen zu lassen?

Gerade Katholikinnen und Katholiken könnten von der diskursiven Grundausrichtung des Judentums lernen: Auseinandersetzungen, das Ringen um den richtigen Weg, die angemessene Position, gefährden nicht den Glauben – im Gegenteil ist diese nie abgeschlossene Suche ein Wesensmerkmal der Religiosität.

Ja, das war für mich eine wichtige Erkenntnis in dieser Zeit. Und auch die Faszination für diese Art von gelehrter Frömmigkeit oder frommer Gelehrsamkeit.

Wobei gerade das ultraorthodoxe Judentum in Israel politisch keine gute Rolle spielt – in seiner Ablehnung anderer Religionen, in seiner Distanz zum Staat, zum Gemeinwesen, auch in der Art und Weise, wie es mit Menschen umgeht, die sich Freiheit wünschen, mit Frauen, die nach Gleichberechtigung verlangen.

Ja, ein großer Teil der *Haredim,* der Ultraorthodoxen, lehnt aus religiösen Gründen den säkularen Staat Israel ab. Andere Orthodoxe dagegen deuten den Zionismus religiös. Wobei es da viele Abstufungen gibt bis hin zu extremistischen Gruppen, die in Israel einigen Zulauf haben. Aber man muss aufpassen, dass man nicht alle orthodox lebenden Juden mit den radikalen Siedlern gleichsetzt und ihrer nationalistisch-extremistischen Agenda, die ihre »Rechte« absolut setzen und keinen Frieden mit den Palästinensern wollen. Eine solche Einstellung ist nach meiner Einschätzung politisch verheerend und letztlich selbstzerstörerisch. Die Faszination für die Glaubensform des orthodoxen Judentums und seine Art der Frömmigkeit heißt nicht, dass ich das Problematische übersehe, das leider auch zu Teilen des orthodoxen Judentums gehört.

Gespräche mit Schalom Ben-Chorin

Sie haben Schalom Ben-Chorin als prägende Persönlichkeit erwähnt – einen Vordenker des christlich-jüdischen Dialogs nach Auschwitz.

Wie eine glückliche Fügung es wollte, wohnen Ben-Chorin, geboren 1913 als Fritz Rosenthal in München, und seine Frau Avital in der Nähe meines kleinen Zimmers. Seinen Namen kannte ich längst. Er war als Gastprofessor in Tübingen gewesen, und kaum einer hatte sich nach der Schoa so wortmächtig für die Fortsetzung des jüdisch-christlichen Gesprächs eingesetzt wie er. Ich hatte schon in Tübingen seine Trilogie über Jesus, Paulus und Maria jeweils aus jüdischer Sicht gelesen.

Er hatte dort weitergemacht, wo sein Lehrer Martin Buber aufgehört hatte: Nicht-Juden in die Welt des lebendigen Judentums einzuführen, das Gespräch mit der nichtjüdischen Welt zu suchen.

Wo haben Sie sich kennengelernt?

Bei einem Empfang der deutschsprachigen Kommunität im Oktober 1979 entweder auf dem Zionsberg oder in den Räumen der deutschen protestantischen Gemeinde der Erlöserkirche in der Altstadt. Wir kamen ins Gespräch. Offenbar gefiel ihm, dem Publizisten und Schriftsteller, dass ich in meiner Dissertation über die literarische Jesusfigur Theologie und Literatur verbunden hatte, jedenfalls lud er mich zu einer Sabbat-Feier in sein Haus ein. Erstmals in meinem Leben nehme ich an einer häuslichen Feier des Schabbat teil und werde Zeuge des Rituals und der Gebete zur Eröffnung an einem Freitagabend nach Sonnenuntergang. Ich sehe ihn noch vor mir: Ben-Chorin mit der Kippa auf dem kahlen Schädel, einen Gebetsschal um die Schultern, zwischen Hebräisch und Deutsch hin- und herpendelnd, den Kiddusch, den Segensspruch über den vollen Becher Wein sprechend: »Gelobt seist du, Ewiger, unser Gott, König der Welt, der du die Frucht des Weines erschaffen hast. Amen«. Heute, beim Überdenken der Szene, kommt mir Heines herrliches Gedicht »Prinzessin Schabbat« aus den »Hebräischen Melodien« seines »Romanzero« in den Sinn. Ein wunderbares Lob auf die Schönheit und Sinnlichkeit des Schabbat einmal in der Woche. Damals spüre ich erstmals in dieser Dichte die im Schöpfungslob und im Schöpfungsdank zur Sprache kommende tiefe Gemeinsamkeit von Juden und Christen. Wir haben uns an diesem Abend gut verstanden, so lud er mich zu weiteren Gesprächen ein.

Worum ging es da?

Wir haben viel über die deutschsprachigen Dichterinnen und Dichter geredet, die nach dem Krieg nach Jerusalem gekommen waren. Er hat sie alle noch persönlich gekannt: Max Brod zum Beispiel, den Freund Franz Kafkas, oder Else Lasker-Schüler. Damals konnte ich nicht ahnen, dass ich einmal über den großen Jesus-Roman von Max Brod arbeiten würde: »Der Meister« von 1952, und zwar im Rahmen einer neuen Max-Brod-Werkausgabe im Göttinger Wallstein-Verlag. Es gibt zur Neuausgabe von »Der Meister« 2015 ein ausführliches Nachwort von mir. Unvergessen auch, was Ben-Chorin mir über Else Lasker-Schüler zu erzählen hatte. Auch sie hatte er noch persönlich erlebt, als sie im Café Sichel an der Ben-Jehuda-Straße in den 1940er-Jahren wie einst im »Romanischen Cafe« zu Berlin »Circle« gehalten hatte. Auch über sie hat er geschrieben, über die alt gewordene, in ihrer geistigen Heimat heimatlose Dichterin, geboren 1869 in Wuppertal, Autorin des später berühmten Dramas »Die Wupper« (entstanden 1908; uraufgeführt 1919), Verfasserin »unsterblicher« Gedichtbände von den »Hebräischen Balladen« (1913) angefangen bis zum letzten, 1943 noch in Jerusalem erschienenen Band »Mein blaues Klavier«.

Ich höre wie gebannt zu. Ben-Chorin erzählt von einem Drama aus der an Dramen wahrhaftig nicht armen Geschichte des deutschen Judentums. 1933 hatte Else Lasker-Schüler vor Schmähungen und tätlichen Angriffen auf offener Straße in die Schweiz fliehen müssen. Von Zürich aus unternimmt sie 1934 und 1937 zwei Reisen nach Palästina, das sie nach der ersten Reise in einem hochpoetischen, bibelgesättigten und mit zahlreichen ihrer Gedichte und Zeichnungen ausgestatteten Buch als »Hebräerland« (1937) mythisch-spirituell verklärt. Als begnadete Poetin hatte sie einen doppelten Blick auf dieses Land, die doppelte Optik des Raums und der Zeit, und war so in der Lage, die Grenzen zwischen dem uralt-ewigen und dem gegenwärtig-irdischen Jerusalem fließend zu machen. Andrea Henneke-Weischer hat dieses Werk in ihrem Buch »Poetisches Judentum. Die Bibel im Werk von Else Lasker-Schüler« (2003) glänzend analysiert, eine Arbeit, die ich in Tübingen als Dissertation habe betreuen können.

Und so sieht man die Dichterin in den letzten Jahren ihres Lebens auf den Straßen Jerusalems flanieren, fremd geblieben in ihrer neuen Heimat, Auftritte bei Lesungen inszenierend, welche die einen irritieren, die anderen faszinieren. Anfang des Jahres 1945 erkrankt sie an Angina pectoris und stirbt am 22. Januar im Hadassah-Hospital auf dem Skopus-Berg. Auf dem Ölberg gegenüber der Stadt wird sie beigesetzt. Gebannt höre ich auch vom tragischen Nachspiel im Blick auf ihr Grab. 1948 wird das Gelände bei der Teilung Jerusalems jordanisches Gebiet. Durch eine Straße, welche die jordanische Verwaltung 1960 quer durch den uralten jüdischen Friedhof bauen lässt, wird das Grab der Dichterin ausgelöscht. Nach der Eroberung Ostjerusalems im Sechstagekrieg finden israelische Einheiten immerhin noch ihren Grabstein. Er wird als Gedenkstein an seinem heutigen Ort aufgestellt. Welch eine Geschichte von einer Frau, die nach der Droste als die bedeutendste deutsche Dichterin gilt, gezwungen zu einem unruhigen Leben im Schatten des deutschen Antisemitismus, zerrieben von der Paradoxie, am Ende ihres Lebens als Jüdin im »Land der Verheißung« zu leben, das für sie zugleich aber bitteres Sprachexil ist, Erfüllung und Falle zugleich. Noch nicht einmal in ihrem Grab hatte sie Ruhe finden können.

Sie waren in einer Zeit in Jerusalem, in der es viele Juden gab, die aus Deutschland oder Österreich geflohen waren und sagten: Ich will nie wieder ein Wort Deutsch sprechen.

Ja, auch die gab es. Der Graben zwischen mir, will sagen: uns Deutschen und uns Christen, und den Überlebenden der Schoa und ihren Nachkommen – der ist tief, das war spürbar. Wenn ich wusste, ich sitze einem Menschen aus einer Familie von Überlebenden gegenüber, habe ich nicht Deutsch gesprochen, sondern Englisch. Deutsch zu sprechen hätte ich in dieser Situation als Rücksichtslosigkeit empfunden. Natürlich verriet mich oft mein Akzent als Deutscher – und wenn mir dann jemand anbot, Deutsch zu reden, dann nahm ich das Angebot natürlich an. Damit bin ich insgesamt gut gefahren. Ich halte das bis heute zum Beispiel auch in den Niederlanden so: Wenn ich einkaufen gehe, spreche ich zuerst Englisch mit dem holländischen Personal. Wenn mir dann jemand auf Deutsch antwortet, schalte ich um. Aus Respekt vor dieser Schwelle, die da ist und noch lange bleiben wird. Schalom Ben-Chorin hat diese Schwelle niedriger gemacht, um uns Heidenchristen mit der Welt des Judentums vertrauter zu machen.

Über eine Meditation von Martin Buber

Das war die Initialzündung für ihr Engagement im christlich-jüdischen Dialog

Die Zeit in Jerusalem insgesamt. Wobei ich dann Anstöße erhalten habe, insbesondere durch den jüdischen Publizisten Pinchas Lapide, Gesprächspartner vieler deutschsprachiger Theologen von den 1980er-Jahren an. Ein Mann von großem Wissen und unschlagbarem Humor. Unvergessen ein Kolloquium mit ihm – in Worms. Hier steht die älteste Synagoge auf deutschem Boden. Schon im Mittelalter ist sie ein Zentrum jüdischer Gelehrsamkeit. Ihr legendärer Ruf hat mit einem jungen Mann zu tun, der um 1060 hier studierte und der später als einer der bedeutendsten Gelehrten des Judentums Weltruhm erlangen sollte: Rabbi Schlomo Jizchaki, genannt Raschi (1040–1105), der wohl bekannteste jüdische Schriftgelehrte überhaupt. Seine Bibelauslegungen werden bis heute studiert, sein Kommentar zum Babylonischen Talmud hat bleibende normative Bedeutung. Gründe genug, sich mit der Schändung dieses jüdischen Gebetshauses nicht abzufinden und den Nazis den Triumph nicht zu lassen, zumal Worms auch noch über einen einzigartigen, über die Jahrhunderte gewachsenen jüdischen Friedhof verfügt. Unvergessen: Wir sitzen mit Pinchas Lapide in Raschis nach der Reichspogromnacht wieder aufgebauten Synagoge und diskutieren mit ihm die uralten Fragen aufs Neue, die Juden und Christen verbinden und trennen. Welch ein Ort. Wir spüren dessen Energien, empfinden uns plötzlich als Teil einer großen Geschichte.

Die uralten Fragen, was sind die?

Damals war es vor allem die Frage, ob der Bund Gottes mit Israel durch die Verkündigung der Kirche ersetzt, gar gekündigt ist – eine der uralten Polemiken der Christen gegen die Juden. Als ich später über Martin Buber arbeitete, stieß ich auf dessen einzigartigen Text: Auf eine Art Meditation über Dom und Friedhof in Worms, geschrieben 1933, in einer Zeit größter Bedrängnis. Ich suche ihn heraus, damit ich ihn wörtlich zitieren kann:

> »Ich lebe nicht fern von der Stadt Worms, an die mich auch eine Tradition meiner Ahnen bindet; und ich fahre von Zeit zu Zeit hinüber. Wenn ich hinüberfahre, gehe ich immer zuerst zum Dom. Das ist eine sichtbar gewordene Harmonie der Glieder, eine Ganzheit, in der kein Teil aus der Vollkommenheit wankt. Ich umwandle schauend den Dom mit einer vollkommenen Freude. Dann gehe ich zum

jüdischen Friedhof hinüber. Der besteht aus schiefen, zerspellten, formlosen, richtungslosen Steinen. Ich stelle mich darein, blicke von diesem Friedhofsgewirr zu einer herrlichen Harmonie empor, und mir ist, als sähe ich von Israel zur Kirche auf. Da unten hat man nicht ein Quentchen Gestalt; man hat nur die Steine und die Asche unter den Steinen. Man hat die Asche, wenn sie sich auch noch so verflüchtigt hat. Man hat die Leiblichkeit der Menschen, die dazu geworden sind. Man hat sie. Ich habe sie. Ich habe sie nicht als Leiblichkeit im Raum dieses Planeten, aber als Leiblichkeit meiner eigenen Erinnerung bis in die Tiefe der Geschichte, bis an den Sinai hinein.

Ich habe dagestanden, war verbunden mit der Asche und quer durch sie mit den Urvätern. Das ist Erinnerung an das Geschehen mit Gott, die allen Juden gegeben ist. Davon kann mich die Vollkommenheit des christlichen Gottesraums nicht abbringen, nichts kann mich abbringen von der Gotteszeit Israels. Ich habe dagestanden und habe alles selber erfahren, mir ist all der Tod widerfahren: all die Asche, all die Zerspelltheit, all der lautlose Jammer ist mein; aber der Bund ist mir nicht aufgekündigt worden. Ich liege am Boden, hingestürzt wie diese Steine. Aber gekündigt ist mir nicht. Der Dom ist, wie er ist. Der Friedhof ist, wie er ist. Aber gekündigt ist uns nicht worden.«

Ein schon von der sprachlichen Kraft her ungeheurer Text. Deshalb habe ich mir in meinem Buber-Buch die allergrößte Mühe gegeben, ihn in all seinen Dimensionen auszulegen. Die Schlüsselaussage lautet: Der Bund Gottes mit Israel ist nicht gekündigt, und Bubers Meditation dazu ist für mich einer der ergreifendsten und stimmigsten Texte, die je dazu geschrieben wurden. Machen Sie sich klar: Das ist ein Manifest gegen 2000 Jahre Verachtung des Judentums von Seiten der Kirchen, die behaupten, Gott habe seinen Bund mit Israel gekündigt und ihn als neuen Bund auf die Kirche übertragen. Israel sei »heilsgeschichtlich« gewissermaßen tot, überholt und durch die Kirche ersetzt. Über die entsetzlichen Folgen eines solchen, jahrhundertelang vertretenden Antijudaismus haben wir eingangs gesprochen. Heute ist das auch in der christlichen Theologie weitgehend akzeptiert: Der Bund Gottes mit dem jüdischen Volk besteht auch nach dem Christus-Ereignis fort. Und vom Judentum kann man auch als Christenmensch lernen, was geprüftes Bundesvertrauen ist.

Sie haben später an der neuen Werkausgabe Martin Bubers mitgearbeitet und ein Buch über ihn geschrieben. Wie präsent war er, der in Deutschland hoch geachtet war, in Israel?

Er spielte gerade in Israel nicht die Rolle, die man angesichts seines weltweiten Ruhms vermuten könnte. Als er 1938 aus Nazi-Deutschland floh und nach Jerusalem übersiedelte, hat er an der Hebrew University einen Lehrstuhl für Sozialphilosophie bekommen, nicht für Religion, das haben die Orthodoxen verhindert. Nicht von ungefähr. Denn Buber stand der Orthodoxie kritisch gegenüber, hat bewusst nie eine Synagoge besucht, weil er von dieser institutionalisierten Form von Religion nichts hielt, aber sehr viel von der lebendigen Begegnung des Menschen mit »dem Ewigen«. Und wo begegnet man diesem »ewigen Du«? Im Wort der Heiligen Schrift, die Buber, wie wir wissen, auf seine ganz eigene Art »verdeutscht« hat. Eine seiner überragenden Leistungen über fünfunddreißig Jahre seines Lebens, begonnen 1926 zusammen mit Franz Rosenzweig, der aber sehr früh stirbt, alleine vollendet 1962 in Jerusalem. Das ist eine eigene Geschichte. Bubers Denken aber, das jetzt in einer 26-bändigen kommentierten Ausgabe des Gütersloher Verlagshauses neu vorliegt, stieß in Israel selber nie auf große Resonanz, von Spezialisten selbstverständlich abgesehen. Die Zionisten blieben auf Distanz, weil Buber mit Gleichgesinnten 1948 vor der Gründung eines jüdischen Staates gewarnt hatte, bevor es eine gerechte Friedenslösung mit den Palästinensern gibt. Die Orthodoxen, weil er sich nicht an die Halacha gehalten hat, und die Säkularen, weil er ein zutiefst gottergriffener Mensch und Denker war, der gegen die »Gottesfinsternis« unserer Zeit angeschrieben hat. Mir wurde die Aufgabe übertragen, im Rahmen der neuen Gesamtausgabe den Band 9 zu bearbeiten: Martin Bubers Schriften zum Christentum. Er erschien 2011. Daraus entstand dann eine eigene Monografie von mir zum Thema: »Martin Buber – seine Herausforderung an das Christentum« (2015). Allein ein Satz von Buber wie der folgende zeigt seine ganze Herausforderung an einen Jahrhunderte verfestigten christlichen Heilsexklusivismus auf Kosten des jüdischen Volkes: »Der Christ braucht nicht durchs Judentum, der Jude nicht durchs Christentum zu gehen, um zu Gott zu kommen.« Oder: »Jeder Mensch hat einen Weg zu Gott, aber jeder einen anderen.«

Die neuen Herausforderungen für die jüdischen Gemeinden

Die 1970er- und 1980er-Jahre gehörten zu den Hochphasen des jüdisch-christlichen Dialogs. In der christlichen Theologie waren viele der alten antijüdischen Thesen und Denkfiguren endlich abgeräumt. Die jüdischen Gemeinden hatten sich stabilisiert, Ignatz Bubis, der Vorsitzende des Zentralrats der Juden in Deutschland, war eine der wichtigen Persönlichkeiten des Landes. Die Gesellschaften für christlich-jüdische Zusammenarbeit waren stark und eine wichtige Stimme in der evangelischen wie der katholischen Kirche. Heute scheint dieser Dialog zu erlahmen. Die Teilnehmerinnen und Teilnehmer sind alt geworden, neue kommen kaum hinzu. Woran liegt das?

Sie haben leider recht, und das ist eine Entwicklung, die ich zutiefst bedauere. Ich habe das selbst erlebt, als ich 2013 auf Lesereise ging und in zahlreichen Gesellschaften für christlich-jüdische Zusammenarbeit mein Buch »Theodor Heuss, die Schoah, das Judentum, Israel« vorstellte. Immerhin die erste Untersuchung zum Wirken unseres ersten Bundespräsidenten in Sachen Deutsche beziehungsweise Christen und Juden. Heuss war der derjenige gewesen, der 1949 die Gründung der Gesellschaften für christlich-jüdische Zusammenarbeit tatkräftig unterstützt hat. Daran war ich interessiert, als ich ein Buch über einen aktiv handelnden Politiker schrieb: Zu zeigen, dass es auch Persönlichkeiten aus der politischen Welt gegeben hat (und natürlich heute noch gibt), die, obwohl keine Vertreter der Religionen, die gesellschaftspolitische Bedeutung des Dialogs und der Zusammenarbeit der Religionen erkannt haben. Dasselbe gilt für mein Buch über Bundeskanzler Helmut Schmidts Begegnung mit dem ägyptischen Staatspräsidenten und gläubigen Muslim Anwar as-Sadat von 2018.

Doch die Resonanz damals bei der Lesereise in den jeweiligen Gesellschaften vor Ort war enttäuschend, und die Zuhörer:innen, die kamen, waren in der Tat alt geworden und zu 95 Prozent christlicher Herkunft. »Christlich-jüdische Zusammenarbeit« ohne Juden! Aber die jüdischen Gemeinden in Deutschland stehen ja seit den 1990er-Jahren vor gewaltigen neuen Herausforderungen. Das hat nicht nur mit der Altersstruktur zu tun, sondern auch mit der Einwanderung vieler jüdischer Mitbürger:innen aus Osteuropa in die nach dem Krieg langsam gewachsenen und weitgehend homogen gewordenen deutschsprachigen Gemeinden

1991 kamen insgesamt 200.000 Menschen aus der ehemaligen Sowjetunion nach Deutschland, die laut Pass jüdisch waren – ungefähr 100.000 schlossen sich den jüdischen Gemeinden in Deutschland an.

Das hat die jüdischen Gemeinden stark verändert. Auf einmal waren die Einwanderer vielfach in der Mehrheit, von denen viele wenig bis gar nichts von ihrer Religion und zunächst auch nichts von der deutschen Sprache verstanden. Das hat viel an Spannungen verursacht und eine gewaltige innerjüdische Integrationsleistung nötig gemacht. Da rückte der Dialog mit Christinnen und Christen in den Hintergrund. Die Generation, die diesen Dialog getragen hatte, wurde immer älter und die nachfolgende Generation hatte jetzt andere Sorgen, als sich mit Christen darüber auszutauschen, welche Rolle Jesus im Judentum spielt oder welche Bedeutung Abraham und Moses für Christen haben.

Meine Studie zu »Theodor Heuss und das Judentum«

Da könnten nun die Christinnen und Christen sagen: Uns ist er sehr, sehr wichtig, dieser Dialog – wir brauchen euch! Aber das passiert ja nach meiner Beobachtung auch nur selten.

Vielleicht, weil wir Christen das Erreichte für zu selbstverständlich halten. Wie sehr, habe ich gemerkt, als ich an meinem Buch über Theodor Heuss arbeitete. Es sagt sich so leicht, dass »wir« aus der Geschichte gelernt hätten, dass der Antisemitismus in unserer Gesellschaft geächtet ist. In Wirklichkeit geht der Kampf gegen das Vergessen und gegen verschiedene Formen des Antisemitismus immer wieder von Neuem los. Es gibt keinen gesicherten Stand, nichts, worauf wir uns ausruhen könnten. Und vor allem sollte dieser Kampf gegen den Antisemitismus nicht Sache von Einzelkämpfern oder einer Minderheit, sondern der gesamten Gesellschaft sein. Das haben gerade unsere Bundespräsidenten nach Heuss immer wieder eingeschärft und einschärfen müssen. Theodor Heuss sprach nicht zufällig von »Feldzügen gegen das Vergessen«.

Und »Feldzüge« dauern bekanntlich lang und wollen gut durchdacht und koordiniert sein.

Kein Zufall, dass nicht nur der gegenwärtige Vorsitzende des Zentralrates der Juden, Dr. Schuster, sondern auch unsere Bundespräsidenten immer wieder auf dieses Thema zu sprechen kommen, kommen müssen.

In der Neuausgabe meines Heuss-Buches 2019 unter dem Titel »Antisemitismus und deutsche Demokratie« habe ich die Interventionen von Dr. Josef Schuster und der Nachfolger von Heuss, unserer Bundespräsidenten seit Roman Herzog (im Amt 1994–1999) dokumentiert: von Johannes Rau über Horst Köhler und Joachim Gauck bis zu Frank-Walter Steinmeier. Es ist eine Schande für unser Land, wenn Bundespräsident Steinmeier schon 2019 sagen musste, »die Fratze des Antisemitismus« habe sich in Deutschland wieder erhoben« und daraus folgerte: »Wir wollen uns nicht daran gewöhnen, dass jüdische Synagogen für immer und ewig von der Polizei geschützt werden müssen. Und wir wollen es nicht hinnehmen, wenn jüdische Mitbürger zum Ziel von Hass und Herabwürdigung werden. Jeder Hassangriff, jede Herabwürdigung und erst recht jede Gewalttat gegen Juden ist ein Angriff auf die Grundlagen unseres Zusammenlebens, auf unsere Verfassung, ja: auf unsere Demokratie und unsere offene Gesellschaft. Und diese Gesellschaft, wenn sie bleiben will, was sie ist, muss sich wehren gegen jede Form von Antisemitismus: gegen den alten wie den neuen, den lauten wie den leisen, den linken wie den rechten, gegen den in Springerstiefeln genauso wie gegen den in Nadelstreifen! Nichts davon darf Platz haben in unserer Gesellschaft!« Und da war der Anschlag in Halle noch gar nicht passiert. Das Datum hat sich auch mir ins Gedächtnis eingegraben: Am 9. Oktober 2019 versuchte ein rassistisch motivierter Attentäter, in die jüdische Synagoge von Halle einzudringen, um an der zum höchsten jüdischen Feiertag Jom Kippur versammelten Gemeinde Massenmord zu begehen. Weil ihm das misslang, ermordete er zwei zufällig vor dem Gebäude sich aufhaltende Passanten. Ein Menetekel für alle Demokraten und Christenmenschen.

Bewegung im Dialog von Christen mit der jüdischen Orthodoxie

Da ist, soweit ich das wahrnehme, die Skepsis in der jüdischen Community in den vergangenen Jahren gewachsen.

Das ist sie, leider. Zugleich gibt es erfreuliche Entwicklungen im jüdisch-christlichen Dialog. Und zwar überraschenderweise im Bereich des Dialogs mit dem orthodoxen Judentum, das bisher als nicht sehr dialogoffen galt. Hier hat ein junger Rabbiner in Deutschland, Jehoshua Arens, eine wichtige Rolle gespielt, um nur seinen Namen zu nennen. Ein Mann, mit dem ich auch im Abrahamischen Forum (Darmstadt) zusammenarbeite, dessen Vorsitzender ich seit einigen Jahren bin, in dem Vertreter von Judentum, Christentum und Islam Projekte und Initiativen koordinieren. Eine der wenigen trilateralen Institutionen in Deutschland, die funktionieren, unter anderem weil das operative Geschäft von einem charismatischen Mann geleitet wird: Dr. Jürgen Micksch. Rabbi Arens hat mit einer Gruppe orthodoxer Rabbiner 2015 eine Erklärung unter dem Titel »Für eine Partnerschaft zwischen Juden und Christen« veröffentlicht. Ein geschichtlich bisher unerhörtes Dokument, das auf vier Basissätzen beruht, mit denen die orthodoxen Rabbiner ihre *theologische* Deutung der Existenz des Christentums in Gottes Geschichte mit der Menschheit zusammengefasst haben: 1. Die Existenz des Christentums in der Völkerwelt ist Gottes Wille, nicht zum Schaden oder zum Nachteil der Völker, sondern ein »Geschenk an die Völker« 2. Gott will eine Trennung zwischen Partnern (gewiss mit erheblichen theologischen Differenzen!), nicht jedoch eine Trennung zwischen Feinden. 3. Gott hat Juden und Christen zu liebevoller Partnerschaft bestimmt. 4. Gott nutzt viele Boten, um seine Wahrheit zu offenbaren. Das sind bisher unerhörte Sätze. Man hat von einem »Quantensprung« in den jüdisch-christlichen Beziehungen gesprochen angesichts der Tatsache, dass diese Reflexionen von orthodox-jüdischer Seite kommen. Diese Erklärung könnte nach meinem Urteil eine neue Grundlage darstellen, das Verhältnis von Juden und Christen *theologisch* zu vertiefen. Literatur dazu gibt es mittlerweile reichlich.

Studien zu Juden und Judentum im Spiegel der Literatur

Sie haben aber bei Ihrer Beschäftigung mit dem Judentum immer auch die Literatur einbezogen?

Schon in meiner Dissertation über das Jesusbild in der deutschsprachigen Gegenwartsliteratur (1978) gibt es ein eigenes Kapitel über »Jüdische Stimmen«. Ich versuche zu verstehen, was Lyriker jüdischer Herkunft wie Paul Celan, Nelly Sachs, Hilde Domin oder Rose Ausländer an einer Figur wie Jesus herausfordernd finden. Gerade zum Verhältnis von Paul Celan und Nelly Sachs habe ich in der Folgezeit weiter intensiv gearbeitet, vor allem über das Gedicht »Zürich. Zum Storchen«, das Celan 1960 nach einem Treffen mit Nelly Sachs in diesem Zürcher Hotel geschrieben hat. Mich ließ die Frage nicht los, wie die Rede von Gott, ja das Vertrauen in die Sprache überhaupt nach dem Zivilisationsbruch der Schoa noch möglich ist, warum, um ein Wort von Theodor W. Adorno zu variieren, »nach Auschwitz ein Gedicht zu schreiben« dennoch nicht »barbarisch« ist. Besonders wichtig aber wurden mir im Laufe der Jahre zwei große Autoren der Literaturgeschichte: Lessing und Heine.

Was ist die besondere Leistung Lessings?

An Lessings Werk konnte ich ein Doppeltes zeigen. Zum einen vollzieht er – in einem Zeitkontext der Verachtung und Ausgrenzung – in seinen Theaterstücken (»Die Juden« von 1749 und »Nathan der Weise« von 1779) eine kalkulierte Aufwertung von Juden und Muslimen und damit des jüdischen und muslimischen Humanismus als einer legitimen religiösen Option, zum anderen entwickelt er erstmals in dieser Form das »fiktive«, aber kontrafaktische und antizipatorische Modell einer Schicksalsgemeinschaft, bei Juden, Christen und Muslime wechselseitig ineinander verschlungen, aber zu ihrem Wohl aufeinander angewiesen sind. Ich konnte Lessings »Nathan« von daher mit Fug und Recht das fiktive Urmodell einer »abrahamischen Ökumene von Juden, Christen und Muslimen« nennen. Dabei ist das Motiv des wechselseitigen »Wettstreits um das Gute«, das Lessing in seiner Ringparabel ins Zentrum gerückt hat, interreligiös von entscheidender Bedeutung, ist es doch nicht nur in jüdischen und christlichen, sondern auch in muslimischen Überlieferungen belegt (Sure 5,48). 1998 erschien dazu mein erstes Lessing-Buch »Vom Streit zum Wettstreit der Religionen. Lessing und die Herausforderung des Islam«.

Das Exemplarische am »Fall« des Heinrich Heine

Die Arbeit zu Heine konzentriert sich dagegen ganz auf das Spätwerk, auf die Dichtungen des Mannes, der die letzten acht Jahre seines Lebens unter einer entsetzlichen Krankheit litt.

Ja, es interessierte mich in diesem Zusammenhang Heines Umgang mit der Gottesfrage. Denn in dieser Zeit der persönlichen Krise entsteht ein lyrisches Werk (der »Romanzero« 1852 und die späten »Gedichte 1853/54«), das in der deutschsprachigen Literatur seinesgleichen sucht. Es entstehen unter anderem Texte eines rebellischen Dialogs mit Gott, war doch der brillante und scharfzüngige Religionskritiker Heine nach eigenem öffentlichem Eingeständnis zum »Gott der Hebräischen Bibel« zurückgekehrt. Jetzt wird für ihn auch sein lange verdrängtes beziehungsweise als überwunden geglaubtes Judentum wieder fruchtbar. Davon erzähle ich ausführlich in diesem Buch. Denn wir verdanken dieser Rückkehr so tiefe und schöne »Hebräische Melodien« wie »Prinzessin Sabbat« oder »Jehuda ben Halevi« oder so funkelnd-witzige Satiren auf das Religionsgezänk zwischen Rabbi und Mönch wie »Disputation«, alles nachzulesen in einem der schönsten Gedichtbände, welche die deutschsprachige Literatur zu bieten hat: Heines »Romanzero«, geschrieben – notabene – von einem schwerkranken Mann, verbannt in das, was er seine Pariser »Matratzengruft« nannte.

Was haben Sie am »Fall Heine« klarmachen wollen?

Wie lebt man als aufgeklärter Mensch mit Gott in der Katastrophe? Wie lebt man mit Gott – trotz allem? Obwohl man alle Argumente der Religionskritik kennt und bereits angewandt hat? Warum kehrt man zu Gott zurück, obwohl gerade diese Rückkehr unter dem Verdacht der Kapitulation oder

Regression steht: psychologisch, moralisch, intellektuell? Wie lebt man mit Gott, obwohl einem der kritische Verstand ständig einflüstert, das sei irrational und unter dem Niveau heutiger Aufgeklärtheit? Wie lebt man mit Gott im Wissen darum, dass man diesem Gott bereits das Sterbeglöcklein geläutet und den Himmel eigentlich »den Engeln und Spatzen« hatte überlassen wollen? Kurz: Wie lebt man vor Gott, mit Gott, gegen Gott – jedenfalls nicht ohne Gott, angesichts einer persönlichen und politischen Katastrophe, wenn man das religionskritische Œuvre eines Heinrich Heine hinter sich hat: die »Reisebilder«, die »Neuen Gedichte«, »Deutschland. Ein Wintermärchen«?

Mir wurde klar: Im Spätwerk dieses Dichters hatte sich auf exemplarische Weise das Drama eines Intellektuellen in der Moderne vollzogen, der sich bereits von Gott verabschiedet hatte und nun eine Form der Koexistenz sucht, die nicht unter seinem intellektuellen Niveau ist. Den »Fall Heine« also lese ich als Fall eines Menschen, der unter dem Eindruck der modernen Religionskritik den Abschied von Gott für einen Freiheitsgewinn hielt, aufgrund neuer Erfahrungen aber dann auch die Verluste bemerkt, welche die Selbstunterbrechung religiöser Sinnressourcen mit sich bringt. Und dieser Mensch bin ich selber. Für mich und meinen Gottesglauben ist deshalb dieses Heine-Gedicht unverzichtbar geworden. Es erschien erstmals in den »Gedichten 1853/54« und wurde ebenfalls in der »Matratzengruft« geschrieben. Ich kenne es auswendig:

»Laß die heilgen Parabolen,
Laß die frommen Hypothesen –
Suche die verdammten Fragen
Ohne Umschweif uns zu lösen.

Warum schleppt sich blutend, elend,
Unter Kreuzlast der Gerechte,
Während glücklich als ein Sieger
Trabt auf hohem Ross der Schlechte?

Woran liegt die Schuld? Ist etwa
Unser Herr nicht ganz allmächtig?
Oder treibt er selbst den Unfug?
Ach, das wäre niederträchtig.

Also fragen wir beständig,
Bis man uns mit einer Handvoll
Erde endlich stopft die Mäuler –
Aber ist das eine Antwort?«

Von den zeitgenössischen jüdischen Schriftstellern scheint Sie vor allem der Schoa-Überlebende und spätere Friedensnobelpreisträger Elie Wiesel beschäftigt zu haben und der israelische Schriftsteller Amos Oz.

Von Heine führte für mich eine direkte Spur zum Werk von Elie Wiesel (1928–2016), dem Vertreter einer »Literatur nach Auschwitz«, der wie kein anderer Schriftsteller im 20. Jahrhundert aus jüdisch-rabbinischen Quellen heraus eine Theologie der Klage und Anklage Gottes entworfen hat. Ich denke vor allem an sein Schauspiel »Der Prozess von Schamgorod«. Und dann auch zu Amos Oz. Ich hatte schon mit großem Gewinn seinen zeitgeschichtlichen Roman »Eine Geschichte von Liebe und Finsternis« von 2004 gelesen, aber vor allem sein letzter Roman, »Judas«, von 2015 hat mich mehr als alles andere tief beeindruckt. Denn noch kurz vor seinem Tod hatte er den Mut, als Israeli die Gründungsgeschichte des Staates Israel noch einmal kritisch in einer fiktiven Geschichte aufzurollen und aufzudecken, wie sehr Chancen für einen gerechten Frieden mit den Palästinensern verpasst worden waren und wie sehr umgekehrt die Friedenskämpfer, die sich für diesen gerechten Frieden eingesetzt haben und einsetzen, innerisraelisch als »Judasse«, als »Verräter« gebrandmarkt worden waren und werden. Hätten wir doch mehr solche leidenschaftlichen Friedenskämpfer, natürlich auf beiden Seiten.

»Wer baut, der bleibt«: Laudatio auf Charlotte Knobloch

Haben Sie persönlich auch Vertreter des Zentralrats der Juden in Deutschland getroffen?

Ich war eingeladen, am 10. Oktober 2010 in Stuttgart die Festrede zu Ehren von Charlotte Knobloch zu halten, die als damalige Vorsitzende des Zentralrats der Juden in Deutschland und langjährige Vorsitzende der Kultusgemeinde München und Oberbayern den Eugen-Bolz-Preis für besondere Verdienste um den Rechtsstaat und die Verfassung verliehen bekam. In der Lebensgeschichte und Lebensleistung dieser Frau spiegelt sich die neuere Geschichte des deutschen Judentums auf ebenso exemplarische wie dramatische Weise. Als sechsjähriges Münchner Kind erlebt sie am 9. November 1938 die Schrecken der Reichspogromnacht, vorläufiger Tiefpunkt einer seit 1933 rollenden Welle von Diskriminierung, Stigmatisierung und Austreibung von Mitbürgern jüdischer Herkunft. 65 Jahre später kann sie am 9. November 2003 beim Festakt zur Grundsteinlegung des neuen Jüdischen Zentrums in München ihrem Publikum zurufen: »Jüdisches Leben kehrt dorthin zurück, wo es sich einstmals befand, im Herzen unserer Stadt. Jüdisches Leben wird wieder sichtbar sein, fassbar sein, erfahrbar sein, in der Mitte des Lebens und der Gesellschaft.«

Sie hat eine dramatische Lebensgeschichte hinter sich, diese Charlotte Knobloch.

Das Lebensdrama von Charlotte Knobloch ist ergreifend. Der Vernichtung entkommt sie, versteckt auf einem Bauernhof im Mittelfränkischen, weil sie als zehnjähriges Kind von einer ebenso einfachen wie warmherzigen und mutigen katholischen Frau aufgenommen wird. Jahrzehnte später erlebt sie, dass jüdisches Leben nach Deutschland zurückkehrt, hier erstarkt und sich erneuert: »Das deutsche Judentum ist wieder auferstanden«. Am Anfang ihres Lebens die Erfahrung: Keine Zukunft mehr für jüdisches Leben in Deutschland, Jahrzehnte später das Erlebnis »neuer Orte des jüdischen Lebens« überall im Lande. Und die Botschaft von Charlotte Knobloch lautet: »Wer baut, der bleibt«! »Jeder Bauherr baut für die Zukunft. So auch wir. Wer ein Haus errichtet, schenkt künftigen Generationen eine Heimat. So auch wir. Und nicht zuletzt gestaltet jeder Bauherr seine Gegenwart. So auch wir. … Wir haben gebaut, wir bleiben.« Was zeigt das? »Das zeigt, dass wir Juden fest auf ein Morgen in diesem Land vertrauen.« Dieses Vertrauen dürfen gerade wir als Christen nicht enttäuschen.

Worauf es im Dialog von Christen mit Juden ankommt

Worauf kommt es im Dialog von Christen und Juden an?

Ein Umdenken muss von dem Faktum ausgehen: Jesu Menschsein ist konkret ein Judesein unter den Bedingungen jüdischer Kultur und Geschichte seiner Zeit! Wer auf Jesus trifft, trifft auf das Judentum. Wer ihn verstehen will, muss Kernelemente des Judentums verstanden haben. Keiner hat dies besser formuliert als Lessing im »Nathan«. Gut 250 Jahre ist das her, und doch funkeln die Sätze noch, die Lessing einem Christen in seinem Stück in den Mund legt: »Und ist denn nicht das ganze Christentum / Aufs Judentum gebaut? Es hat mich oft / Geärgert, hat mich Tränen gnug gekostet, / Wenn Christen gar so sehr vergessen konnten, / Dass unser Herr ja selbst ein Jude war.« Daraus folgt: Wir Christen haben im Angesicht der jüdischen Dialogpartner zu lernen, unserem Bekenntnis zu Jesus als dem für uns Christen definitiven Gesandten und Exegeten Gottes nicht länger eine antijüdische Schlagseite zu geben. Als ob man sich glaubwürdig zur Nachfolge Jesu entschließen könnte auf Kosten des Judentums, aus dem der Mann aus Nazaret stammt. Als ob die Freude am Evangelium und die Gnade der Freiheit eines Christenmenschen mit Judenverachtung gepaart sein könnte, ohne an den Widersprüchen zu ersticken. An die Bergpredigt glauben mit der kalten Schulter und dem verachtenden Blick auf Juden?

Da hat es in der christlichen Theologie doch große Veränderungen gegeben.

Ja, mit den epochalen Dokumenten des Zweiten Vatikanischen Konzils 1965 und der EKD-Denkschrift 1975 haben auch die christlichen Kirchen erstmals begriffen: Judentum ist nicht eine »Vorstufe« zum Christentum, bestenfalls eine dunkle geschichtliche Kontrastfolie, vor der die Kirche sich umso strahlender ins Licht setzen könnte, sondern eine eigenständige Religion mit einem eigenen Weg zu Gott. Möglich wurde das nicht durch Anpassung an den Zeitgeist von Pluralismus, Liberalität und Toleranz, sondern durch ein vertieftes Verständnis der Israel-Theologie des Neuen Testamentes, insbesondere der des Völkerapostels Paulus. In seinem letzten Brief, an die Gemeinde in Rom (Kap. 9–11) hat er als sein Vermächtnis niedergelegt, dass Gott sein Volk weiterhin »liebt« – »und das um der Väter willen« (Röm 11, 28). Der Bund Gottes mit Israel ist somit auch nach dem Christus-Ereignis »unwiderrufen« (Röm 11, 29). Hier konnte sich Martin Buber voll bestätigt sehen. Auch in den Schlussfolgerungen: Eine Bekehrung von »ganz Israel« zu Jesus als dem Christus ist nicht Sache von Missionsanstrengungen und -strategien der Kirche, sondern allein Sache des am Ende der Geschichte wiederkehrenden Christus (Röm 11,27). Eine kirchlich organisierte »Judenmission« verbietet sich von daher nicht nur aus geschichtlichen, sondern vor allem aus genuin theologischen Gründen. Als ob Israel nicht »Gottes erste Liebe« (Friedrich Heer), als ob die Hebräische Bibel nicht Gottes »Erstes Testament« (Erich Zenger) gewesen ist, als ob Gott nicht »zuerst zu den Juden gesprochen hat«, wie es in der Karfreitagsfürbitte der katholischen Liturgie ab 1974 heißt. Ja, als ob Christen nicht gemeinsam mit Juden »an den einen Gott« glaubten, »der in der Geschichte handelt« und »weiterhin im Volk des Alten Bundes« wirkt und »einen Weisheitsschatz entstehen« lässt, »der aus der Begegnung mit dem göttlichen Wort entspringt«. Grund dafür, warum es »auch für die Kirche eine Bereicherung« ist, »wenn sie die Werte des Judentums aufnimmt«, nachzulesen in Papst Franziskus' Apostolischem Schreiben *Evangelii gaudium* von 2015.

VI.

Und der Islam?

In Oberhausen sind Sie damals keinen Muslimen begegnet, vermute ich mal.

Auch wenn das heute kaum vorstellbar erscheint: Nein. Es waren ab den 1960er-Jahren die ersten Arbeitsmigranten in der Stadt, aber die galten als sogenannte Gastarbeiter, die bald wieder gehen würden. Für ihre Kultur und Religion hat sich niemand interessiert, zumal mit ihnen, wenn sie aus der Türkei stammten, erstmals Muslime nach Deutschland gekommen waren. Aber als Muslime blieben sie lange unsichtbar. Ein Unterschied zu christlichen »Gastarbeitern«, etwa aus Spanien und Italien, die in deutschen katholischen Gemeinden einen Ort bekamen. Die Menschen aus der Türkei aber, sofern sie Muslime waren oder sein wollten, beteten in Hinterhofmoscheen, also in irgendwo angemieteten, möglichst unauffälligen Räumen. Ein Dialog auf Augenhöhe erschien unvorstellbar, zumal die fachlichen und sprachlichen Voraussetzungen bei der ersten Generation der »Gastarbeiter« nicht gegeben waren, die oft aus der tiefsten türkischen Provinz angeworben worden waren. Wir hatten Arbeitskräfte zum Vorteil unserer Wirtschaft gerufen, um dann festzustellen, dass es Menschen waren, die sich auf Dauer nicht allein für unseren wirtschaftlichen Fortschritt instrumentalisieren ließen, sondern auch Rechte hatten und in Anspruch nahmen. Dazu gehört nun einmal auch das Recht auf Religionsfreiheit.

Wo ist ihnen dann erstmals der Islam begegnet?

Anders als das Judentum war während meines Studiums der Islam schlicht »nicht auf unserem Schirm«, wie man heute sagen würde. Bei niemandem unter den maßgebenden christlichen Theologen damals in den 1970er-Jahren. Niemals bin ich von meinen theologischen Lehrern, auch nicht in Tübingen, aufgefordert oder gar angeleitet worden, den *Koran* zu studieren und das Buch von innen heraus besser zu verstehen, ein Buch wohlgemerkt, das seit 1400 Jahren für gegenwärtig 1,2 Milliarden Menschen auf dieser Erde »heilige Schrift« und in seinen Wirkungen kaum zu überschätzen ist. Heute weiß ich: Wer unsere Welt verstehen will, sollte zu verstehen suchen, welche Botschaft von einem der einflussreichsten Bücher in der Geschichte der Menschheit ausgeht: vergleichbar in seinem Status für die jeweiligen Gläubigen nur der *Bhagavad-Gita* für die Hindus, dem *Taoteking (Daodejing)* des Laotse und den *Gesprächen* des Konfuzius für die Chinesen, der *Tora* für die Juden und dem *Neuen Testament* für die Christen.

Verdrängte Wahrnehmung

Hat man die weltweite Wirkung des Islam bei uns unterschätzt?

Ja, so peinlich das ist. Diese Religion gibt es nun auch schon seit 1400 Jahren, seit dem Abschluss der Offenbarungen an den Propheten Mohammed im Jahre 632 nach Chr. Und der Islam hat in dieser langen Zeit einen globalen Verbreitungsgrad von nominell rund 1 Milliarde Anhänger erreicht. Eine Weltreligion, schon rein zahlenmäßig nur mit dem Christentum vergleichbar. Muslime leben in Ländern des mittleren Gürtelbereichs des Globus, dem sogenannten »grünen Gürtel«, von Marokko im Westen über Pakistan, die früheren südlichen Sowjetrepubliken wie Aserbaidschan, Kasachstan und Usbekistan bis nach Malaysia und Indonesien im Osten. Indonesien ist das größte islamische Land der Erde mit rund 220 Millionen Einwohnern! Diese Fakten aber haben wir damals weder politisch noch gar theologisch ernst genommen. Gegen den Islam wurde auch nicht polemisiert, er war schlicht nicht präsent, nicht vorhanden, keine politische, kulturelle oder religiöse Herausforderung.

Und was brachte dann die Wende?

Als »der Islam« in Gestalt einiger vom Islam beherrschter Länder dann eine ökonomische und politische Herausforderung wird, sind wir geistig nicht vorbereitet. Die Ölkrise 1973 war ein erstes Signal dafür. Unvergessen für alle, die es erlebt haben: die Bilder von leeren Autobahnen in Deutschland. Schlagartig wird uns bewusst, wie ökonomisch abhängig wir von Ländern geworden sind, die vom Islam geprägt sind, ohne dass wir den Faktor Religion ernst genommen hätten. Das gilt auch für mich. Ich lebte ja 1978/79 für einige Monate in Jerusalem, ich sagte es, aber zu dieser Zeit hatte ich nur Augen und Ohren für das Judentum. Zwar konnte auch ich nicht übersehen, dass in dieser Stadt Muslime leben, dass es zum Beispiel auf dem Tempelberg den Felsendom, das älteste Sakralmonument des Islam, und die Al-Aqsa Moschee gibt, dass Tausende von Muslimen jeden Freitag zum Gebet dorthin pilgern. Zwar wusste auch ich, dass der Islam nicht erst seit gestern in Jerusalem präsent ist. Er beherrscht diese Stadt – von kurzen Kreuzfahrerzeiten abgesehen – seit Ende des 7. Jahrhunderts bis heute, gut 1400 Jahre. Aber für die Präsenz des Islam hatte ich damals *theologisch* nicht die geringste Antenne.

Wie war das möglich?

Frage ich mich heute auch. Ich sehe mich noch auf der uralten Jerusalemer Stadtmauer sitzen. Sie umgibt, wie man weiß, die gesamte Altstadt. Ich hatte mir dort ein romantisches Plätzchen mit Blick auf »Klagemauer« und Tempelberg für meine Lektüre ausgesucht. Wunderbare Stunden ungestörter Bibellektüre. Die Heilige Schrift, gelesen in der Heiligen Stadt! Was konnte es für einen Menschen wie mich Schöneres geben? Eine Ruhe, eine innere Freude, die nur ab und zu gestört wird durch das lautsprecherverstärkte Gekrächze eines Muezzin, der fünfmal am Tag die Gläubigen zum Gebet ruft. Ich weiß noch, wie mir das lästig war, wie ich das als störend empfand. Ein akustisch hässlicher Fremdkörper inmitten meiner Jerusalem-Romantik. Heute schäme ich mich dafür. Ich hatte vor lauter Fixierung auf das Judentum an die Präsenz der Muslime keinen Gedanken verschwendet: 1978/79. Ich realisierte überhaupt nicht, dass allein die Mauer, auf der ich saß, von den Osmanen gebaut worden war, dass ich in einer Stadt lebte, in der seit dem Ende des 7. Jahrhundert der Islam präsent ist, in der sich mit dem Tempelberg das drittwichtigste Heiligtum des Islams befindet, neben Mekka und Medina. Warum? Weil von hier aus der Prophet Mohammed seine Himmelsreise angetreten haben soll, wie sie die islamische Überlieferung im Anschluss an Sure 17,1 kennt. Jerusalem wird von Muslimen nicht zufällig »Al Quds« genannt, die Heilige. Das macht den Konflikt um die »heiligen Stätten« so politisch kompliziert und religiös so aufgeladen. In Sachen Jerusalem ist die gesamte islamische Welt involviert.

Der Islam als Faktor der Weltpolitik

Und zur selben Zeit wurde der Islam dann in der Tat ein Faktor der Weltpolitik.

In der Tat. Während ich noch in Jerusalem lebe, geschieht etwas Unerwartetes. Im Iran wird der Schah gestürzt und sein Regime weggefegt. Am 1. Februar 1979 betritt aus dem Pariser Exil kommend der »Revolutionsführer« Ajatollah Chomeini erneut iranischen Boden. Mehr als vierzig Jahre ist dieses Ereignis her, aber in der Zwischenzeit haben wir gelernt, dass 1979 eines der wichtigsten Jahre der neueren Zeitgeschichte ist. Seither haben die Mullahs dieses geschichtlich große und kulturell reiche Land im Griff. Mit all den Verfallserscheinungen, die eine Herrschaft im Namen Gottes mit sich zu bringen pflegt. Ein hochsymbolisches Datum! Ohne zu übertreiben wird man sagen können: Spätestens seit 1979 ist die islamische Welt für unseren Geschichtsabschnitt nicht mehr dieselbe. Ungeheure Umwälzungen sind im Gange mit unbestimmtem Ausgang.

Wie würden Sie diese Umwälzungen beschreiben?

Christentum und Islam sind die weltweit am stärksten verbreiteten und zugleich noch wachsenden Religionen. Für die Welt insgesamt und das Jahr 2050 wird geschätzt, dass rund ein Viertel der Weltbevölkerung islamischen und gut 35 Prozent christlichen Glaubens sein wird. Nach diesen Prognosen also werden 2,5 Milliarden Muslime 3,1, Milliarden Christen gegenüberstehen. Und das in nur zwei Generationen. Daraus folgt:

Der Islam ist in Gestalt ökonomisch starker »islamischer Länder« als Faktor der Weltpolitik auf der Weltbühne zurück und spielt wieder eine Rolle, die er vom Ende des 17. Jahrhunderts an, seit der Niederlage der Osmanen vor Wien 1683, Stück für Stück verloren hatte, beschleunigt durch die europäische Aufklärung im 18. und den europäischen Kolonialismus im 19. Jahrhundert. Ob man »den Islam« mag oder nicht, als Faktor von Weltpolitik und Weltwirtschaft ist er ernst zu nehmen.

Denn: Unsere ökonomische und politische Abhängigkeit von Ländern mit islamischer Prägung ist bekanntlich nicht kleiner geworden. Sicherheits- und energiepolitisch sind wir in Mitteleuropa mit Teilen der islamischen Welt derart verflochten, dass ihr Schicksal auch unsere Zukunft mitbestimmt. Wir erleben gerade am Beispiel Russland, wie gefährlich »Abhängigkeit« gerade bei Rohstoffen ist. Das gilt auch für die muslimisch geprägten Golf-Staaten, die wir jetzt mehr denn je für Öl und Gas brauchen und entsprechend umwerben. Und wer weniger eurozentrisch und mehr mediterran denkt, weiß ohnehin, dass wir abendländisch geprägte Europäer unseren Lebensraum mit Israel und muslimischen Staaten von der Türkei bis Marokko teilen. Wechselseitige Verflechtungen und Abhängigkeiten sind längst eine Tatsache. Zu dem Gott Abrahams beten Menschen aus all diesen Völkern. Im Europa der heutigen Europäischen Union leben Hunderttausende Juden und über 15 Millionen Muslime. Im Europa des Europarates, wozu auch die Türkei gehört, sind es über 70 Millionen Muslime.

Welche Schlussfolgerungen ergeben sich daraus für Sie als Theologen?

Grundkenntnisse über den Islam als Religion und Kultur sind unverzichtbar, wenn man unsere Welt verstehen will. Das ökonomisch im Zuge einer immer stärkeren Globalisierung der Märkte gewünschte Zusammenleben von Menschen verschiedener Kulturen hat doch Folgen. Folgen für das Zusammenleben: politische, gesellschaftliche und religionstheologische. Gleichzeitig gibt es für ein Gelingen dieser Koexistenz von Religiösen und Nichtreligiösen nicht viele positive Vorerfahrungen. Im Gegenteil: Wer geschichtlich denkt, weiß, dass das Schicksal eines europäischen Islam bisher in einer doppelten Katastrophe geendet hat: Im 12. Jahrhundert werden die Muslime auf Sizilien nach Süditalien deportiert. Im 16. Jahrhundert ergeht es den Muslimen in Spanien nicht anders. Nur in Bosnien-Herzegowina hat sich seit dem 14. Jahrhundert ein Islam auf europäischem Boden bis heute gehalten, der allerdings durch den Jugoslawien-Krieg der 90er-Jahre des letzten Jahrhunderts durch Belagerung und Beschießung von Sarajevo beinahe ebenfalls ausgelöscht worden wäre. Europa ist aufgefordert, neue, friedliche, an den Menschenrechten orientierte Weisen des Zusammenlebens von Menschen verschiedener religiöser Identität einzuüben. Was für Muslime, die bei uns leben wollen, gleichermaßen gilt: Respektierung unserer Rechtsordnung und aktive Beteiligung an demokratischen Prozessen. Parallelgesellschaften sind das Gegenteil von Integration. Faktisch aber leben zu viele trotz aller äußeren Pluralität in vielen Gesellschaften Europas, ob religiös oder nicht religiös, noch weitgehend mit dem Rücken zu den Anderen. Mit Tunnelblick nur für das Eigene. Mit heruntergeklapptem Visier, das viele daran hindert, die Gegenwart des *Anders*glaubenden vor allem positiv als Anders-*Glaubenden* wahrzunehmen.

Eine dritte Offenbarungsreligion?

Welche Lernprozesse im Interesse des Dialogs haben Sie selber gemacht?

Meine Lernprozesse wurden seit den 1990er-Jahren angestoßen durch die Zusammenarbeit mit jüdischen und muslimischen Kolleginnen und Kollegen aus verschiedenen Ländern. Die Grundfrage war ja: Wie als Christ den Islam einschätzen? So wie eh und je seit Mittelalter und Reformation als Massenansammlung von Ungläubigen, von ungetauften Heiden?

Was half ihnen da?

Der Durchbruch kam Anfang der 1990er-Jahre. Ich nahm an einem sogenannten *Scholars Annual Trialogue* teil. Wir versammelten uns meistens in den USA, je zehn jüdische, muslimische, christliche Wissenschaftler:innen aus verschiedenen Ländern. Die zentrale Figur war dabei Professor Leonard Swidler von der Temple University in Philadelphia, ein Pionier des »Trialogs«. Ihm verdanke ich die Integration in diesen Kreis, der mein Leben und mein Forschen nachhaltig verändert hat. Und bei diesen Treffen hörte ich von meinen muslimischen Partnern erstmals, dass der Islam sich als *Milad Ibrahim* versteht, als Religionsgemeinschaft Abrahams. Ich weiß noch, wie ich aufgehorcht und erst einmal ganz naiv nachgefragt habe: Meint ihr den biblischen Abraham? Ist er der Ibrahim des Koran?

Ja, es ist der aus den biblischen Überlieferungen bekannte Abraham, bekomme ich zur Antwort; die Abraham-Überlieferungen im Koran überschnitten sich in vielen Grundzügen mit den biblischen, ohne identisch zu sein. Da begriff ich: Wenn Juden in Abraham den Urvater ihres Glaubens an den einen Gott und Partner des Bundes sehen, wenn Paulus im

Römerbrief über Abraham schreiben kann: Er ist »unser aller Vater vor Gott, dem er geglaubt hat, dem Gott, der die Toten lebendig macht und das, was nicht ist, ins Dasein ruft« (Römerbrief 4,17) und wenn auch die Muslime in Abraham den Urzeugen des Einen Gottes als Schöpfer und Richter erblicken – dann müsste es doch möglich sein, aus dieser »Wurzel Abraham« mehr zu machen als nur eine statistische Feststellung. Dann könnte doch Abrahams Leben mit Gott, sein durch Krisen geprüftes Gottvertrauen, seine Gottergebenheit in Leben und Sterben, die gemeinsame spirituelle Basis für ein stärkeres Miteinander von Juden, Christen und Muslimen sein. Goethe hat diese Grundhaltung von Muslimen in einem schönen Vierzeiler einmal kongenial zur Sprache gebracht, nachzulesen im »Buch der Sprüche« seines »West-östlichen Divan« von 1819. Kritisch das Religionsgezänk um die wahre Religion im Blick kann Goethe schreiben: »Närrisch, dass jeder in seinem Falle / seine besondere Meinung preist. / Wenn Islam Gottergebenheit heißt / Im Islam leben und sterben wir alle.« Unabweisbar verwiesen werde ich nun selber auf das Studium des Koran, von dem ich zuvor keine Ahnung hatte.

Wurzel Abraham, Hagar und Ismael

Und was sagt der Koran über Abraham?

Der Koran verweist nicht wie nebenbei auf die Abraham-Geschichte, sondern stellt eine Verbindung zu Abraham her, die über den erstgeborenen Abraham-Sohn, Ismael, läuft, den Sohn, den Abraham noch vor Isaak mit der ägyptischen Magd Hagar zeugte. So steht es bereits in den Juden wie Christen »Heiligen Schriften«, nachzulesen im Buche Genesis, Kapitel 16. Und auch dies steht schon in der Bibel: Er ist 13 Jahre alt, dieser Ismael, und trägt mit der Beschneidung das Bundeszeichen Gottes (Genesis 17,25f.), als Isaak, der mit der Ehefrau Sara gezeugte Erb-Sohn, auf die Welt kommt (Genesis 21,2)

Aber dieser Ismael ist doch in der Hebräischen Bibel eine zwiespältige Figur.

Zwischen Isaak und Ismael entwickelt sich ein Bruder-Bruder-Drama, das in der Religionsgeschichte seinesgleichen sucht, wird doch Ismael, der von Gott Gesegnete, von Abraham und Sara aus dem Haus vertrieben, buchstäblich in die Wüste geschickt. Er wäre umgekommen, wäre er nicht durch Gottes Eingreifen gerettet worden. Mitten in der Wüste entdeckt die verzweifelte Hagar auf einmal einen Brunnen, der ihr und ihrem vor Durst schreienden Sohn lebensspendendes Wasser verschafft (Genesis 21,19). Ein Zeichen. Gott will, dass dieser Abraham-Sohn lebt und eine große Zukunft hat. So jedenfalls überliefert es die Juden und Christen gemeinsame Heilige Schrift, Genesis Kapitel 21,8–21: »Steh auf«, fordert Gott Hagar hier auf, »nimm den Knaben und halte ihn fest an deiner Hand; denn zu einem großen Volk will ich ihn machen.« Warum erzähle ich Ihnen das? Weil Muslime sich exakt auf diese gottgewollte Segenslinie berufen: Abraham-Hagar-Ismael, gilt Ismael in ihrer Überlieferung doch als Stammvater der arabischen Stämme und hat sich die Szene mit dem Brunnen und dem Überlebenskampf von Hagar und Ismael einer nachkoranischen Überlieferung zufolge im Tal von Mekka abgespielt, wo das lebensspendende Wasser aus der Quelle »Zamsam« kommt, Ursprungsort für das muslimische Heiligtum, die Kaaba. Hagar und Ismael sind nach muslimischer Überlieferung denn auch die Gründer dieses Heiligtums.

Steht nicht die Pilgerfahrt der Muslime nach Mekka im Zeichen von Abraham, Hagar und Ismael?

Ja, denn bei jeder Pilgerfahrt wird das Lebensdrama von Mutter und Sohn rund um die Kaaba von den Pilgern spirituell und körperlich nachvollzogen. Ich erzähle also keine erbaulichen Geschichten oder fromme Märchen, sondern Geschichten mit weltpolitischen Folgen und einer religionspolitischen Brisanz, ohne die man auch die Religionskonflikte zwischen Juden und Muslime in Palästina nicht versteht. Sie können davon ausgehen, dass jeder Muslim, jede Muslima die Geschichte um Abraham, Hagar und Ismael kennt und gegenüber Juden und Christen ins Spiel zu bringen vermag. Viele von uns im Westen haben davon keine Ahnung, weil wir den Kontakt zu biblischen Überlieferungen verloren haben. Und das auch noch für »Aufgeklärtheit« halten.

Ich musste lernen: Bibel-Koran-Studien sind in der heutigen Weltstunde kein unverbindliches Gedankenspiel, ein Luxus, den man sich eigentlich nicht leisten kann; sie haben vielmehr eine unmittelbare politische Relevanz, spiegelt sich doch in diesem Brüderpaar, Ismael und Isaak, und ihrem abgründigen Vertreibungs-Drama archetypisch das abgründige Schicksal von Judentum, Christentum und Islam über die Jahrhunderte mit all den wechselseitigen Verwerfungen, Ausgrenzungen und Verurteilungen. Diese Zusammenhänge schlugen mich damals in Bann, und ich beginne, es für mich aufzuarbeiten, dieses Drama rund um Abraham, seine Frauen und Söhne, aber zugleich auch die positiven Möglichkeiten zu explorieren, die in dem abrahamischen Wurzelwerk stecken. So entsteht mein Buch »Streit um Abraham. Was Juden, Christen und Muslime trennt – und was sie eint«, erstmals 1994 veröffentlicht. Gut 30 Jahre ist das nun her.

»Muslime beten mit uns den einen Gott an«

Was hat das für Konsequenzen für Juden, Christen, Muslime?

Ich weiß nur, dass all diese Einsichten für mich als Christen erhebliche Konsequenzen hatten. Eine lautet: Muslime verehren nicht eine uns Christen fremde »Gottheit«, sondern beten zu dem in der Bibel bezeugten einen Gott Abrahams. Jetzt erst verstand ich, was das Zweiten Vatikanische Konzil in seiner Kirchenkonstitution *Lumen gentium* über den Glauben der Muslime gesagt hat: »Die Heilsabsicht (Gottes) umfasst auch die, welche den Schöpfer anerkennen, unter ihnen besonders die Muslime, die, indem sie bekennen, dass sie den Glauben Abrahams festhalten, mit uns den einzigen Gott anbeten, den barmherzigen, der die Menschen am Jüngsten Tag richten wird« (Nr. 16).

Seit meiner »Abraham«- Studie ist die Arbeit an einem wechselseitig vertieften Verständnis der inneren Beziehungen von Judentum, Christentum und Islam eines meiner großen Lebensthemen geworden. Auch die praktische Arbeit an dem, was ich »Abrahamische Ökumene« von Juden, Christen und Muslimen nenne. Sie steht auf der Basis der Heiligen Schriften, den Ur-Kunden Bibel und Koran. Anders gesagt: Juden, Christen und Muslime sind aufeinander verwiesen, wenn sie ihre heiligen Schriften verstehen wollen, wenn sie verstehen wollen, was Gott mit ihnen vorhat, wozu er sie verpflichtet, in welche Lebensordnung er sie einweist. Vernetztes Denken führt zum Verstehen des Eigenen *durch* den Anderen! Das setzt wechselseitigen Respekt voraus und eine Bereitschaft zu einem geschichtlich sensiblen Umgang mit den eigenen und den fremden Heiligen Schriften. Die Unterschiede im Glauben dürfen dabei nicht verschwiegen, sondern müssen ebenso klar herausgearbeitet werden – sachlich-unpolemisch. Denn

Muslime und Christen vertreten Wahrheitsansprüche gegeneinander, die nicht aufgelöst werden können.

Und die Kenntnis der heiligen Schriften gehört dazu.

Unbedingt. Und je länger ich die Überlieferungen studierte, die der Koran mit der Hebräischen Bibel und dem Neuen Testament teilt, desto mehr wurde mir diese innere Verwandtschaft der drei Religionen bewusst, ohne die Unterschiede zu ignorieren. Machen Sie sich klar: Wir Christen teilen mit Muslimen (und Juden) Überlieferungen, die wir mit Angehörigen anderer Religionen nicht teilen. Das ist überhaupt keine Wertung, sondern eine Feststellung mit erheblichen Konsequenzen: Juden, Christen und Muslime bilden eine besondere Glaubensgemeinschaft von Monotheisten prophetischen Charakters. Sie teilen Überlieferungen miteinander, die sie mit Hindus und Buddhisten, mit Konfuzianern und Taoisten eben nicht teilen. Einem Muslim muss ich als Christ nicht lange erklären, wer Noach, Abraham oder Mose war. Denn der Koran erzählt von Nuh, Ibrahim und Musa genauso, immer freilich mit einer anderen Akzentuierung und Aktualisierung. Einem Muslim muss ich auch nicht lange erklären, wer Joseph war, denn eine der schönsten Suren des Koran, Sure 12, erzählt seine Geschichte rund um Vater Jakob und seine Brüder: die Geschichte des Yusuf. Ähnlich bei Figuren wie Hiob, Salomo und David, denn Ayub, Suleiman und Daud kommen im Koran ebenfalls vor. Buddhisten und Hindus, Konfuzianern und Taoisten muss ich das alles erklären. Sie teilen mit uns diese Überlieferungen nicht. Umso stärker *könnten* Brücken über die Religionsgrenzen hinweg geschlagen werden! In der Vergangenheit aber hat das oft genug zu polemischer Abgrenzung und gegenseitiger Verwerfung geführt. Ich meine, es ist ist hohe Zeit, sie für ein Bewusstsein gemeinsamer Verantwortung zu nutzen, vor allem zu vernetzen gemeinsamen Lernprogrammen bei der Ausbildung von Rabbinern, Pfarrern und Mullahs. Gerade auch, wenn muslimische Kollegen wie der an der Universität Münster lehrende Professor Ahmad Milad Karimi schreiben können: »Der Islam kann sich ohne die bleibende Bezogenheit zum Christentum und Judentum kaum selbst verstehen«. Oder: »Der islamische Weg ist von Grund auf ein Weg, der nicht ohne das Christentum und auch nicht ohne das Judentum auskommen kann«. Das mache, sagt er, den Dialog für Muslime nicht nur sinnvoll, sondern geradezu zu einer »inneren Notwendigkeit«. So ist es.

In vielen Menschen steckt Angst vor dem Islam insgesamt. Der Iran ist eine bedrohliche Macht geworden, der Islamische Staat hätte beinahe den Irak überrannt, es gab schreckliche Anschläge in Europa, den 11. September 2001 in den USA. Für einen entspannten Dialog scheint da nur wenig Platz zu sein.

Ich sehe es genau andersherum: Gerade in solchen Zeiten brauchen wir den Dialog mit Menschen muslimischen Glaubens, genauer: mit seinen dialogbereiten Vertreterinnen und Vertretern. Aber Sie haben recht: Entspannt ist dieser Dialog nicht. Und die dämonischen Mächte, die da aufgestiegen sind, verbreiten aufs Neue Furcht und Schrecken. Aber wir können sie auch nicht mehr länger ignorieren, wie wir das viele Jahrzehnte getan haben. Wir haben Geschäfte gemacht mit muslimisch geprägten Ländern. Aber wir haben den religiösen Faktor vernachlässigt oder gar ignoriert, und das ist typisch für unsere westliche Blindheit und Ignoranz in Sachen Religion.

Von all dem ahnten, wussten Sie nichts, als sie sich auf der osmanischen Mauer beim Lesen durch den Muezzin gestört sahen.

Immerhin war es der Beginn eines Lernprozesses: Diese Religion gibt es nun auch schon seit mehr als 1400 Jahren. Sie hat weltweit eine Anhängerschaft von heute mehr als 1,5 Milliarden Menschen. Sie bildet die große dritte Offenbarungsreligion. Punkt. Wem das als Christ nicht zu denken gibt, hat nichts begriffen. Irgendwann wird man sich doch der kritisch-selbstkritischen Frage stellen müssen: Warum eine dritte Offenbarungsreligion? Was ist das für ein Zeichen Gottes an die Menschheit? Das müssten nun wahrhaftig auch wir Christen uns fragen, die wir an Gott, den »Herrn der Geschichte«, glauben. Ist doch für uns »Geschichte« kein »gottloser« Raum.

Wie den Koran lesen?

Sie begannen, den Koran zu lesen, sagten Sie. Das sei Ihnen am Anfang sehr schwergefallen, haben Sie einmal geschrieben.

Ich wusste gar nicht, wo ich ansetzen sollte. Der Islam war mir fremd, mir fehlten alle Grundlagen. Das war eine Religion, die es nach christlichem Verständnis gar nicht geben durfte – ihm zufolge ist die Offenbarung Gottes mit dem Tod des letzten Apostels abgeschlossen. Eine nachchristliche Offenbarungsreligion war in diesem Denkschema nicht vorgesehen, und als sie geschichtlich auftrat, konnte sie nur falsch oder irrig sein. Pseudoprophetie. Und dann ist der Koran für Ungeübte als Buch sehr sperrig, vor allem dann, wenn man versucht, ihn gutgläubig wie etwa die Bibel von vorne nach hinten zu lesen. Denn die koranischen Suren sind rein formal nach der Länge angeordnet. Insofern ist die numerisch erste Sure, auf die man in jeder Koranausgabe stößt, Sure 2, mit ihren 286 Versen zugleich auch die längste. Geschichtlich aber wissen auch Muslime, dass die 114 Suren in einem Zeitraum von 21 Jahren Stück für Stück geoffenbart wurden. Also kann man eine Chronologie rekonstruieren: geoffenbart in Mekka, geoffenbart in Medina. Und diese auch noch verfeinern, was in der Koranwissenschaft geschehen ist. Und chronologisch gesehen ist Sure 2 eine sehr späte, sie stammt aus der Anfangszeit des Propheten in Medina (622). Was umgekehrt heißt, dass ihr in den verflossenen 12 Jahren schon 90 Suren vorausgegangen sind. Die Botschaft ist somit in Sure 2 längst bekannt und noch einmal enorm verdichtet worden, vor allem mit den für eine Gemeinschaft nun einmal nötigen Rechtsvorschriften für das soziale Leben. Das aber erschwert die Lektüre für gutwillige, aber ungeübte Koranleser außerordentlich. Später erst bin ich dem klugen Rat gefolgt, dass man den Koran von hinten nach vorn lesen sollte: von Sure 114 an 30, 40 Suren. Das sind meist die chronologisch älteren Suren, oft sehr kurz, manchmal nur acht bis zehn Verse umfassend, die aber noch etwas ahnen lassen von dem mitreißenden Rhythmus, der Bildhaftigkeit der Sprache und der ethischen Kraft der prophetischen Botschaft, die ja ursprünglich eine eminent sozialkritische ist.

Es ist heute kaum vorstellbar, dass das Bild von Abraham als Urvater der jüdischen, christlichen und muslimischen Religion vor 30 Jahren noch so fremd war.

Als mein Buch 1994 erschien, war ich erst einmal weitgehend allein auf weiter Flur. Das hat mich damals selbst überrascht. Abraham als vereinigende Person, als einigende Symbolfigur – das hatte ich ja nicht erfunden. Mir kam der Gedanke so naheliegend vor, dass ich davon ausging, dazu müsse es doch einiges an Forschungen und Programmen geben. Aber die gab es nicht. Es gab Einzelstudien über Abraham im Neuen Testament, im Koran, in der Hebräischen Bibel. Aber das zu einer Gesamtkonzeption zu bündeln und die Vision einer abrahamischen Ökumene zu entwerfen, das hatte noch niemand gemacht. Deshalb wurde mein Buch dann auch international beachtet und nicht zufällig ins Englische, Spanische, Holländische und Italienische übersetzt.

Eine abrahamische Ökumene – ist das nicht sehr hoch gegriffen angesichts der fundamental unterschiedlichen Verständnisse in Christentum, Judentum und Islam von Gott, dem Menschen, was Religion ist, was Schuld und Sünde?

Die Unterschiede will ich nicht nivellieren. Im Gegenteil: Ich denke, dass die Unterschiede zwischen den Religionen nur begreift, wer sich wirklich auf die Religionen einlässt. Dazu braucht es Brücken in die fremden Welten, in diesem Fall die Welt des Islams. Da wurde mein Buch als hilfreich empfunden. Die Abrahamsbilder beschreibe ich dort als verbindend, aber nicht identisch. Sie vereinen, aber sie trennen auch. Jede der drei »abrahamischen« Religionen hat mit den Abraham-Überlieferungen ihre eigenen Interessen. Das muss ebenfalls zur Sprache kommen. Harmonie in Abraham gibt es nicht automatisch. Das wäre blauäugig. Die Beschwörung von »Vater Abraham« kann die Unterschiede und Gegensätze nicht verdecken. Gleichzeitig habe ich beim Studium des Korans gelernt, dass auch viele andere biblische Überlieferungen dort aufgenommen sind: die Geschichten von der Schöpfung der Welt und der Vertreibung aus dem Paradies zum Beispiel, die Geschichten von Noah und der großen Flut, von Moses und seinem Konflikt mit dem Pharao, von Joseph und seinen Brüdern, bis hin zu denen um Johannes, Jesus und Maria. Dem bin ich im Interesse eines interreligiösen Gesprächs weiter nachgegangen. So ist mein Buch »Die Bibel im Koran« (2017) entstanden, davor schon ein kleineres: »Weihnachten im Koran« (2008). »Getestet« in Vorträgen, Vorlesungen und Seminaren.

Jesus und Maria im Koran

Na ja – die Weihnachtsgeschichte des Lukas sucht man vergebens im Koran.

Im Gegenteil, die lukanische Fassung der Geburtsgeschichte Jesu dürfte der koranischen bekannt gewesen sein, anders sind die vielen Parallelen bis ins Detail zu Lukas 1 und 2 gar nicht zu erklären, weder in Sure 19 noch in Sure 3, den beiden koranischen Fassungen der Geburt Jesu. Denn auch im Koran beginnen die Narrative mit der wundersamen Geburt des Johannes, der im Neuen Testament »der Täufer« und im Koran »ein Prophet« genannt wird. Schauen Sie sich Sure 19 genau an. Auch hier kommt ein göttlicher Bote (»Gottes Geist« in Gestalt eines »stattlichen Menschen«) zu Maria und sagt ihr, dass sie einen Sohn bekommen wird – und die koranische Maria, arabisch »Maryam«, antwortet ähnlich wie die neutestamentliche: Wie soll das gehen, wo ich weder verheiratet noch eine Dirne bin? Für Gott ist das ein Leichtes, antwortet der Bote im Koran, im Neuen Testament der Engel: »Für Gott ist nichts unmöglich«. Auch der Koran kennt die Zeugung Jesu nicht durch einen Mann, sondern durch Gottes Geist und damit auch das Motiv der »Jungfrauengeburt«. In beiden Überlieferungen ist Jesus ein »Zeichen Gottes« für die Menschheit. »Gottes«! Die koranische Maria zieht sich in ein einsames Gebiet im Osten zurück und gebiert unter solchen Schmerzen, dass sie sich den Tod wünscht. Jesus, nicht Mohammed, wird im Koran unter solch außergewöhnlichen Umständen geboren. Und die Geburt Jesu findet im Koran nicht in einem Haus oder Stall statt, sondern am Stamm einer Palme, an der eine Quelle frischen Wassers entspringt. Ein wunderbares Symbol für neues Leben, für Fruchtbarkeit, für Zukunft. Genug Gesprächsstoff für Christen und Muslime also, wenn sie ihre Überlieferungen nebeneinanderlegen und

Gemeinsames und Trennendes herausarbeiten. Das habe ich im Detail in meinem Buch »Weihnachten und der Koran« getan. Und ganz praktisch ermutigt: Zum Weihnachtsfest können Muslime auf der Basis von Sure 19 und von Sure 3 Christen zur Geburt dieses Sohns der Maria und des Gesandten Gottes Friedens- und Segenswünsche übermitteln. So wie Christen Muslimen gegenüber zum Ende des Fastenmonats Ramadan. Das geschieht glücklicherweise auch schon in vielen Gemeinden in Deutschland und ist ein wichtiges Zeichen der Vertrauensbildung.

Jesus wird im Koran häufiger genannt als Mohammed, ebenso Maria. Das zeigt, wie interessiert Mohammed am Christentum und am Judentum war, welchen Respekt er beiden Religionen entgegenbrachte. Aber besteht nicht doch die Gefahr, über den schönen Geschichten zu vergessen, dass die Bibel und den Koran doch sehr viel trennt?

Der Gefahr muss man sich bewusst sein, um ihr nicht zu erliegen. Der Fundamentalunterschied im Glauben von Muslimen und Christen ist: Im Koran steht ausschließlich der eine Gott im Zentrum. Theozentrik herrscht vor. Im Neuen Testament steht Gott immer in Verbindung mit Jesus Christus im Mittelpunkt. Theozentrik ist verbunden mit Christozentrik. Der Titel »Sohn Gottes« für Jesus will diese unlösbare Verbindung zum Ausdruck bringen. Nach heutiger Exegese sind im Koran ganz bewusst alle christozentrischen Aussagen eliminiert und konsequent durch theozentrische ersetzt. Entsprechend ist im Koran die Geburt Jesu *ein* Zeichen in der Geschichte Gottes mit der Menschheit, ein sehr hoch anzusetzendes Zeichen, aber eben nur *ein* Zeichen Gottes, während Jesus im Neuen Testament exklusiver Höhepunkt der Zuwendung Gottes zum Menschen ist, *das* Zeichen des Heilsgeschehens. Der Koran vermeidet strikt den Ausdruck »Sohn Gottes« für

Jesus, weil das den Monotheismus verletzen und Jesus als eine Art »zweiten Gott« neben den einen Gott stellen würde. Die Formel für Jesus im Koran lautet deshalb: Ibn Mariam und Rasul Allah, Sohn Marias und Gesandter Gottes. Im Neuen Testament: Jesus ist der exklusive Sohn Gottes, Maria seine leibliche Mutter. Diese Basisdifferenz ist unaufhebbar, aber auch dialogisch fruchtbar.

Wieso kann das für den Dialog fruchtbar sein?

Weil bei Jesus auch im Koran immer Gott selbst im Spiel ist. Das ist für Christen das Entscheidende. Subjekt seiner Sendung ist der eine Gott. Folglich ist Jesus, was Christen gerne abwertend oder gar abfällig sagen, im Koran keineswegs nur »ein Prophet«, von denen es Hunderte gibt, sondern der Gesandte *Gottes*. Er hat also eine theozentrische Autorität, was sich »statistisch« auch darin zeigt, dass es im Koran nur vier solcher Gesandte gibt. Das sind Menschen, denen Gott für ihre Glaubensgemeinschaft jeweils eine Schrift anvertraut hat: Mose die Tora, Jesus »das Evangelium«, David den Psalter und Mohammed den Koran. Kurz: Wenn Jesus als der »Gesandte Gottes« eine theozentrische Autorität für Muslime hat, dann ist dies eine Chance, diese Koranaussage in ihrem Schwergewicht und ihrer Reichweite für den christlich-islamischen Dialog auszuloten bei aller Wahrung letzter Differenzen. Umgekehrt müssen Christen Muslimen im Dialog erklären, warum die von ihnen bekannte »Gottheit« Christi dem Monotheismus nicht widerspricht und warum die Lehre von der Gottessohnschaft oder gar der Trinität keine »Zwei«- oder »Drei-Götter-Lehre« meint. Sie erinnern sich an meine Arbeiten zur Christologie, von der wir im Zusammenhang meiner Tübinger Habilitationsschrift gesprochen haben. Hier, im Gespräch mit der koranischen Christologie, wurden sie für mich wieder relevant.

Den Koran diskursiv verstehen

Der Koran ist Ihnen nahegekommen, haben Sie mal gesagt, als Sie lernten, ihn mit den Methoden der Literaturwissenschaft zu verstehen. Für streng gläubige Muslime sind Sie an diesem Punkt schon Häretiker: Der Koran ist nicht zu dekonstruieren, Punkt. Ist da nicht schon der schöne abrahamitische Trialog für viele, vielleicht sogar die meisten Muslime vorbei?

Langsam mit dem Häresie-Vorwurf, denn er trifft an diesem Punkt gerade nicht zu. Denn eine literatur- und kommunikationswissenschaftliche Analyse der koranischen Texte stellt zunächst einmal inhaltlich nichts in Frage. Gar nichts. Sie versucht, die Sprechakte, also die Formensprache der Verkündigung, zu beschreiben. Und da hat der Koran viel zu bieten.

Warum ist das nötig?

Weil die Inhalte der koranischen Botschaft in der Regel verpackt sind in ein diskursives, ein rhetorisches, ein hochpoetisches oder dramatisches Gewand, was ja Rückschlüsse auf die Lebenssituation der ersten Adressatenkreise zulässt. Im Koran wird nicht zufällig so und nicht anders gesprochen. Da gibt es von der chronologisch ersten bis zur letzten Sure den Konflikt mit den Gegnern des Propheten oder die Einwände der Feinde der koranischen Botschaft, die mit überliefert und dann konterkariert werden. Da gibt es Nicht- und Andersgläubige, zum Beispiel Juden und Christen oder die Anhänger einer paganen Religion wie die Einwohner von Mekka. Ihnen wird in einem argumentativen Wettstreit, manchmal Wortgefecht begegnet, und wir Leserinnen und Leser können das nachvollziehen, weil die Einreden gegen und die Vorbehalte gegenüber der koranischen Botschaft transparent werden. Eine der profiliertesten westlichen Koranwissenschaftlerinnen unserer Zeit, Professorin Angelika Neuwirth von der FU Berlin, hat in ihren Korankommentaren diese lebendigen, kontroversen Diskurse, die der Koran spiegelt, »polyphone Religionsgespräche« genannt. Sie hat recht. Aber das verlangt eine andere Lesart der Suren, eine Achtsamkeit auf die kommunikativen Stilmittel.

Was heißt das konkret?

Das heißt, dass im Koran die Spannungen, Konflikte, Ablehnungen und Alternativen zur koranischen Botschaft, die es im Ursprungsmilieu der Gemeinde im 7. Jahrhundert von Anfang an gegeben hat, abgebildet sind. Nichtmuslime sollen ja zu Muslimen gemacht werden, und wie widerständig, sperrig, ja teilweise lebensbedrohlich sich das für die erste kleine Gemeinde von Muslimen im Mekka der Jahre 610 bis 622 ausnahm, erfahren wir durch den Koran selber. Denn die Mehrheitsgesellschaft in Mekka reagierte mit Ausgrenzung, ja Verfolgung der »Dissidenten«. Hat man diesen Lebenskontext verstanden, hört man auf, den Koran sofort auf Einzelinhalte abzufragen und beobachtet bei genauer Lektüre zunächst einmal, wie die Inhalte präsentiert werden, mit welchen Formen, rhetorischen und dramatischen Stilmitteln. Und wie der Lebenskontext der Adressaten ausgesehen haben mag, der »Sitz im Leben«, der diese Form der Kommunikation nötig machte. Ich bin kein arabischer Muttersprachler und kann nicht nachvollziehen, wie muslimische Hörerinnen und Hörer die Dramaturgie und Poesie, die Rhythmik und Lautmalerei der Originalsprache aufnehmen. Aber Muslime sagen mir: Es gibt zwar keine Wunder im Koran, aber das Wunder ist der Koran selbst. Sprachlich-poetisch-dramaturgisch kann ich das selbst auf der Basis von Übersetzungen nachvollziehen.

Zu allen Zeiten hat man sich mit Koran-Übersetzern schwergetan. Warum?

Weil der Koran schon sprachlich eine faszinierende Eigentümlichkeit besitzt: Die einzelnen Verse der Suren bestehen aus rhythmisierter Reimprosa. Will sagen: Die Verse sind rhythmisiert, ohne alle denselben Rhythmus zu haben, aber immer enden je zwei mit einem Reim. Schon allein das kann man nicht annähernd in einer Fremdsprache abbilden, auch im Deutschen nicht. Der einzige, dem das in etwa gelungen ist, ist der geniale Sprachwissenschaftler, Poet und Orientalist Friedrich Rückert (1788–1866), geboren und gestorben in Coburg. Seine Übersetzung, die zwei Drittel des Korans umfasst, stammt von Mitte des 19. Jahrhunderts und wurde nie zur Gänze publiziert. Ich ziehe, wenn immer es geht, seine Übertragung heran, um eine Ahnung zu bekommen, welche Kraft, rhetorische Stärke, Dramaturgie und sprachliche Schönheit der Koran zu bieten hat. Denn seit dem Jahr 2000 liegen die Rückertschen Koranübertragungen in einer Ausgabe erstmals vor, besorgt durch den Erlanger Islamwissenschaftler Hartmut Bobzin, der 2010 dann eine eigene Koranübersetzung im Beck-Verlag vorgelegt hat. Ich empfehle sie neben der von Hans Zirker, die in der Wissenschaftlichen Buchgesellschaft erschienen ist.

Den Koran geschichtlich verstehen

Was Sie machen, ist etwas anderes als eine historisch-kritische Dekonstruktion des Koran. Aber ist die nicht doch berechtigt?

Hier müssen Christen sehr sorgfältig unterscheiden. Gerade für uns, aufgeklärt wie wir sind oder uns einbilden zu sein, scheint die Sache klar: Der Koran gehört historisch-kritisch untersucht wie die Hebräische Bibel, wie das Neue Testament. Trotzdem müssen wir beachten und respektieren, dass das Selbstverständnis des Korans ein anderes ist. Deshalb unterscheide ich, wie zeitgenössische muslimische Kolleginnen und Kollegen, zwischen einer historisch-kritischen und einer geschichtlichen Interpretation des Koran.

Warum? Was ist der Unterschied?

»Historisch« lesen, heißt ja, dass man den Text des Koran zunächst einmal nur als ein geschichtliches Dokument des siebten Jahrhunderts betrachtet und zeitlich kontextualisiert. Man setzt dabei voraus, dass der Prophet das Subjekt des Korans ist. Der Koran ist dann Menschenwerk, so wie wir ja für Schriften der Bibel menschliche Subjekte als Verfasser ganz selbstverständlich annehmen: von Propheten wie Jeremia bis zu Aposteln wie Paulus. Für Muslime aber ist der Koran Gottes Wort. Subjekt des Korans ist nicht ein Mensch, auch nicht der Prophet, sondern der eine Gott selbst. Das ist ein wesentlicher Unterschied, den man im Dialog respektieren muss, selbst wenn das einem nicht gefällt. »Kritisch« lesen, heißt eine normative Unterscheidung treffen: Die frühen Texte sind die ursprünglichen, die späteren die abgeleiteten – und das Ursprüngliche hat Priorität vor dem Abgeleiteten. So unterscheiden wir in den Schriften des Neuen Testaments ja die ursprüngliche Botschaft Jesu vom dem, was spätere Interpreten wie Johannes oder Paulus daraus gemacht haben. Und dann können und müssen wir diese Interpretationen am Ursprung »kritisch« prüfen und gegebenenfalls auch korrigieren. Im Koran sieht das auch hier anders aus. Dort können spätere Suren frühere korrigieren, weiterentwickeln, neu fassen. Das Ursprüngliche ist hier nicht die Norm des Späteren, sondern das Spätere kann zur korrigierenden Norm des früheren werden. Aus diesen genannten

Gründen wird eine historisch-kritische Hermeneutik dem Koran nicht gerecht.

Davon zu unterscheiden ist eine »geschichtliche« Interpretation, wie sie heutige muslimische Kolleginnen und Kollegen betreiben, wenn sie die entsprechende wissenschaftliche Freiheit dazu haben. Sie besagt: Zwar ist der Koran *Gottes* Wort an seine Adressaten, vermittelt über den Propheten, aber dieses Gotteswort ist hineingesprochen in ein konkretes soziokulturelles Milieu im Arabien des 7. Jahrhunderte. Das heißt, Gott benutzt in seiner Offenbarung an den Propheten, an einen Menschen dieses Jahrhunderts, die kulturellen Codes, die Sprachformen und die Gedankenwelten dieser und eben keiner anderen Zeit. Wie auch anders, wenn er von seinen Adressaten überhaupt verstanden werden will? Und deshalb ist es völlig legitim zu sagen: Viele Vorschriften sind für den geistigen Horizont dieser Adressaten im siebten Jahrhundert verfasst: das Eherecht, das Strafrecht zum Beispiel. Das kann nicht automatisch wortwörtlich auf heute übertragen, es muss geschichtlich, muss kontextuell interpretiert werden.

Da sehen Sie Tore des Idschtihad offen, die Möglichkeit also, vorherrschende Interpretationen des Korans und der Scharia zu verändern. Im Islam hat sich aber seit dem 12. Jahrhundert die Auffassung verfestigt, dass diese Tore geschlossen sind, eine Weiterentwicklung also nicht mehr möglich ist.

Da bin ich in guter Gesellschaft mit heutigen muslimischen Theologinnen und Theologen, die mit dem Koran gegen die Erstarrung durch die Tradition argumentieren. Im Übrigen hat es im Islam immer eine Pluralität von Auslegungen gegeben wie die Existenz von vier Rechtsschulen belegt, die sich im Lauf der Jahrhunderte gebildet haben.

Das Zentrum des Koran

Was schätzen Sie besonders am Islam, an seiner Theologie, seinem Verständnis von Gott und der Welt? Was ist für Sie die Mitte der Mitte?

Nach intensivem Studium des Korans und unter Beiseitelassung aller Details, möchte ich riskieren, diese Mitte so zu beschreiben: Im Zentrum koranischer Verkündigung steht die Einschärfung des Bewusstseins, dass wir Menschen allesamt Geschöpfe Gottes sind und dass alles um uns herum sich Gottes guter Schöpfung verdankt. Das ist der *cantus firmus* vieler Suren: Es geht vom ersten bis zum letzten Vers negativ um die Überwindung von Schöpfungsvergessenheit und positiv um die Einübung in Schöpfungsbewusstsein und Schöpfungsdankbarkeit. Für mich hat bis in meine eigene Spiritualität hinein Sure 55 eine zentrale Bedeutung. Ich lese sie oft zusammen mit Psalm 104.

Die andere Seite dieses Zentrums bildet die Gerichtstheologie. Viele Suren mahnen zur Schöpfungsdankbarkeit und -verantwortung vor Gott, weil es eine zweite Schöpfung geben wird: die aus dem Tod. Am »Ende der Tage« kommt das Gericht Gottes, dann wird jeder Mensch aus seinem/ihrem Grab erweckt und noch einmal vor Gott gestellt, Mann oder Frau, reich oder arm, weiß, braun oder schwarz. Jeder, jede muss sich vor Gott verantworten. Diese Gerichtsbotschaft vom doppelten Ausgang (»Himmel« und »Hölle«) ist auch heute noch für viele Menschen unbequem, ja anstößig und so völlig inakzeptabel. Das war schon zu des Propheten Zeiten so und hat sich bis heute nicht geändert. Aber die doppelte Schöpfungstheologie ist ein gemeinsames Vermächtnis aller drei abrahamischen Religionen. An ihr ist nichts abzustreichen. Billiger ist sie nicht zu haben. Aber sie muss zugleich grundsätzlich als Gleichnisrede sorgfältig interpretiert werden und darf nicht zum Material für Angst- und Hasspredigten werden. Das war sie zu Zeiten des Propheten auch nicht. Mohammed war ebenso wenig wie Jesus ein Höllenprediger, aber ein, um im Bild zu bleiben, Höllenwarner. Das ist ein Unterschied. Ein Höllenwarner möchte Menschen vor der Hölle bewahren, sie durch Umkehr vor der Hölle retten, ein Höllenprediger will Menschen in sie hineinschicken.

Im Hintergrund ist auch die Vorstellung von einem Gott, der den Menschen ein Leben lang fern, unergründlich und rätselhaft bleibt, nach dem Tod aber die Liste der Verfehlungen des Menschen auspackt, und dann droht die Hölle. Die Höllenangst ist groß bei vielen Muslimen. Es gibt Geschichten, dass Frauen, die kein Kopftuch tragen in der Hölle an jedem einzelnen Haar aufgehängt werden.

Das gibt es, leider. Und sadistische Horrorstories gibt es in vielen Religionen. Das gibt dem Klischee immer neue Nahrung, der islamische Gott sei vor allem ein strafender und unterdrückender Gott, fern den Menschen, ein Gott, der nichts als Unterwürfigkeit unter seine Autorität fordert und gnadenlos Menschen zur Hölle verdammt. Aber haben traditionelle christliche Theologien und Predigten weniger Höllenangst verbreitet? Ist in dem Weltgerichtsszenario im 25. Kapitel des Matthäusevangeliums nicht davon die Rede, dass die von Christus »Verfluchten« in das »ewige Feuer« gehen, »das dem Teufel und seinen Engeln bestimmt ist«? Und das ist wahrhaftig nicht die einzige Stelle im Neuen Testament. Auf beiden Seiten geht es, wenn solche Angst verbreitet wird, meist um die Macht von Gottes Bodenpersonal, und weniger um die des gnädigen Gottes. Von dem aber ist zum Auftakt jeder Sure nicht zufällig die Rede. Und »im Namen Gottes, des Allerbarmenden und Barmherzigen« verbietet es sich, Menschen unbarmherzig zu verdammen, wie dies bestimmte Prediger auf allen Kanzeln gerne tun. Von dieser Mitte aus ist Gottes Verhältnis zum Menschen zu bestimmen. Einer der Verse im Koran heißt: »Wir haben den Menschen erschaffen und wissen, was seine Seele ihm einflüstert. Wir sind ihm näher als seine Halsschlagader« (Sure 50,16). Gott als dein Schöpfer sorgt auf verborgene Weise für dich und ist dir nah – das ist ebenfalls ein starkes Motiv in der islamischen Frömmigkeit. Wer den Koran von innen kennt, hört auf, mit billigen Schemata zu arbeiten.

Lessing, Goethe und Rilke über den Islam

Stimmt mein Eindruck, dass in den vergangenen Jahren für Sie die Beschäftigung mit anderen Religionen vor allem die Beschäftigung mit dem Islam bedeutet?

Durchaus. Hier ist eine große Dynamik entstanden, hier gab und gibt es ja auch eine Menge Nachholbedarf. Es gibt Konflikte in der internationalen Politik, in intellektuellen Diskursen. Und das alles wird sich in den kommenden Jahren noch verschärfen. Da kann ich als Brückenbauer vielleicht einen kleinen Beitrag leisten. Ich kenne mich inzwischen im Koran gut aus, auch in der deutschsprachigen islamischen Gegenwartstheologie, und habe mich mit der Islam-Rezeption in der deutschsprachigen Literatur beschäftigt, was ja zeigt, dass es traditionell ein großes Interesse auch deutscher Schriftsteller am Islam gegeben hat. Urmodell ist Lessings »Nathan« mit seiner geschichtlich beispiellosen Aufwertung islamischer Figuren in einer islamfeindlichen Welt Ende des 18. Jahrhunderts. Zu nennen ist auch Rainer Maria Rilkes Begegnung mit dem Islam auf seinen Reisen 1910 und 1912 durch Nordafrika, Ägypten und Spanien, seine Islam-Erfahrung in Cordoba, seine Koran-Lektüre in Ronda. In der Gegenwartsliteratur verweise ich auf die Bücher von Barbara Frischmuth und Christoph Peters, die sich intensiv mit Orient, Islam und Sufismus auseinandergesetzt haben (»Die Schrift des Freundes«, Roman 1998; »Selfie mit Sheik«, Erzählungen 2017). Über allem steht Goethes »West-östlicher Divan«. 2020 habe ich ein eigenes Buch dazu vorgelegt: »Goethe und der Koran«.

... Manche Muslime sagen, dass Goethe in Wahrheit ein Muslim gewesen sei ...

... weil er in der Ankündigung seines »Divan« öffentlich erklärt hat, der Verfasser lehne »den Verdacht nicht ab, dass er selbst ein Muselmann sei«. Auch hat er sich zu muslimischen Paradiesvorstellungen positiv geäußert; seinen »Divan« schließt er ja nicht zufällig mit dem »Buch des Paradieses« ab. Dann hat er öffentlich erklärt, dass er sich nicht scheue, der Nacht zu gedenken, in der der Koran »herabgesandt« worden sei. Gemeint hat er die Lailat al-Qadr, die »Nacht der Bestimmung«, wie Muslime sie nennen, und im Verlauf des Fastenmonats Ramadan feiern. Wichtig auch, dass Goethes Ablehnung einer christlichen Kreuzesverehrung oder gar -theologie mit dem Koran konform geht, der ja mit Sure 4,157 eine Kreuzigung Jesu direkt ablehnt. Nein, Berührungsängste zur Welt des Islams und sogar zu bestimmten islamischen Glaubenslehren hatte Goethe nicht, aber eine Identifikation mit einem Scharia-Islam, einem verrechtlichten, institutionalisierten Islam kam für ihn nicht in Frage. Am Fall seines geistigen »Zwillings« und großen Dialogpartners, des persischen Dichters Hafis (1320–1390), hatte er ja genügend erfahren, was die orthodoxen Sittenwächter aus dem Islam gemacht haben und mit wie vielen Verboten, Repressionen und Verketzerungen sie die Freiheit der Muslime unterdrückt hatten. Aber gelegentliche Äußerungen Goethes wie die zitierten und vor allem bestimmte Dichtungen im »Divan« werden von Fundamentalisten ausgebeutet, um Goethe für ihren Islam zu vereinnahmen. Nach dem Motto: Goethe ist unser und hilft uns, Deutschland zu missionieren. Das ist absurd.

Aber passen nicht tatsächlich viele seiner pantheistischen Vorstellungen eher zum Islam als zum Christentum?

Ja, Goethes Vorstellung, dass die göttliche Energie in den Werken der Schöpfung spürbar ist, in jeder Blüte, jedem Baum, in jedem Flussbett. Alles, was lebt, hat diese Energie. Dazu konnte er die schöpfungstheologischen Suren sehr gut gebrauchen. Es gibt sehr früh schon Abschriften Goethes aus dem Koran. Sie sind uns erhalten geblieben. Die Originalhandschrift liegt im Goethe-Museum in Düsseldorf. Bezeichnenderweise hat er sich vor allem solche Suren herausgeschrieben, in denen es um die Immanenz Gottes geht, die Präsenz des Schöpfers unter den Zeichen seiner Schöpfung.

Interessant ist ja, wie sehr sich die Autoren und Philosophen der Aufklärung und dann der Klassik für den Islam interessierten – als rationales, tolerantes, großzügiges Gegenbild zum engstirnigen und unaufgeklärten Christentum.

Das versuche ich mit meinen Untersuchungen zu zeigen, vor allem mit meinem Lessing- und meinem Goethe-Buch. Den »anderen Islam«, der bei der politischen Vergiftung heute überhaupt nicht mehr gesehen wird. Es ist der »poetische Islam« bei Goethe und der »tolerante« bei Lessing. »Nathan der Weise« zum Beispiel war nie richtig danach untersucht worden, welche Rolle dort der Islam spielt, welche Rolle er für Lessing spielt. Dabei konnte man kaum übersehen: Das Drama spielt im überwiegend muslimisch bewohnten Jerusalem zur Kreuzzugszeit, kennt mit Sultan Saladin, dessen

Schwester Sittah und einem Derwisch namens Al-Hafi drei zentrale muslimische Figuren. Viele Forscher haben das als Ausschmückung und Beiwerk bewertet, nach dem Motto: Die Geschichte spielt nun einmal im Orient, da müssen auch ein paar Muslime auftreten. Das sage aber nicht viel über Lessings Interesse am Islam. Dabei hatte sich Lessing, wenn man gründlich genug forscht, intensiv mit der islamischen Frühgeschichte beschäftigt, hatte den Koran studiert, die islamische Philosophie. Ohne dieses Hintergrundwissen wiederum kann man auch die Bedeutung der Ringparabel nicht richtig erfassen. Die erzählt im Stück bekanntlich ein Jude einem Muslim, und dieser kann zustimmen. Nicht zufällig. Ich habe dann auch in der islamischen Tradition Parallelen zur Ringparabel gefunden. In dieser über 1400 Jahren gewachsenen Kultur sind noch Schätze vorhanden und zu entdecken. Es wird Zeit, dass wir auch hier von eingefrorenen Klischees Abschied nehmen und die Komplexität der islamisch geprägten Kultur wahrnehmen, die bekanntlich eine eigene Weltkultur bildet.

Und das Thema »Goethe und Islam«? Was war hier das Interesse? Sicher nicht, noch ein Buch zu Goethe zu schreiben.

Sicher nicht. Aber wichtig war mir: Dieser Dichter ist ja nicht irgendwer in der deutschen Kultur. Wenn gerade er einen exemplarischen geistigen Austausch zwischen Orient und Okzident, Islam und Christentum gefordert und betrieben hat, dann hat dies nach meiner Überzeugung Modellcharakter. Will sagen: Dann bekommen wir Nachgeborene Maßstäbe in die Hand, die uns zu Vergleichen herausfordern: Auf welchem Niveau und mit welcher Komplexität hat schon Goethe die Welt des Islam wahrgenommen und rezipiert. Und wir? Und unser Niveau? Unser Wissensstand von islamischer Koranologie, Rechtswissenschaft, Poesie, Philosophie und Mystik? Sind nicht allzu viele bei uns allzu rasch geneigt, den politisch totalitären Islamismus (der Mord und Terror rechtfertigt und den es mit allen Waffen des Geistes und des Rechts zu bekämpfen gilt) zum Alibi zu machen und sich eine komplexere Wahrnehmung der islamischen Welt zu schenken? Sie haben Goethes Auseinandersetzung mit Orient und Islam noch vor sich.

Zwiespältige Religionspolitik heute

In der wissenschaftlichen islamischen Theologie passiert da sehr viel, gerade in Deutschland, an den neu entstandenen und entstehenden islamischen Fakultäten. In vielen Gemeinden erlebe ich da aber eher den Rückzug aufs Althergebrachte. Der Dialog ist sehr schwierig geworden. Erst recht, seit nach dem gescheiterten Putsch in der Türkei 2016 der dortige Präsident Recep Tayyip Erdogan als Autokrat regiert und das Religionsministerium in Ankara den deutschen Moscheeverband Ditib hart auf Linie gebracht hat.

Das macht mir große Sorgen, wenn die Religion einmal mehr nationalistisch instrumentalisiert wird, ob islamistisch oder gegenwärtig russisch-orthodox. Die Eröffnung der Ditib-Moschee 2018 in Köln war für mich dafür ein abschreckendes Beispiel. Dass die Moschee so groß und auffällig gebaut werden konnte, war – nach heftigen Debatten – bei einer breiten Mehrheit auch nichtmuslimischer Menschen in Köln akzeptiert. Die Kirchen unterstützten das Projekt, auch die Stadtverwaltung. Man erhoffte sich einen Schub für den interreligiösen und interkulturellen Dialog.

Eine Religion, die vier Millionen Gläubige in Deutschland versammelt, sollte auch öffentlich sichtbar sein, auch das gehört zur Religionsfreiheit.

Auch das war und ist ein wichtiges Motiv: Die Bundesrepublik garantiert in ihrer Verfassung ja das Recht auf öffentliche Religionsausübung – dabei spielt es übrigens keine Rolle, ob andere Staaten dies auch tun. Die Religionsfreiheit ist ein universales Menschenrecht, keine Handelsware nach dem Motto: Ich gebe, wenn Du mir gibst. Entsprechend sollte die Moschee in Köln ja auch transparent sein für die nichtmuslimische Öffentlichkeit, mit Führungen, mit Kursen, mit Gesprächen. Die Stadtgesellschaft sollte sich freuen, dass nun auch die Muslime ein würdiges Gebäude haben, einen sichtbaren Ort des Gebets und der Versammlungen. Dann kommt Staatspräsident Erdogan zur Eröffnung, und es bleibt das Signal: Diese Moschee ist ein Ort des türkischen Nationalismus, die Ditib ein verlängerter Arm der Erdogan-Regierung. Das fand ich mit vielen anderen für den Dialog Engagierten nicht nur enttäuschend, sondern beunruhigend. Dass Erdogan bald darauf, im Juli 2020, die Hagia Sophia in Istanbul demonstrativ in eine Moschee hat umwandeln lassen, war ein weiteres Zeichen seiner Politik des islamistischen Triumphalismus. Das zerstörte noch zusätzlich das Vertrauen. Dialog sieht anders aus. Ohne wechselseitiges Vertrauen macht er keinen Sinn, wenn er nicht zu dem werden soll, was schon Heine als »Maulkampf« parodiert hat: eine verkappte Missionsveranstaltung.

Waren Sie, waren wir, die wir immer den Wert dieses Dialoges betont haben, zu optimistisch? Haben wir naiv immer nur auf die schönen theoretischen Möglichkeiten geschaut und die nicht so schöne Realität übersehen?

Was heißt zu optimistisch? Das Wort ist mir zu vage. Aber Dialog baucht Vertrauen, keine Frage, das Vertrauen nämlich, dass der/die Andere das Gespräch mit mir so ernst meint wie ich selber. Dialog ist deshalb auch immer riskant und kann schiefgehen. Aber man kann ihn nicht führen, ohne dieses Risiko einzugehen, und Ja: Da bin ich auch enttäuscht worden. Statt sich zum Beispiel auf die Positionen der christlichen Gesprächspartner einzulassen, verfolgen bestimmte muslimische Gesprächspartner ausschließlich Eigeninteressen, zum Beispiel, die Religionsfreiheit in Deutschland maximal für die Selbstdarstellung ihrer eigenen Religion auszunutzen. Alles andere interessiert sie nicht. Aber Religionsfunktionäre sind keine Dialogpartner, sondern Interessenvertreter. Das muss man wissen. Zur Religionsfreiheit gehört auch die Freiheit, die Religion des Gegenübers ernst zu nehmen. Und vor allem: Dialog ist grundsätzlich auf Wechselseitigkeit angelegt.

Aber zu meiner Erfahrung gehört auch, dass es mittlerweile viele Musliminnen und Muslime bei uns gibt, die bereit sind, sich auf solche wechselseitigen Lernprozesse einzulassen. Es gibt ungezählte junge Menschen an den Universitäten, aber auch in den Moscheegemeinden, die sagen: Wir wollen als lernbereite Muslime in einer pluralen Gesellschaft leben. Das ist Ausdruck unseres Islams und nicht ein Widerspruch dazu. Dieses Bewusstsein ist in den islamischen Kernländern einschließlich der Türkei, von Saudi-Arabien und dem Iran nicht zu reden, noch sehr unterentwickelt und bestenfalls Sache einer Bildungselite. Trotzdem kein Grund, als Christen aus den Bildungsmilieus des Westens überheblich zu werden. Wie könnte ich vergessen, dass ich aus einer katholischen Tradition komme, die noch bis zum Zweiten Vatikanum, also bis Mitte der 1960er-Jahre, lehramtlich allen Nichtchristen mit der Hölle gedroht hat, wenn sie sich vor ihrem Tod nicht haben taufen lassen.

Was ist das Ziel des interreligiösen Dialogs?

Es wachsen leider auch auf christlicher Seite Fundamentalismus und Essentialismus, nach dem Motto: Der Islam ist nicht reformierbar, er ist eine Ideologie, die Krieg und Gewalt predigt und die Frauen unterdrückt.

Es gibt leider genügend Beispiele dafür, die dieses verkürzte Bild verfestigen. Und wer ein solches Narrativ verinnerlicht hat, sucht sich Beispiele, um sich immer wieder neu bestätigen zu lassen. Sie müssen ja nichts mehr lernen; sie wissen schon alles, vor allem über »die Anderen«. Ich will und darf da nicht blauäugig sein. Aber für mich ist es essentiell geworden, immer wieder das Gespräch zu suchen, Lernbereitschaft zu zeigen. Wer herumerzählt, »der Islam« sei nicht reformierbar, hat keine Ahnung von der Geschichte des Islam und vom Reichtum der islamischen Kultur. Dabei weiß ich, dass Lernbereitschaft – immer auf beiden Seiten notabene – nicht selbstverständlich ist, dass sie immer wieder investiert werden muss, weil es genügend »schreckliche Vereinfacher« auf beiden Seiten gibt. Essentialisten und Fundamentalisten, von denen Sie gesprochen haben. Das sind ja Leute die »den Islam« oder »den wahren Islam« oder »das Katholische« oder die »wahre katholische Lehre« zu kennen glauben und alles andere verketzern.

Wie kann sich die Theologie des interreligiösen Dialogs dagegen behaupten?

Wenn man sie tief im Gewissen verankert, in den Quellen des eigenen Glaubens. Wäre ich nicht davon überzeugt, dass es einen Auftrag gibt, mit den Anderen, mit Menschen also, die anders leben, denken und glauben als ich, in dialogischer Weise umzugehen, bliebe dieser Dialog Zeitgeistreiterei und würde beim ersten scharfen Gegenwind zusammenbrechen wie ein Kartenhaus. Für mich als Christenmensch aber ist interreligiöser Dialog nichts Beliebiges. Er ist doppelt verankert: In einem schöpfungstheologischen Menschenbild nach Genesis 1,26: Jeder Mensch ist als Abbild Gottes mit einer unantastbaren Würde und mit unveräußerlichen Rechten ausgestattet. Das ist das eine. Und das andere ist mit dem zentralen Gebot Jesu verbunden: »Liebe deinen Nächsten wie dich selbst.« Und man liebt einen anderen Menschen besonders dann, wenn man ihn in seinem Anderssein ernst nimmt und mehr von ihm, seiner Kultur und seiner Religion, wissen will, ihn gerade in seiner Verschiedenheit ernst nimmt. Und Wechselseitigkeit anstrebt. Nur mit einer solchen Grundhaltung hält man Enttäuschungen und Rückschlägen stand, widersteht vor allem der Urversuchung, bei negativen Erfahrungen in Resignation oder Zynismus zu verfallen.

Was also ist das Ziel des interreligiösen Dialogs?

Interreligiöser Dialog zielt für mein Verständnis nicht auf Gleichmacherei und Vergleichgültigung der Wahrheitsfrage, sondern darauf, die Andersheit des Anderen immer besser zu verstehen und dann, auf der Basis eines gesicherten Wissens, in ein Gespräch über das Unterscheidende und Unvereinbare einzutreten. Um es konkret zu sagen: Jahrhunderte haben Christen und Muslime ihre Heiligen Schriften mit einer Defizit- oder Triumph-Hermeneutik gelesen. Christen haben – im Vergleich zur Bibel – den Koran für »defizitär« erklärt, die Muslime haben behauptet, der Koran habe die Bibel überholt und ersetzt. Das sind die Denkschablonen, die in der Vergangenheit Dialog verhindert und Missionsstrategien hervorgebracht haben. Zukunft dagegen hat nach meiner Erfahrung eine Hermeneutik der Alterität, will sagen: der Andersheit. Sie erlaubt es zunächst – ohne Wertung von besser und schlechter – die Andersheit des Anderen zu verstehen, um dann, ohne Klischees oder Wunschdenken, das Unterscheidende und Trennende im Glauben genauso sachlich herauszuarbeiten.

Macht das resistent gegen Enttäuschungen und Krisen? Resilient, wenn es Rückschläge gibt?

Puh, das sagt sich jetzt so leicht. Ich sage es mal so: Ich kippe nicht gleich um, wenn mir da der Wind scharf ins Gesicht weht. Das hat mit den Verankerungen zu tun, von denen ich gerade sprach. Das hat mich widerstandsfähiger gemacht. Zugleich habe ich in den Überlieferungen zu Abraham auch so etwas wie eine »abrahamische Spiritualität« entdeckt. Sie meint nicht ein blauäugiges, sondern ein durch Krisen geprüftes Gottvertrauen. Dafür steht die Figur Abrahams. Er ist mein Held, nicht Sisyphos, nicht Odysseus. In meinem Buch »Die Bibel im Koran« kontrastiere ich, angeregt durch einen Text des jüdischen Philosophen Emanuel Levinas, die beiden Urwanderer der europäischen Kulturgeschichte: Odysseus und Abraham mit ihren jeweiligen Schicksalen. Und folge aus Überzeugung Abraham auf seinem Weg, aufzubrechen aus dem Vertrauten und Geborgenen auf einen Ruf Gottes hin.

Ganz allein stehen Sie ja zum Glück nicht – welche muslimischen Gesprächspartner machen Ihnen Hoffnung, dass da ein neuer Dialog entsteht, vielleicht jenseits der etablierten Verbände?

So viele, dass ich jetzt sicher welche vergesse. Mit Ahmad Milad Karimi arbeite ich hervorragend zusammen, dem Professor für islamische Philosophie an der Uni Münster, der mit 13 Jahren aus Afghanistan nach Deutschland kam. Karimi kennt sich in der Popkultur genauso aus wie in der islamischen und europäischen Philosophie und natürlich im Koran, den er selber ins Deutsche übersetzt hat. Wir organisieren Dialogseminare zusammen in verschiedenen katholischen und evangelischen Akademien. Ich lerne unablässig von ihm. Wir haben gemeinsam eine Tagung über Goethes »Divan« gemacht, aber auch über Figuren, die im Koran wie in der Bibel vorkommen. Ich nenne auch meine Kollegen im Zentrum für islamische Theologie hier in Tübingen, insbesondere Mahmoud Abdallah, der mein 2018 erschienenes Buch über die Begegnung von Bundeskanzler Helmut Schmidt mit dem ägyptischen Staatspräsidenten Sadat ins Arabische übersetzt hat. Das Buch ist 2021 in Kairo erschienen. Was mich zuversichtlich stimmt, ist die Tatsache, dass bei uns in Deutschland an den universitären Zentren für islamische Theologie eine Generation von muslimischen Theologinnen und Theologen herangewachsen ist, die Koranexegese betreiben, sich mit islamischer Mystik beschäftigen oder mit Fragen der Religionspädagogik und der Praktischen Theologie. Es gibt mittlerweile gut ausgebildete Sozialarbeiter in Gefängnissen oder in der Jugendarbeit, aber auch Klinikseelsorger, muslimische Kolleginnen und Kollegen also, die ihre Religion ernst nehmen, aber auch wissen, in welcher Gesellschaft sie leben. So hat Mahmoud Abdallah 2022 eine erste »Islamische Seelsorgelehre« in deutscher Sprache publiziert. Eine islamisch-theologische »Grundlegung« und zugleich »Perspektiven in einer pluralistischen Gesellschaft«.

Umgekehrt hat mein Kollege Georg Langenhorst, Professor für Religionspädagogik an der Universität Augsburg, 2014 eine »Trialogische Religionspädagogik« veröffentlicht: »Interreligiöses Lernen zwischen Judentum, Christentum und Islam« und 2017 mit einer evangelischen Kollegin ein neuartiges Unternehmen herausgebracht: »Kindertora – Kinderbibel – Kinderkoran« mit dem Untertitel: »Neue Chancen für (inter-)religiöses Lernen«. Auf dem Gebiet der Praktischen Theologie, gerade im Bereich des »Trilateralen«, ist viel Neuland erschlossen worden. Da sind geschichtlich beispiellose Prozesse im Gang, was ja nur zeigt, dass die multireligiöse Situation unseres Landes uns alle vor nie gekannte Herausforderung gestellt hat. Und die Praktikerinnen und Praktiker vor Ort, die in den Kindertagesstätten und Schulen zum Beispiel, sind die Ersten, die das zu spüren bekommen und sich darauf vorbereiten müssen.

Müsste da nicht der deutsche Staat mehr tun? Die Verbände, die nach dem deutschen Staat-Kirche-Verständnis den Religionsunterricht verantworten oder die Krankenhaus- und Gefängnisseelsorge tragen sollten, sind entweder klein oder fallen aus, wie die türkische Ditib.

Sie sprechen ein heikles strukturelles Problem an. Beim islamischen Religionsunterricht haben wir ja Wege gefunden, die Verbände und muslimische Einzelpersönlichkeiten zu beteiligen, ohne dass der Staat die Kontrolle abgibt. So gibt es im staatlichen Schulsystem immer mehr islamische Religionslehrerinnen und -lehrer, die eine ganz wichtige Arbeit leisten, nämlich einen mit der deutschen Verfassung und Lebensart kompatiblen Islam zu vermitteln. Einen Islam, gelebt in Deutschland. Völlig anders sieht es leider nach wie vor in den Gemeinden aus. Die müssen ihre Imame selbst bezahlen, was sie oft nicht können oder nicht wollen. Also akzeptieren sie nach wie vor Imame aus der Türkei. Das sind Leute, die sprachlich schlecht vorbereitet ins Land kommen und spätestens nach fünf Jahren wieder gehen müssen, nachdem sie einigermaßen Deutsch gelernt hatten. Wir sollten darüber nachdenken, ob und wie wir in Deutschland eine Religionssteuer für Muslime einführen, parallel zur Kirchensteuer, damit die Gemeinden theologisches und religionspädagogisches Personal einstellen können. Sonst dominieren weiterhin die Import-Imame aus der Türkei. Viele Moscheegemeinden aber mit Gläubigen, die jünger als 50 Jahre sind und vielfach in Deutschland geboren wurden, sind oft nicht mehr scharf darauf, dass bei ihnen Imame predigen, die von ihrem Leben keine oder nur wenig Ahnung haben. Ich weiß, dass damit strukturelle und rechtliche Fragen aufgeworfen sind, aber die sollte man einmal gründlich öffentlich im Für und Wider diskutieren. In jedem Fall bleibt die Situation mit den Import-Imamen unbefriedigend, nicht zuletzt für Muslime selber.

Über eine Sternstunde interreligiöser Begegnung

Sie haben einmal von einer Sternstunde interreligiöser Begegnung gesprochen und dabei auf ein »Religionsgespräch auf dem Nil« verwiesen.

Zuvor ein Geständnis: Mein Buch über die Begegnung von Helmut Schmidt, unserem früheren Bundeskanzler, mit dem damaligen ägyptischen Staatspräsidenten Anwar as-Sadat gehört für mich zu den schönsten, die ich geschrieben habe. Vielleicht, weil ich es am wenigsten erwarten konnte, ähnlich wie bei dem über einen anderen führenden deutschen Politiker, Theodor Heuss. Beide Publikationen sind Bücher der Hoffnung. Ich erinnere mich genau: Ich bekomme eines Tages einen der Bände von Schmidts »Erinnerungen« in die Hand, 1996 unter dem Titel »Weggefährten« publiziert, und stoße hier auf seine Geschichte mit Sadat. Sie hat mich sofort elektrisiert.

Warum?

Weil ich für meine interreligiöse Arbeit plötzlich eine Bestätigung und Unterstützung von unerwarteter Seite bekam, von einem national wie international angesehenen Politiker, der zur Welt der Religionen keinerlei Beziehung zu haben schien.

Was war der Hintergrund der Begegnung?

Sie erinnern sich: Jahrzehntelang hatten Israel und Ägypten blutige Kriege gegeneinander geführt. Der letzte lag gerade vier Jahr zurück, da unternimmt im November 1977 der damalige ägyptische Staatspräsident Anwar as-Sadat seine sensationelle Friedensreise nach Israel und spricht vor dem israelischen Parlament, der Knesset. Ich habe das schon angedeutet. Tiefgläubiger Muslim, der er war, will Sadat aus seiner Glaubensüberzeugung heraus ein Friedenszeichen für die Völker setzen, aber durchaus auch als Realpolitiker die Interessen Ägyptens wahren. Welch ein Tag in der Geschichte von Juden und Muslimen, dieser 20. November 1977, als Sadat in Israel den Israelis die Hand zum Frieden reichte. Und welch ein seltsamer Moment auch der interreligiösen Begegnung Muslim-Christ, den Helmut Schmidt in Zusammenhang mit Anwar as-Sadat überliefert.

Wobei man auch sagen muss, dass Sadat mit harter Hand innenpolitisch regierte.

Sadat war eine ambivalente Persönlichkeit, autoritärer Herrscher und Reformer in einem. Sein Regiment nach innen war diktatorisch, aber er hat den Ausgleich mit Israel gesucht. Der Preis, den er dafür zahlte, war seine Ermordung durch einen Fanatiker aus den Reihen der islamistischen Muslimbrüder am 6. Oktober 1981 während einer Militärparade.

Sie schreiben von einem »Religionsgespräch auf dem Nil«.

Ja, denn der Höhepunkt der Begegnung Schmidt-Sadat war eine gemeinsame Nilreise von Luxor nach Assuan, die am 31. Dezember 1977 im Anschluss an einen Staatsbesuch des Kanzlers stattgefunden hat. Es sollte eine besondere »Silvesternacht« werden, die Helmut Schmidt ein Leben lang nicht vergessen wird. Nicht nur der Atmosphäre wegen: der Sternenhimmel Ägyptens, der Fluss, Lebensader einer uralten Kultur, der Zauber einer Nacht. Sondern vor allem wegen des Inhalts der Gespräche. Denn der Ägypter und bekennende Muslim erklärt dem in religionsgeschichtlichen Fragen bis dahin ahnungslosen deutschen Partner die ursprünglichen Zusammenhänge von Judentum, Christentum und Islam, erzählt ihm vor allem von Überlieferungen, die Bibel und Koran gemeinsam haben: all diese Überlieferungen von Adam, Noach, Mose, Abraham, Josef bis hin zu Johannes, Jesus und Maria. Auch vom gemeinsamen Verständnis Gottes als Schöpfer und Richter von Welt und Mensch. Aber am meisten ist Helmut Schmidt beeindruckt von dem Faktum, dass Juden, Christen und Muslime sich nach biblischem und koranischem Zeugnis als »Kinder Abrahams« verstehen können.

Was zog er daraus für Konsequenzen?

Schmidt ist wie elektrisiert und macht sich noch auf dem Schiff Notizen von diesem Gespräch, denn er erkennt sofort das Potential dieser gemeinsamen Überlieferungen für eine mögliche Weltfriedenspolitik. Zugleich springt ihn der Zorn über Religionsvertreter an, die ihren Gläubigen dieses Wissen um die gemeinsamen Überlieferungen weitgehend vorenthalten und stattdessen Spaltung und Triumphalismus auf Kosten anderer Religionen gepredigt haben. Umso entschiedener setzt Helmut Schmidt sich selber von 1978 an bis in sein hohes Alter hinein öffentlich dafür ein, dass Menschen das interreligiöse Gespräch suchen und die gemeinsamen Werte der Religionen erkennen. Sadat ist er immer aufs Neue dankbar für all das, was er von ihm hat lernen können, vor allem durch das Nachtgespräch auf dem Nil. Wie sehr, zeigt die Tatsache, dass Schmidt seine Aufzeichnungen mit einer Anspielung auf Sadats Ermordung enden lässt: »Der Mord am 6. Oktober 1981 setzte allen Vorhaben und Visionen dieses ganz und gar ungewöhnlichen Mannes ein Ende. Er war von einer für Regierungschefs ungewöhnlichen Offenheit gewesen, und niemals vorher oder nachher habe ich mit einem ausländischen Staatsmann derart ausführlich über Religion gesprochen. Ich habe ihn geliebt. Wir waren bis auf zwei Tage gleichaltrig. Unsere nächtliche Unterhaltung auf dem Nil gehört zu den glücklichsten Erinnerungen meines politischen Lebens«. Hört man auch nicht alle Tage: Das öffentliche Liebesbekenntnis eines deutschen Politikers einem Muslim gegenüber.

Warum aber auch ein exemplarischer Text für interreligiöses Lernen?

Exemplarisch daran ist: Zuerst Ahnungslosigkeit, Ignoranz, plötzlich eine Begegnung mit einem konkreten Gegenüber. Diese Begegnung ist entscheidend. Die verändert alles. Der Andere und seine Anliegen sind im Blick. Nicht länger die kalte Schulter, das herunter geklappte Visier. Immer, wenn ich diese Passage überdenke, wird mir bewusst, was interreligiöse Kommunikation im Tiefsten und Besten sein *kann:* Aufschließen des Herzens des Anderen und ihn freimachen für das Beste und Tiefste, was die eigene Tradition zu sagen hat. Eine Lebenserfahrung ist hier beschrieben, die ich selber vielfach gemacht habe. Oft sind es nicht Bücher, sondern Menschen, die einem neue Welten erschließen, neue Horizonte eröffnen. Wie oft ist es zu »Vergegnungen« gekommen, dann die eine, alles entscheidende Begegnung, um noch einmal das Wortspiel von Martin Buber aufzunehmen. Plötzlich ist man erstaunt, wie wenig man voneinander wirklich weiß und wie viel man miteinander teilt, wenn man die Überlieferungen vergleicht. Und wie viel an Friedensengagement entstehen *könnte*, wenn man das Gemeinsame in den Religionen wirklich ernst nähme. Zugleich zeigt diese Geschichte: Friedensstifter leben gefährlich. Oft zahlen sie den Preis ihres Lebens. Die Liste ist erschütternd: Mahatma Gandhi, Martin Luther King, Jitzchak Rabin, Anwar as-Sadat.

Wie kam es dann zu einem eigenen Buch?

Als 2018 der 100. Geburtstag von Schmidt und Sadat anstand, sah ich eine auch publizistisch günstige Gelegenheit, die ganze Geschichte gründlich aufzuarbeiten und das Exemplarische an ihr zu demonstrieren. Ich nahm unter anderem Kontakt mit dem Neffen von Präsident Sadat auf, Mohammed Anwar as-Sadat, Vorsitzender einer »Association for Social Developement and Welfare« in Kairo. Auch mit der Witwe von Sadat, Dschihan (Jehan) as-Sadat, deren Bücher ich gelesen hatte: »Ich bin eine Frau aus Ägypten« von 1987 und »Meine Hoffnung auf Frieden«, 2009 in der deutschen Ausgabe nicht zufällig mit einem Vorwort von Helmut Schmidt publiziert. Ich habe ihr mein Vorhaben geschildert und von ihr einen wunderbar ermutigenden Brief bekommen. 2021 ist sie hochbetagt gestorben. Ich war überzeugt, bei dem Treffen von Schmidt und Sadat auf eine Sternstunde interreligiöser Begegnung gestoßen zu sein – buchstäblich unter Sternen. Ich wollte, dass das nicht vergessen wird. Und auf zwei Nilreisen mit einer Reisegruppe von Lingua et Cultura Mainz habe ich selber 2019 diese Erfahrung nachvollziehen können. Nach Kontakten mit der Bundeskanzler-Helmut-Schmidt-Stiftung in Hamburg fuhr ich auch für Recherchen nach Hamburg-

Langenhorn in den Heuberger Torweg, wo Schmidt auf dem Gelände seines ehemaligen Wohnhauses sein Archiv hatte errichten lassen, und konnte noch vieles Unentdeckte erschließen. Auch Fotos von der Nilreise erwerben, die ins Buch eingegangen sind. Und nicht zuletzt in seiner Bibliothek die Literatur zu Bibel und Koran ausfindig machen, die Schmidt studiert hatte. So erschien dann 2018 mein Buch unter dem Titel »... dass wir alle Kinder Abrahams sind«: Helmut Schmidt begegnet Anwar as-Sadat. Ein Religionsgespräch auf dem Nil«. 2021 dann auch in Kairo die erwähnte arabische Ausgabe.

VII.

Eine Reise nach Taipeh und die Folgen

Wie sind Sie mit Buddhismus und Hinduismus, Konfuzianismus und Taoismus in engeren Kontakt gekommen?

Die Initialzündung ging aus von einer erstmaligen Einladung auf die Insel Taiwan 1986. Die dortige Fu Jen University in Taipeh veranstaltete in diesem Jahr einen Kongress zu »Religion and Literature« und zwar unter Teilnahme des schon damals vor allem durch seinen Roman »Schweigen« (1966) auch international bekannten japanischen Schriftstellers Shūsaku Endō (1923–1996), der zugleich einer der wenigen hochrespektierten christlichen Intellektuellen in Japan war. Sein Roman spielt nicht zufällig im 17. Jahrhundert, in der Zeit der brutalsten Christenverfolgungen in Japan. Endos Erscheinen und Rede war denn auch der unbestrittene Höhepunkt auf dem Kongress. Durch mein 1978 erschienenes Buch »Jesus in der deutschsprachigen Gegenwartsliteratur« und weitere Arbeiten zu »Religion und Literatur« war ich sogar einem deutschstämmigen Professor an der Fu Jen aufgefallen, dem Steyler Pater Peter Venne. Nach einem Besuch in Tübingen lädt er mich zu einem Vortrag auf dem Kongress ein, erstmals eine Chance für mich, nach Asien zu reisen und auf der Reise nach Taipeh auch in New Delhi, Bangkok und Hongkong Station zu machen.

Worüber haben Sie damals gesprochen?

Ja, über welches Thema sollte ich als Deutscher sprechen, das für einen internationalen Kongress in chinesischem Kontext passen würde? Ich hatte den glücklichen Einfall, über die Auseinandersetzung mit China zu sprechen, wie sie sich in den Werken von zwei großen deutschsprachigen Schriftstellern in der ersten Hälfte des 20. Jahrhunderts spiegelt: Hermann Hesse und Bertolt Brecht. Das müsste doch, so meine Erwartung, für die chinesischen Teilnehmer:innen an diesem Kongress von Interesse sein. Meinen Vortrag halte ich in englischer Sprache. Es ist meine erste Berührung mit diesem Thema und auch mit dem asiatischen Kontinent.

Hesse, Brecht und die Weisheit Asiens

Über dieses Thema haben Sie dann viele Jahre später sogar ein Buch geschrieben: »Im Fluss der Dinge« (2018).

Anderen Themen zugewandt, blieb das große, längst nicht ausgeschöpfte Thema lange liegen, bis ich einen Doktoranden dafür interessieren konnte: Christoph Gellner, heute Leiter des Theologisch-Pastoralen Bildungsinstitut in Zürich und Lehrbeauftragter an der Universität Luzern. Er ist es, der als Theologe die erste große wissenschaftliche Studie über »Fernöstliche Religion und Philosophie bei Hermann Hesse und Bertolt Brecht« erarbeitet hat, mit der er 1996 an der Katholisch-Theologischen Fakultät der Universität Tübingen promoviert wird. 1997 erscheint sie unter dem Titel »Weisheit, Kunst und Lebenskunst« und zeigt über die literaturwissenschaftlich exakten Untersuchungen hinaus exemplarisch, dass man unter Wahrung der jeweiligen Autonomie von Literatur und Theologie auch in ein theologisches Gespräch im Sinne eines »offenen Dialogs« mit diesen Autoren eintreten kann: »Weisheit, Religion und Lebenskunst: Perspektiven eines theologischen Gesprächs mit Hesse und Brecht«. Aber auch mich selber ließ das Thema nicht los, zumal in der Folgezeit viel an neueren Forschungen erschienen war, vor allem zum Einfluss des Taoismus auf Hesse und Brecht. Das ist denn auch der Focus meines Buches zwanzig Jahre später: »Im Fluss der Dinge. Hermann Hesse und Bertolt Brecht im Dialog mit Buddha, Laotse und Zen«.

Bei Hermann Hesse kann man den Einfluss fernöstlicher Religionen noch nachvollziehen, weil ihn die indische und später die chinesische Philosophie, Gedankenwelt, Religiosität faszinierte und er dies alles in seinen Werken für Europäer anschaulich machte. Aber Brecht?

Sie werden lachen: Das schönste Gedicht der deutschsprachigen Literatur zu Laotse hat Brecht geschrieben. Es trägt den Titel: »Legende von der Entstehung des Buches Taoteking auf dem Weg des Laotse in die Emigration«. 1938 ist es entstanden. Ein Schlüsselwerk der Exilliteratur, in dem es um die Frage geht, ob und wie sich der Glaube an den gesellschaftlichen Fortschritt gegen alle Widerstände der herrschenden Kräfte behaupten kann. Stalinismus und Faschismus waren diese herrschenden Kräfte damals. Und sie schienen zu triumphieren. In Aufnahme und Abwandlung des Wasser-Bildes von Spruch 78 aus dem Taoteking heißt es in Brechts Gedicht: »… dass das weiche Wasser in Bewegung / Mit der Zeit den mächtigen Stein besiegt / Du verstehst, das Harte unterliegt.« Es ist ein Lob der Kraft der Schwachen. Brecht hatte sich seit den 1920er-Jahren mit dem Taoismus beschäftigt und dann wieder ab den 1930er-Jahren, vor allem während seines Exils in Dänemark. Später wird Brecht das Wasser-Bild noch einmal politisch zuspitzen und zwar in seinem Stück über den listigen tschechischen Antihelden Schwejk. Zwei Strophen daraus, die ich mir wie das Laostse-Gedicht immer wieder aufsage, wenn ich angesichts der weltpolitischen Verhältnisse mutlos zu werden beginne:

»Es wechseln die Zeiten. Die riesigen Pläne
Der Mächtigen kommen am Ende zum Halt.
Und gehn sie einher auch wie blutige Hähne
Es wechseln die Zeiten, da hilft kein' Gewalt.

Am Grunde der Moldau wandern die Steine.
Es liegen drei Kaiser begraben in Prag.
Das Große bleibt groß nicht und klein nicht das Kleine.
Die Nacht hat zwölf Stunden, dann kommt schon
der Tag.«

Sie spielen auf Brechts Exilort Svendborg an der Südküste der Insel Fünen an, wo Brecht von 1933 bis 1939 sechs trotz allem höchste produktive Jahre verbracht hat.

Eine meiner für mich eindrücklichsten Reisen im Vollzug einer »sinnlichen Literaturwissenschaft« hat mich nach Svendborg geführt. 2018 konnte ich das Brechtsche Haus »unter dem dänischen Strohdach« für eine Woche mieten, da es, verwaltet von einer örtlichen Stiftung, Wissenschaftlern oder Künstlern zu Verfügung steht. Die Adresse lautet wie zu Brechts Zeiten: Svendborg, Skovsbostrand Nr. 8. Hier ist das Laotse-Gedicht entstanden, das dann in Brechts bedeutendste Gedichtsammlung eingegangen ist: in die »Svendborger Gedichte« (1939). Brecht hat mit dieser Ausgabe seiner Exil-Gedichte dieses kleine dänische Städtchen zu einem Ort der Weltliteratur gemacht.

Darin ist auch Brechts Gedicht »Das Gleichnis des Buddha vom brennenden Haus« aufgenommen worden.

In der Tat ist dieser Text das Schlüsseldicht zur Brechts Buddhismus-Rezeption. Es hat seine eigene Vor- und Nachgeschichte. Ich fand es spannend, den Suchbewegungen eines so intellektuell wachen Mannes wie Brecht nachzugehen, der für das Verhalten von Menschen in Krisenzeiten Anschluss und Orientierung an ethischen Überlieferungen sucht, die nicht korrumpiert und ruiniert waren wie die christlich-kirchlichen durch den Ersten Weltkrieg. Und da waren die großen ethischen Traditionen Asiens, Chinas vor allem, verlockend und Maßstäbe setzend. Das gilt vor allem für den Konfuzianismus und Taoismus und in eingeschränktem Maße auch für buddhistische Überlieferungen. Bei Hesse galt es, Ähnliches zu entdecken. Die heutige Forschung, der ich mich angeschlossen habe, hat herausgearbeitet, dass Hesse spätestens mit »Siddhartha« von 1922 eine Kehre vollzogen hat – von der Beschäftigung, teilweise Identifikation, mit indischem und buddhistischem Denken hin zum chinesischen. Ich bin dann der Frage nachgegangen, warum deutschsprachige Intellektuelle vor und nach dem Ersten Weltkrieg vom Denken des Taoismus derart beeindruckt waren, dass sie Europa damit kritisch den Spiegel haben vorhalten können. Neben Hesse und Brecht gehören ja auch Alfred Döblin, Martin Buber, Hugo Ball und Alfred Henschke (»Klabund«) dazu. Und das sind längst noch nicht alle.

Vordenker des interreligiösen Dialogs

Im Rahmen Ihres Forschungsprojektes gingen dann die Arbeiten zum Thema »Weltreligionen im Spiegel der Literatur« weiter.

Nachdem ich mich zunächst auf Judentum und Islam konzentriert hatte, rückten mehr und mehr auch Arbeiten zur Rezeption asiatischer Religionen in den Focus, beschleunigt durch einige Reisen nach 1986, insbesondere nach Indonesien und China zu interreligiösen Gesprächen in Jakarta (zu Fragen des Dialogs mit dem Islam) oder in Peking (zu Fragen eines Weltethos mit chinesischen Wissenschaftlern) oder zu Tagungen des »Deutsch-Ostasiatischen Wissenschaftsforums« der Universität Tübingen in Schanghai, Hongkong und Kyoto. Mein Kollege von der juristischen Fakultät, Professor Heinz-Dieter Assmann, damaliger Vorsitzender des »Forums«, hat mich dazu eingeladen.

So kann ich es wagen, in einer Reihe des »Studium Generale« der Universität Tübingen über »Vordenker des interreligiösen Dialogs« (WS 2010/11) Vorlesungen zu halten. Ich behandelte neuere Denker des Hinduismus wie Vivekananda und Mahatma Gandhi, des Buddhismus wie Thich Nhat Hanh, spreche über christliche Pioniere des Dialogs mit dem Zen-Buddhimus wie Hugo Enomiya-Lassalle und mit dem Taoismus wie Thomas Merton, gebe Rechenschaft über die Arbeiten großer jüdischer Gelehrter wie Martin Buber und Abraham Joshua Heschel, die das interreligiöse Gespräch aus den Quellen des Judentums heraus begründeten, setze mich aber auch mit dem Werk des einflussreichen deutschen Sinologen Richard Wilhelm ebenso auseinander wie mit dem eines christlichen Ökumenikers wie Hans Küng, der seine interreligiöse Arbeit mit dem »Projekt Weltethos« zu krönen wusste. Und vergesse dabei auch einen großen Dichter nicht, der mehr als andere Schriftsteller des 20. Jahrhunderts für einen Dialog vor allem mit den Religionen asiatischen Ursprungs getan hat: Hermann Hesse. Richard Wilhelm, Thomas Merton bringen mir erstmals vor allem Laotse und den Taoismus näher. Mein Buch »Leben ist Brückenschlagen« fasst das alles zusammen.

Auch von Rilke gibt es »Buddha«-Gedichte, mit denen Sie sich beschäftigt haben – Sie haben es schon erwähnt.

Rilke tat etwas, was bis dahin kein deutschsprachiger Autor gewagt hat: ein Gedicht über Buddha zu schreiben. Es gibt sogar deren drei, die zwischen 1905 und 1908 entstanden sind und Eingang gefunden haben in die Schlüsselbände seiner mittleren Periode, in die »Neuen Gedichte«, erster und zweiter Teil (1907 und 1908). Ich habe das eingangs kurz erwähnt. Die Geschichte dieses ungemein spannenden, eine beinahe detektivische Spurensuche bis nach Paris in die Welt des französischen Bildhauers Auguste Rodin erfordernden Dialogs, den Rilke mit der Buddha-Figur geführt hat, erzähle ich in einem eigenen Buch, unterstützt durch in Paris im Musée Rodin beschaffte historische Fotos von derjenigen Buddha-Figur, die Rilke gesehen hatte. Er hatte eine Buddha-Skulptur vor Augen, die Auguste Rodin im Garten seines Hauses unweit Paris auf einem kleinen künstlich angelegten Hügel aufgestellt hatte. Rilke hatte eine Zeitlang als Sekretär für ihn gearbeitet. Jüngere Kollegen wie Christoph Gellner und Georg Langenhorst setzen heute die Arbeiten zum Komplex »Weltreligionen im Spiegel der Literaturen« fort und ziehen die Linien bis in die Gegenwartsliteratur. Höchst informativ. Ich lerne und lerne. Deshalb verweise ich gerne auf ihr Gemeinschaftswerk »Blickwinkel öffnen. Interreligiöses Lernen mit literarischen Texten« (2013) oder auf die Monografie von Christoph Gellner: »Weltreligionen im Spiegel zeitgenössischer Literatur: Barbara Frischmuth, Adolf Muschg und die interkulturelle Herausforderung der Theologie« (2015).

China, der Konfuzianismus und das Projekt Weltethos

China ist uns im Zeitalter der Globalisierung sehr nahe – und doch wieder sehr fern in der Art des Denkens, der Philosophie, des Blicks auf die Welt.

Ja, wenn ich ehrlich bin, ist das auch bei mir bis heute so. Dabei habe ich seit den 1990er-Jahren verstärkt Kontakte nach

China knüpfen können und zwar auch über das »Projekt Weltethos«. Interessanterweise gab es in China, das sich nach dem Massaker auf dem »Platz des Himmlischen Friedens« am 4. Juni 1989 langsam wieder öffnete, ein großes Interesse am Weltethos-Gedanken. Alle wichtigen Texte wurden ins Chinesische übersetzt. Entsprechend konnte ich mit Hans Küng an einem deutsch-chinesischen Symposion an der Beida-Universität in Peking teilnehmen, damals im ersten Jahrzehnt des neuen Jahrtausends mit großen Erwartungen an eine zentrale Rolle Chinas bei der Umsetzung des Projektes Weltethos. Erwartungen, die in der gegenwärtig wieder antagonistischen Weltlage allesamt enttäuscht wurden, vor allem, nachdem der Totalitarismus der Kommunistischen Partei Chinas gegenwärtig Werte wie politischen Pluralismus, universale Menschenrechte und demokratische Meinungsfreiheit wieder massiv unterdrückt.

Woher kam das Interesse? Allgemein misstraut die chinesische Führung allen religiösen und ethischen Impulsen, die von außen kommen.

Wir gingen zunächst davon aus und wurden von unseren chinesischen Kollegen darin auch bestärkt, dass der Gedanke eines Weltethos, also universal gültiger Werte in der einen Menschheit, sehr gut mit dem Konfuzianismus vereinbar ist. Dieser ist ja vor allem eine »Religion« des richtigen, verantwortlichen Handelns, die Metaphysik hingegen bleibt eher im Hintergrund. In den *Gesprächen* des Konfuzius, die seine Schüler und Anhänger aufgezeichnet haben, geht es um das höchste Gut und das höchste Prinzip, um den »Willen des Himmels«, aber nicht um letzte Gründe und Zusammenhänge des Seins oder gar um eine metaphysisch verankerte Ethik. Die Schüler lernen vom Meister und dann in der eigenen Weiterentwicklung Humanität und Rechtschaffenheit,

Ehrfurcht vor den Älteren und Bindung an die Familie, aber auch den Wert der Riten. Das ist sehr nah am Weltethos-Gedanken. So konnte ich in den Nullerjahren nach Schanghai, Hongkong und Peking reisen und konnte mich langsam in die Dinge hineinarbeiten.

In diesem Kontext habe ich auch die Arbeiten der Vordenker des interreligiösen Dialogs zwischen Christentum und östlichen Religionen kennengelernt. Zum Beispiel die des Sinologen Richard Wilhelm, den ich schon kurz erwähnt habe. Ein besonders spannender Fall. Er war als evangelischer Theologe und Missionar im Jahr 1900 nach China gekommen, und zwar in das damalige deutsche »Pachtgebiet« Tsingtao, und wurde mit seinen Übersetzungen des *Taoteking (Daodejing)*, des *Dschuang Dsi (Zhuangzi)*, der *Gespräche* des Konfuzius und auch des *I Ging (Yijing)*, der ältesten Sammlung chinesischer Weisheitssprüche, der große Brückenbauer zwischen Ost und West. Der deutsche Missionar in China wandelte sich zum »Missionar« für China in Deutschland!

Ich erwähne auch noch einmal den Amerikaner Thomas Merton, weil er für mich eine der faszinierendsten Gestalten der neueren Literatur- und Religionsgeschichte ist – in einer Vieldimensionalität, die ihresgleichen sucht: Trappistenmönch, Einsiedler, Poet, Mystiker und zugleich politischer Aktivist gegen Rassismus und den Vietnamkrieg aus der Klosterzelle von Gethsemani/Kentucky heraus. Ein gewaltiges poetisches, spirituelles, mystisches, politisches und briefliches Werk hat dieser Mann hinterlassen, stets bemüht, auch andere große spirituelle Überlieferungen der Menschheit einzubeziehen. 1968 kann er erstmals sein Kloster verlassen und nach Asien reisen. Er trifft den Dalai Lama, fährt nach Sri Lanka, reist dann nach Bangkok weiter, um einem auf einem Kongress einen Vortrag zu halten. Den hält er noch, aber ein banaler Unfall reist diesen charismatischen Mann dort aus dem Leben.

Und nicht zuletzt gestatte ich mir noch einen eigenen Hinweis auf Hugo Enomiya-Lassalle, den 1990 gestorbenen deutschen Jesuiten, dem es gelingt, sich als einer der wenigen christlichen Ordensmänner in Japan zum Zen-Meister ausbilden zu lassen. Ohne dessen bahnbrechende Arbeiten könnten heute nicht so einfach Zen-Kurse in katholischen und evangelischen Bildungshäusern angeboten werden. Er hat in vielen Schriften und ungezählten Kursen die Grenzen durchlässig gemacht. Richard Wilhelm, Thomas Merton, Hugo Enomiya-Lassalle: das sind allesamt Vordenker eines interreligiösen Gesprächs, Pioniere des Geistes, an denen ich meine Arbeit ausrichte. Es sind Menschen, die – oft gegen erhebliche Widerstände – neue Weg der Verständigung gefunden und Welten zusammengebracht haben, die früher tief getrennt waren.

Meditieren Sie selber?

Leider fehlen mir da Geduld und Durchhaltevermögen. Ich bin dann doch der Intellektuelle, der die philosophischen und theologischen Hintergründe der Meditation zu verstehen sucht, dem es aber nach dreißig Minuten Stille und Schweigen in der Regel genug ist. Aber ich bewundere Menschen, die das regelmäßig machen und weiß, wie viel innere Kraft und Lebensfreude man daraus gewinnen kann. Wenn man es kann …

Über Christentum und Zen-Buddhismus

Lange haben sich die Kirchen damit schwergetan, fernöstliche Religionen nicht einfach als fremd und heidnisch abzulehnen. Noch die Erklärung »Dominus Jesus« über die »Einzigartigkeit und die Heilsuniversalität Jesu Christi«, verfasst im Jahr

2000 von Kardinal Joseph Ratzinger, dem damaligen Präfekten der Glaubenskongregation in Rom, wandte sich vor allem gegen die angebliche Tendenz, im Dialog mit fernöstlichen Religionen die Einzigartigkeit Jesu und die Personalität Gottes zu relativieren.

Auch da hat Lassalle schon in den 1950er-Jahren Pionierarbeit geleistet, seinerzeit auch gegen den Widerstand in seinem Orden, bis an die Grenze zum Bruch. Zu seinem Glück hat dann das Zweite Vatikanische Konzil den interreligiösen Dialog für das Wirken der Kirche in der Welt offiziell als notwendig erklärt. Und zum Glück war sein Ordensoberer damals, Pedro Arrupe, ein Spanier wie seinerzeit sein Ordensgründer Ignatius von Loyola, Provinzial in Japan gewesen. Er wusste also genau, worum es Lassalle ging. Der hatte ein Zwei-Wege-Modell entwickelt: Christentum und Zen sind grundverschieden, aber sie können sich gegenseitig ergänzen. Das eine ist nicht identisch mit dem anderen, aber das eine schließt das andere auch nicht aus. So praktizierte er zum Beispiel Zen-Meditation in Verbindung mit einer Eucharistiefeier. Wenn man in der Meditation »leer« geworden ist von allem »Anhaften«, allem Objekthaften, allen Bildern ist man umso aufmerksamer bereit, die Botschaft des Evangeliums neu hören. In seiner Gründlichkeit hat Lassalle sich deshalb auch sehr intensiv mit den Klassikern der christlichen Mystik beschäftigt, mit Teresa von Ávila und Johannes vom Kreuz, und natürlich mit den Exerzitien seines Ordensgründers Ignatius von Loyola. Und hat hier christlich-zenbuddhistische Konvergenzen zeigen können.

Willigis Jäger, der 2020 gestorbene Benediktinermönch und Zen-Meister, ging noch einen Schritt weiter als Lassalle. Für ihn ist das Göttliche das Meer, die verschiedenen Religionen die Wellen, also Ausformungen des Einen. Das brachte ihm ein Rede-, Schreib- und Lehrverbot der Glaubenskongregation ein.

Sie haben recht. Jäger, der bei Lassalle in Japan gelernt hatte, vertrat gerade nicht mehr eine Zwei-Wege-Konzeption. Für ihn müssen alle verfassten Religionen aufgehoben werden in ein namenloses Geheimnis und verlieren damit letztlich ihr spezifisches Profil. Damit ist Jäger über Lassalle hinausgegangen, bis hin zu einer in der wort- und objektlosen Meditation erfahrenen letzten Ununterscheidbarkeit der Religionen.

Immerhin hat Willigis Jäger bewirkt, dass sich Christinnen und Christen auch wieder mit den eigenen mystischen Traditionen beschäftigt haben.

Das ist sicher richtig. Und der »Erfolg« des von ihm gegründeten und bis zu seinem Tod 2020 geleiteten Zentrums in Holzkirchen bei Würzburg hat ihm recht gegeben. Ungezählte haben hier spirituelle Hilfe erfahren. Aber schon 1965 hatte Karl Rahner den Satz geprägt: »Der Fromme von morgen wird ein Mystiker sein, einer, der etwas erfahren hat, oder er wird nicht mehr sein.« Im Studium fernöstlicher Weisheit können wir Christen die eigenen mystischen Traditionen neu entdecken und pflegen. Können wir lernen, dass die sprach- und objektlose Mystik keineswegs Ausdruck von Atheismus sein muss. Das ist ihr immer unterstellt worden, denn Zen-Buddhisten haben kein personales Gottesverständnis. Das aber muss nicht für uns Christen gelten. Wir können die spirituell gewonnene »Leere« und das personale Gottesverständnis dialektisch miteinander verbinden. Denn unsere Rede vom persönlichen Gott in der Nachfolge Jesu bedarf ja immer auch der Vertiefung und Reinigung. Gott ist nicht der gute Kumpel von nebenan. Er ist immer auch der Unergründliche, Unfassbare, Unnennbare.

Auch Wörter können nicht alles. Zum Beispiel nicht Gott in Worte fassen.

Richtig. Das ist die Dialektik des christlichen Gottesverständnisses: Wir sagen, dass Gott uns in seinem Wort offenbar wurde – und wir wissen zugleich, dass er unsagbar bleibt. Gerade wir Wortarbeiter müssen uns immer wieder sagen: Vergiss jetzt zunächst einmal all das, was du verbal eingetrichtert bekommen hast. Hebe das auf in das größere Geheimnis deines Lebens. Und dann kehrst du in einer größeren Offenheit zum Personalen zurück. Da verschränken sich die laut- und wortlose Meditation, das Schweigen und das Aushalten des Schweigens, mit der personalen Begegnung.

Im Westen sind Buddhismus, Taoismus und Hinduismus auch deswegen attraktiv, weil sie als gute, friedliche Religionen gelten, ohne Dogmen, achtsam gegenüber Mensch und Tier. Übersieht das die Abgründe, die jede Religion hat?

Ja, denn Religionen sind und bleiben in ihren Wirkungen ambivalent – das hat niemand besser gewusst als Mahatma Gandhi. Er hatte seine Lehre und Praxis der Gewaltlosigkeit *(ahimsa)* aus den uralten Quellen des Hinduismus abgeleitet und hatte mit dieser seiner Strategie des gewaltlosen Widerstandes die Kolonialmacht England aus seinem Land getrieben. Nur, um dann gleich nach der Unabhängigkeit zu erleben, dass sein Indien in einen hinduistischen und einen muslimischen Teil gewaltsam auseinandergerissen wurde. Mit all den grauenhaften Folgen: Massenflucht, Massenzerstörung, Massenmord. Er selber wurde dann 1948 das Opfer eines Hindufanatikers. Nein, keine Religion ist vor politischer Instrumentalisierung geschützt. Keine Religion ist unschuldig. Leider. Auch die in Indien sind es nicht. Sind wir doch oft genug Zeugen eines islamistisch oder hindunationalistisch motivierten Terrors und Gegenterrors oder haben erleben müssen wie in Sri Lanka Hindus und Buddhisten, Tamilen und Singhalesen, mit Gewalt gegeneinander vorgegangen sind.

Wir haben jetzt viel über Ihre Annäherungen an fernöstliche Religionen gesprochen. Wo aber sind Ihnen diese Religionen fremd geblieben?

Beim Götter-Pantheon im Hinduismus zum Beispiel, gespiegelt in den großen Epen Mahabharata oder Ramayana. Alles voller Göttergeschichten. Das finde ich faszinierend, aber es bleibt mir fremd und fern. Und beim Buddhismus sind es die harten Anforderungen an die Meditation. Wenn man den Buddhismus ernst nimmt, dann ist er nicht auf Wellness-Niveau zu haben. Ein buddhistischer Kollege hat mich einmal gefragt: Wollen Sie wissen, was Buddhismus ist? Und als ich das natürlich bejahte, antwortete er: Erstens: Meditieren. Zweitens: Meditieren. Drittens: Meditieren. Das ist sicher richtig, wird aber heute in einigen buddhistischen Ländern durch einen politisch und sozial engagierten Buddhismus ergänzt: einen »social engaged Buddhism«. Man darf den Meditations-Buddhismus nicht mit weltfremdem, unpolitischem Quietismus verwechseln. Es hat Aufstände buddhistischer Mönche gegeben, zum Beispiel in Thailand.

Aus der bewundernswerten Askese kann auch schnell eine ungesunde Leistungsreligiosität werden.

Auch das ist eine Gefahr: dass es bei jeder kleinen Abweichung heißt, das bringe einen vom rechten Pfad ab. Oder: Das gibt ein ganz schlechtes Karma. Ich räume Grenzen meiner Rezeption asiatischer Religionen ein: Ich beschäftige mich mit ihnen kognitiv, das heißt: geschichtlich und religionsvergleichend, und sie sind mir so eine geistige Herausforderung. Aber sie ergreifen mich nicht religiös. Beim Islam ist das anders. Viele Verse im Koran sind für mich auch ein spirituelles Erlebnis, ähnlich wie das Buch der Psalmen.

Sie sind und bleiben Abrahamit …

Wie sehr, ist mir aufgegangen bei einer Reise nach Pakistan in den 1990er-Jahren, nach Lahore. Ich hatte mich zuvor mit Grundzügen des Hinduismus befasst, hatte auf meiner Reise nach New Delhi auch einen Hindu-Tempel besucht. Doch als ich dann den riesigen Hof der Badshahi-Moschee in Lahore betrete und dort ganz allein umherwandere, da meinte ich, die Gegenwart Gottes zu spüren, fast wie einst in der Kirche meiner Jugendzeit. Der Hof ist wie ein riesiges rundes Becken, mit Säulen umstellt, wie ein Brennspiegel, wie ein Trichter, in den hinein sich das Blau des Himmels ergießt. Unmittelbar. Das ist mir auch als Christ sehr nah. Diese Nähe spüre ich in einem Hindu-Tempel nicht. Ich sehe die Figuren, die Göttinnen und Götter, ich kenne viele ihrer Mythen und Geschichten. Aber es gelingt mir nicht, sie wegzuabstrahieren, was ich in der großen Philosophie des Hinduismus natürlich soll. Sie bleiben Fremde für mich. Und in der Tat: In einer Moschee begegnet mir die Geschichte von Ibrahim und dessen Ringen um die Erkenntnis des Einen Gottes.

VIII.

Den »Faktor Religion« in der Weltpolitik ernst nehmen

1990 veröffentlichte Hans Küng ein schmales Buch: Projekt Weltethos: Kein Frieden unter den Nationen ohne Frieden unter den Religionen. Kein Frieden unter den Religionen ohne Dialog zwischen den Religionen. Kein Dialog zwischen den Religionen ohne Grundlagenforschung in den Religionen.« So lauteten seine Thesen. Das sollte auch Folgen für Ihr Leben haben.

Zum Verständnis des Hintergrunds ist wichtig: Die Initialzündung für das Projekt kam aus der weltweiten Menschenrechtsbewegung. Bei der UNESCO, die bei den Vereinten Nationen für die Verbreitung und Wahrung der Menschenrechte zuständig ist, war man bis Ende der 1980er-Jahre der Meinung gewesen, man könne dabei den »religiösen Faktor« weltweit vernachlässigen: Religion sei eher eine Gefahr für die universalen Rechte von Menschen und würde ohnehin im Zuge der Modernisierung, Urbanisierung und Industrialisierung absterben. Unter einem neuen Direktor der UNESCO, dem Spanier Federico Mayor, gab es dann eine Kehrtwende. Man war zu der Auffassung gelangt: Wenn wir allgemeine Menschenrechtsstandards weltweit durchsetzen wollen, brauchen wir religiöse Instanzen und Autoritäten auf unserer Seite. Da tauchte dann bald die Frage auf: Gibt es in den verschiedenen Religionen überhaupt Menschenrechtstraditionen? Immerhin wurden die universalen Menschenrechte zum Teil gegen die Religionen formuliert, gegen ihren Anspruch, dass der Mensch zum Beispiel nur als Katholik, Protestant, Schiit oder Sunnit im Vollbesitz seiner Rechte sein kann. Dazu hat die UNESCO dann ein Symposion veranstaltet und Hans

Küng dazu eingeladen. Er konnte Vorschläge machen, wen man einladen sollte, denn die Leute von der UNESCO hatten kaum Kontakte in die Welt der Religionen hinein, auch nicht zur Welt ihrer intellektuellen Repräsentanten, die es für Sachfragen nun einmal braucht. Ich war in Begleitung Küngs in Paris dabei: 8. bis 10. Februar 1989. Die Dokumente des Symposions enthält der von Küng und mir herausgegebenen Band des Piper-Verlags: »Weltfrieden durch Religionsfrieden? Antworten aus den Weltreligionen« (1990).

Daraus ist dann das Projekt Weltethos entstanden?

Auf jeden Fall die Idee, dass die Religionen in ihren Quellen Potenziale haben, die den Gedanken stützen, dass jeder Mensch dieselben Grundrechte und eine unantastbare Würde besitzt. Küng hat sich an die Arbeit gemacht und nach Gemeinsamkeiten in den Religionen gesucht: Wo stimmen sie sonst noch im Ethischen überein? In Rechten, Pflichten, Verantwortlichkeiten? Das hat er in der Programmschrift »Projekt Weltethos« von 1990 zusammengefasst und dafür plädiert, die Religionen, ihre Gläubigen und ihre Vertreter, für eine weltweite Strategie hin zu einem friedlicheren und menschlicheren Zusammenleben ernst zu nehmen. Sie zu ignorieren wäre ein falsch verstandener Säkularismus und politisch ein fataler Fehler.

Was heißt das?

Gegenüber vielfach vertretenen Thesen, Religion würde im Verlauf von Modernisierungsprozessen absterben oder sich völlig privatisieren, ist der »Faktor Religion« in vielen Teilen dieser Erde für Massen von Menschen von größter Bedeutung geblieben. Denn hier spielen die Religionen nach wie vor eine prägende Rolle. Ambivalent natürlich. West- und

Nordeuropa, haben – global gesehen – in Sachen Religion eine Sonderentwicklung durchmacht. »Religion« ist hier auf eine geschichtlich beispiellose öffentliche Schwundstufe abgesunken. In nahöstlichen, asiatischen und afrikanischen Ländern unter dem Einfluss des Islams, des Konfuzianismus und Buddhismus ist die Lage eine völlig andere. Daher wäre es in der Tat ein schwerer Fehler, den Einfluss der Religionen auf Millionen von Menschen politisch zu unterschätzen, zumal die Dämonen eines religiösen Extremismus sich weltweit wieder erhoben haben, ja sogar wieder Terror und Kriege im Namen Gottes legitimieren.

Weltreligionen und Weltfrieden

Es gibt also einen engen Zusammenhang von Weltreligionen und Weltfrieden.

Der eben skizzierte Theorie-Ansatz steckt ja hinter der Idee »Weltethos« und dem Versuch zu zeigen, dass die Weltreligionen im Ethischen über bedeutende Gemeinsamkeiten verfügen, die sie mehr denn je öffentlich ins Spiel bringen sollten. Küng hat das den Beitrag der Welt-Religionen zu einem Welt-Ethos genannt und erkannt, dass in einem solchen gemeinsamen Ethos die unverzichtbare Voraussetzung für einen Weltfrieden läge. Er hatte verstanden, dass eine globale Friedenspolitik nicht ohne und schon gar nicht gegen die Vertreter der Religionen Erfolg haben kann. Und dass diese Repräsentanten eine schwere Verantwortung für den Weltfrieden tragen. Kurz: Die Herausforderung der Weltethos-Idee besteht darin, die säkularen, westlichen Gesellschaften von ihrer Religionsblindheit und ihrer Unterschätzung des »Faktors Religion« in der Weltgesellschaft zu befreien.

Im Übrigen arbeiten auch andere global aufgestellte Organisationen in diesem Geist. Das tut zum Beispiel die Organisation *Religions for Peace* seit vielen Jahrzehnten, die auch eine Vertretung in Deutschland hat. Das tut ebenfalls seit langem die *Gemeinschaft Sant' Egidio* mit Sitz in Rom. Sie hält regelmäßig internationale Treffen ab, zuletzt im Oktober 2021 in Lindau am Bodensee. Und das geschieht auf Versammlungen des *Weltkongresses der Religionen*, deren 7. Treffen im September 2022 im kasachischen Nur-Sultan stattgefunden hat. Vertreter aus 50 Nationen kamen zusammen. Auch Papst Franziskus war trotz seiner gebrochenen Gesundheit angereist und hat – ein schöner Gedanke – für eine »neue Seidenstraße« geworben, nicht eine des bloßen Profits im Sinne Pekings, sondern für eine des Dialogs und der Zusammenarbeit der Nationen und Religionen. Sicher, auf diesen Treffen fallen viele gute Worte, werden wohlklingende Manifeste verabschiedet, gut gemeint, aber vielfach wirkungslos. Alles also sinnlos? Nein, ich bin nicht Zyniker genug, um solche Initiativen einfach abzutun. Friedensarbeit im Großen und Kleinen ist bitter nötig. Sie braucht eine tiefe Gewissensbildung, kluge Analysen der realpolitischen Machtverhältnisse und einen langen Atem.

Was »Projekt Weltethos« meint

Von den Wirkungen der »Weltethos«-Programmatik waren Sie wohl selber überrascht.

Kann man wohl sagen. Das Programmwort »Weltethos« löste eine vorher nicht gekannte internationale und interdisziplinäre Resonanz aus mit Wirkungen weit über Theologie und Religionswissenschaft hinaus bis in den Raum von Politik-, Sozial-, Rechts-, Erziehungs- und Wirtschaftswissenschaften, aber auch den der operativen Politik. Als sich dann 2008/09 die Fratze eines gewissenlosen »Raubtierkapitalismus« (Helmut Schmidt) erhebt, der das Weltfinanzsystem und mit ihm die gesamte Weltwirtschaft erschüttert, ging es um Anwendungen in Raum der Ökonomie: um gemeinsame weltethische Standards für globales Wirtschaften mit seinen computergesteuerten Weltbörsen und international vernetzten Kapitalmärkten. Ich verweise auf das mit Fachökonomen erarbeitete »Manifest Globales Wirtschaftsethos« (2010). Das alles wird getragen von der Überzeugung, dass auch international handelnde wirtschaftliche Akteure ein Gewissen haben, dass der globale Markt ein globales Ethos braucht und dass eine »soziale Marktwirtschaft« kein Ladenhüter von gestern ist.

Was meint dabei das Wort »Ethos«? Und warum »Projekt«?

Beide Wörter sind bewusst gewählt. »Ethos« hält die Mitte zwischen Recht und Ethik. Denn weder können wir von einem vorhandenen, verbindlichen Weltrecht ausgehen noch von einer verbindenden Weltethik, also einem weltreligiösen Konsens in ethischen Einzelfragen. »Ethos« zielt auf die innere Dimension eines jeden Menschen, auf die Grundhaltung, das Herz, das Gewissen. Das Wort »Projekt« sollte signalisieren, dass dies eine Initialzündung ist, dass wir noch am Anfang stehen. Dann feierte das *Parlament der Religionen der Welt* 1993 den hundertsten Jahrestag seiner Gründung und lud zu einem zweiten globalen Treffen nach Chicago ein. Die Organisatoren hatten Küngs Buch »Projekt Weltethos« in der englischen Ausgabe »Global Responsibilities« gelesen und traten an ihn heran, ob er nicht ein Manifest herausarbeiten könnte, das das Gemeinsame der Religionen festhält. Das hat er gemacht und die »Erklärung zum Weltethos« entworfen, die dann in Chicago von einem größeren Gremium von Vertretern aus allen relevanten Religionen verabschiedet und dann von den Organisatoren veröffentlicht wurde.

Küng wusste natürlich, dass die Religionen vieles trennt, dass es Unvereinbares zwischen ihnen gibt. Deshalb konzentrierte er sich auf den Bereich des Ethos und konnte zeigen, dass sich alle, unbeschadet ihrer »dogmatischen« Differenzen, dem Prinzip »Menschlichkeit« (»Humanität«) verpflichtet fühlen (»Jeder Mensch soll menschlich behandelt werden«) und dem Prinzip Wechselseitigkeit, wie es in der »Goldenen Regel« zum Ausdruck kommt.

Was genau ist damit gemeint?

Nehmen wir als Beispiel die Goldene Regel aus den Evangelien: »Alles, was ihr wollt, dass euch die Menschen tun, dass sollt auch ihr ihnen tun«, heißt es im Matthäusevangelium 7,12 (vgl. auch Lukas 6,31). Es steckt viel an Lebensweisheit in diesem Kernsatz: Ohne Gegenseitigkeit kein Zusammenleben der Menschen in Frieden und Gerechtigkeit. Rücksichtslosigkeit zerstört Vertrauen. Die »Goldene Regel« fordert keinen überzogenen Altruismus, sondern appelliert ganz nüchtern auch an des Menschen Eigeninteresse: Du willst Respekt für deine Person, übe ihn anderen gegenüber. Du willst Verständnis für deinen Standpunkt, verstehe auch deinen Nächsten. Du willst Solidarität, wenn es dir schlecht geht, lass sie auch anderen angedeihen. Sieh den unlösbaren Zusammenhang zwischen deinem Wohlergehen und dem anderer. Lebe nicht mit dem Rücken zum anderen, bedenke die Interessen des anderen mit. Und der andere ist immer auch der Andersglaubende, Andersdenkende und Anderslebende. Wichtig auch: Die Goldene Regel gehört in der Tat zum eisernen Bestandteil des ethischen Bewusstseins der Menschheit. Sie findet sich bereits bei Konfuzius, aber auch in der Bhagavad-Gita der Inder, bei großen Rabbinen des Judentums, in den Sprüchen des Propheten Mohammed bis hin in säkularer Form bei Immanuel Kant im Kategorischen Imperativ.

Das »Projekt Weltethos« passte auch gut in die optimistische Zeit nach dem Ende des Ostblocks, wo man dachte, jetzt beginnt die Zeit des großen Friedens.

Ja, es war die Zeit der Zuversicht, dass es weitergeht mit dem Weltfrieden, nachdem 1989 die Ost-West-Spaltung in der Tat hatte überwunden werden können. Auch hatte sich mit dem Bericht des »Club of Rome« von 1972 allmählich doch weltweit das Bewusstsein durchgesetzt, dass wir alle in *einer* Welt leben und zwar einer Welt mit begrenzten Ressourcen. Die »Grenzen des Wachstums« waren in Sichtweite geraten. 1992 hatten sich Vertreterinnen und Vertreter aus aller Welt in Rio de Janeiro getroffen und sich darauf verständigt, dass die Welt eine nachhaltige Lebensweise anstreben und die Erderwärmung begrenzen müsse. Auch das geht nicht ohne die Unterstützung von Menschen aus den verschiedenen Religionen dieser Erde.

Die »Stiftung Weltethos«: Idee und Kritik

Wie kam es dann zu einer »Stiftung Weltethos«?

Als das Buch »Projekt Weltethos« 1990 und die Chicago-»Erklärung zum Weltethos« 1993 erschienen waren, kam zu unserer Überraschung ein sehr vermögender Mann aus Baden Baden auf uns zu: Karl Konrad Graf von der Groeben, der sein Geld mit Coca-Cola-Abfüllanlagen verdient hatte. Die Ironie dabei war, dass er zwar Millionen mit der Brause verdient hatte, aber uns lächelnd erklärte, dass er selbst nie einen Tropfen Cola getrunken habe. Jedenfalls kam er nach Tübingen und erzählte, er habe das Weltethos-Buch gelesen und finde die Idee so überzeugend, dass er fünf Millionen Mark aus seinem Vermögen für eine Stiftung zur Förderung des Weltethos-Gedankens zur Verfügung stellen wolle. Und mit fünf Millionen Mark konnte man damals schon etwas anfangen. Wir waren erst einmal überrumpelt, aber auch skeptisch. Denn es galt zunächst herauszufinden, ob der Mann seriös und sein Geld »sauber« ist. Als das dann sehr bald feststand, war das Ganze buchstäblich ein »Geschenk des Himmels«. So ist die Stiftung entstanden und 1995 mit einem feierlichen Festakt an der Universität Tübingen gegründet worden.

Was war und ist die Leistung der Stiftung?

Dass sie mit ungezählten Erklärungen, Seminaren, Vorträgen, Projekten, Aktionen, Ausstellungen und Publikationen dazu beiträgt, das Potential der Religionen für den Weltfrieden und die Weltgerechtigkeit erfahrbar zu machen. Einzelheiten über die heutige Stiftungsarbeit finden sich auf der entsprechenden Homepage. Ich muss hier darauf verweisen, um nicht ins Uferlose zu geraten. Alles in allem meine ich, es ist gelungen, die doch erst einmal abstrakte Programmatik auf ganz verschiedene Felder herunterzubrechen und konkret werden zu lassen, bis auf die Ebene der Schulen. Die Stiftung hat Lehrmaterial in Menge ausgearbeitet und stellt es Lehrkräften zur Verfügung. Mit sichtbaren Wirkungen. In Tübingen gibt es jetzt eine Hans-Küng-Gemeinschaftsschule, die sich dem interreligiösen Miteinander der Schülerinnen und Schüler und der Erziehung zum Frieden und zur Toleranz verpflichtet hat. Andere Schulen werden bundesweit als »Weltethos-Schulen« ausgezeichnet. Das sind nur ganz wenige Beispiele aus der Praxis. Am anderen Ende der Skala steht die jährliche Weltethos-Rede. Dazu konnten im Laufe der Jahre prominente Redner wie Helmut Schmidt, Tony Blair, Kofi Annan, Mary

Robinson, Horst Köhler oder Desmond Tutu an die Universität Tübingen geholt werden. Nicht zu reden von den vielen Projekten, die der jetzige Generalsekretär Stephan Schlensog initiiert, organisiert und begleitet hat. Er ist im »operativen Geschäft« der Stiftung der entscheidende Mann.

Es gab aber auch immer Kritik am Weltethos-Projekt. Von evangelischer Seite hieß es: Ist das nicht doch sehr katholisch, dieser Gedanke einer alles überwölbenden Ethik und Moral? Ist es nicht besser, die Unterschiede zu respektieren und zu akzeptieren?

Der Einwand kam, den Religionen würde eine neue Weltethik übergestülpt. Eine andere kritische Frage hieß: Wird hier nicht Religion aufgelöst in eine unverbindliche, allgemeine Ethik? Beide Verdächtigungen treffen nicht die Sache, um die es geht. Der Weltethos-Gedanke will gerade nicht den Religionen eine Ethik überstülpen, sondern die Religionen herausfordern, aus ihren jeweils eigenen Quellen heraus diese Werte mitzutragen. In der Weltethos-Erklärung ist ja präzise herausgearbeitet, dass es bestimmte gemeinsame Werte *in* allen Religionen gibt, so unterschiedlich sie sind und auch bleiben. Alle Religionen sollen gerade in ihrer Unterschiedlichkeit diese Gedanken mittragen – als Hindus und Buddhisten, als Juden, Muslime, Christen.

Die Gefahr ist, dass Sie dann sehr im Allgemeinen bleiben und die Unterschiede als nicht so bedeutsam bezeichnen müssen.

Das muss nicht so sein – aber ja, das ist eine Gefahr. Doch die Unterschiede zwischen den Religionen einzuebnen oder zu bagatellisieren, ist uns nie in den Sinn gekommen. Wer auch nur ein wenig die Welt der Religionen der Welt von innen kennt, weiß, dass ein solches Unterfangen absurd wäre.

Gab es auch Rückschläge?

Die gab es. So ist zum Bespiel nicht gelungen, die Idee einer Menschenpflichten-Erklärung auf UNO-Ebene durchzubringen – parallel zur Erklärung der Menschenrechte.

Menschenpflichten? Das müssen Sie erklären.

Helmut Schmidt, von dessen Einsatz für den interreligiösen Dialog ich schon gesprochen habe, war als Vorsitzender die treibende Kraft in einem Kreis ehemaliger Staats- und Regierungschefs, dem sogenannten *InterAction Council*. Die Gruppe traf sich ein-, zweimal im Jahr mit dem Ziel, die aktiven Politikerinnen und Politiker bei Themen zu beraten und bei wichtigen Vorhaben ihren Einfluss geltend zu machen. Und für Helmut Schmidt war das Weltethos-Projekt ein geeignetes Modell, weil es von vorneherein international ausgerichtet war und bei der praktischen Ethik ansetzte und nicht bei einer einzelnen Religion oder gar Ideologie. Helmut Schmidt war ein Ordnungspolitiker durch und durch. Religion war in seiner Vorstellung vor allen Dingen dafür da, den Menschen moralische Maßstäbe an die Hand zu geben, ein Ordnungsfaktor zu sein, einen Rahmen für das praktische Leben zu bilden. Der Altkanzler also war von dem Weltethos-Projekt überzeugt und lud Küng zu einem Treffen dieses *InterAction Council* ein; Küng referierte über die Bedeutung der Weltreligionen für den Weltfrieden. Das hat den versammelten Herren sofort eingeleuchtet, denn mittlerweile hatte man verstanden: Ohne die Vertreter der Religionen geht weltweit nichts an wirklichem Fortschritt. Daraus ist dann die Idee entstanden, abgeleitet aus der »Weltethos«-Erklärung, nicht nur über Menschenrechte, sondern auch über Menschenpflichten nachzudenken und zwar als komplementäre Ergänzung der UNO-Erklärung über die Menschenrechte von 1948.

Um was geht es da?

Das Bewusstsein zu schärfen, dass man als Mensch nicht nur unveräußerliche Rechte hat, sondern auch bindende Pflichten. Man hat zum Beispiel das Recht auf Meinungsfreiheit, auf Pressefreiheit, aber ist man auch verpflichtet, der Wahrheit zu dienen? Oder kann man Beliebiges an der Wahrheit vorbei publizieren, wenn das zum eigenen Vorteil oder dem meines Mediums ist? In Zeiten von Fake News wahrhaftig keine überflüssige Frage, und zwar nicht nur nach dem, was wir unter Donald Trump erlebt haben. Hat Russland nicht ein Fake-News-Gesetz, um die Wahrheit über den Krieg mit der Ukraine zu unterdrücken oder umzufälschen? Die Idee also war, den universalen Rechten komplementär auch universale Pflichten an die Seite zustellen. Das englische Wort dafür klingt nicht so preußisch-hart wie das deutsche Wort »Pflichten«: »responsibilities«. Das ist gemeint: Verantwortlicher Umgang mit den Rechten. Der von Küng und Helmut Schmidt ausgearbeitete Entwurf einer universalen »Pflichtenerklärung« ist vom *Inter Action Council* angenommen und bei der UNO eingereicht, dort aber abgelehnt worden.

Warum, von wem?

Ausgerechnet von den Menschenrechtsaktivisten, vom UN-Hochkommissar für Menschenrechte. Dort fürchtete man, dass eine Erklärung der Menschenpflichten die Menschenrechtsbewegung schwächen könnte. Man argwöhnte, dass diese Pflichten von autoritären Regimen ausgenutzt werden könnten.

Ein Widerstand von ungewohnter Seite.

Das hatten wir tatsächlich nicht erwartet. Wir wollten doch die Menschenrechtserklärung stützen und stärken, indem wir sagten, die Rechte begründen auch Pflichten und die Pflichten setzen die Rechte voraus.

Gemeinsame Werte heute? Ein eisiger Gegenwind

Die Gegenthese zu diesem Dialogprojekt ist Samuel Huntingtons »Clash of Civilizations«: Es kommt zum Zusammenprall, zu einer grundsätzlichen Auseinandersetzung der Kulturen. Darauf muss man sich vorbereiten.

Ich habe diese These und die damit verbundenen Analysen des amerikanischen Harvard-Politologen ernst genommen. Ja, es gibt Spannungen zwischen den Kulturen, konträre Einstellungen und Grundüberzeugungen, die teilweise sogar militant aufeinanderprallen. Dass der islamistische Terror universale Werte wie Freiheit, Demokratie, Pluralismus bedroht, lässt sich nicht leugnen. Dass die Bush-Administration einen völkerrechtswidrigen Krieg gegen den Irak geführt hat, auch nicht. Von Putins Angriffskrieg nicht zu reden. Das haben wir alle bitter erfahren müssen. Ich habe allerdings Huntingtons Geschichtsfatalismus abgelehnt – dass der Zusammenprall unvermeidlich ist, allein schon aufgrund der demografischen Entwicklung. Und dass er sich vor allem als Kampf »Westliche Welt« – »Islamische Welt« auswirken wird. Da sieht die Weltlage mit ihren unterschiedlichen Allianzen heute völlig anders aus. In der Geschichte gibt es keine Automatismen.

Am 11. September 2001, als die Türme die World Trade Centers stürzten, schien Huntington recht behalten zu haben.

Seine Analyse war nicht falsch, sondern einseitig. Denn auch muslimische Länder haben den Terror von Muslimen verurteilt. Wir Zuversichtlichen hatten in den 1990er-Jahren Rückenwind, alle, die für eine universale Rechtsordnung und Werteordnung eintraten, für verbindliche Regeln in der internationalen Politik, für Dialog und Zusammenarbeit der Religionen und Nationen. Da sind wir gegenwärtig hart und bitter zurückgeworfen worden. 2001 durch den islamistischen Terror, aber auch durch die Irak-Kriege der USA, die wiederum den IS stark gemacht haben. Denken Sie an das Wüten dieser Terrorbande in Syrien und dem Irak unter blasphemischer Berufung auf »den Islam«. Dann durch Russlands Kriege: 2014 die Besetzung und Annexion der Krim und jetzt 2022 die Invasion in die Ukraine und die Annexion weiterer ukrainischer Gebiete – alles nicht nur eine Schändung des Völkerrechts, sondern auch ein himmelschreiender Missbrauch des Christlichen, was noch einmal ein eigener Skandal ist. Nicht zu vergessen Chinas Vorgehen gegen die Demokratie- und Menschenrechtsbewegung in Hongkong, seine militaristischen Drohungen gegen Taiwan und seine Unterdrückung einer muslimischen Minderheit im Land. Von der Verweigerung demokratischer Rechte für das eigene Volk nicht zu reden. Freund-Feind-Schemata triumphieren innen- und weltpolitisch einmal mehr. Autokratische stehen gegen demokratische Regime. Die Macht der Stärkeren gilt wieder, nicht die Macht des Rechts. Trotzdem gibt es in der gegenwärtigen Weltkrise keinen Grund, seine Ideale und Werte zu opfern. Sie sind bedroht, aber nicht widerlegt. Und bestätigen meine These: Wer das Ideal einer regelbasierten, ethisch orientierten Politik nicht tief im Gewissen und in den Tiefen seines Glaubens verankert hat, wird bei Gegenwind schnell einknicken und sich dann lähmender Resignation oder achselzuckendem Zynismus ausliefern. Und eisigen Gegenwind haben wir gegenwärtig. Das ist der Unterschied zu 1993, als wir mit der »Weltethos«-Erklärung im Gepäck aus Chicago zurückkamen.

Letztlich geht es um die Frage, ob man kosmopolitisch denkt oder identitär, ob man globale Gerechtigkeit und Verantwortung für ein erstrebenswertes Ziel hält oder davon ausgeht, dass das eigene Land, der eigene Wohlstand und das eigene Wohlergehen, die eigene Freiheit wichtiger sind.

Das ist in der Tat die entscheidende Frage. Spätestens seit der Flüchtlingskrise 2015 haben wir es erlebt, und wir erleben es in der weltweiten Pandemie und der Energiekrise aufs Neue, dass die Menschen sagen: Wir müssen uns erst einmal um uns selbst kümmern. Und wenn wir uns nicht abschotten und unseren eigenen Wohlstand sichern, dann haben wir bald nichts mehr zum Verteilen. Für Menschen in den reichen Ländern erscheint das auch zunächst einmal als logisch und naheliegend – auch wenn diese Haltung auf lange Sicht selbstzerstörerisch ist. Aber insofern erscheint das Eintreten für ein weltweites Ethos immer auch als kontrafaktisch, als gegen eine bestimmte Zeiterfahrung gerichtet. Werte ohne Haltbarkeitsdatum müssen nicht neu erfunden werden. Normen, Gebote und Verbote sind tief in der Menschheitsgeschichte verankert. Die Tora der Juden, die Bergpredigt der Christen, der Koran der Muslime, die Bhagavad-Gita der Hindus, die Reden des Buddha, die Sprüche des Konfuzius und des Laotse: sie bilden oft seit Jahrtausenden die Grundlage für Glauben und Leben, Denken und Handeln von Hunderten von Millionen Menschen auf diesem Globus.

Eine Kernbotschaft der Religionen?

Gibt es so etwas wie eine Kernbotschaft aller Religionen?

Eine sehr schwierige Frage. Aber wenn Sie mich schon fragen, riskiere ich eine Formulierung: Wer als Mensch dem »Göttlichen«, dem »Heiligen«, dem »Absoluten« die Ehre gibt, weiß zugleich um das Maß des Menschlichen. Menschen bleiben Menschen, gerade wenn sie verblendeter Selbstüberschätzung und gewissenlosem Größenwahn entsagen und sich auf ihr Maß besinnen – in Verantwortung vor Gott und in Rücksicht auf die Mitmenschen. In den verschiedenen Religionen gibt es dafür Schlüsselworte aus dem Reservoir lebenspraktischer Weisheit: Chinesen sprechen auf der Basis der *Lun Yü*, der *Gespräche* des Konfuzius, von *Jen*, von »Menschlichkeit« als Mitte zwischen den Extremen. Buddhisten kennen die Schlüsselworte wie: Freiwerden von allem Anhaften an Vergängliches, Achtsamkeit allem Lebendigen gegenüber, was vieles einschließt: Schonung alles Lebendigen, Rücksicht auf andere, Mäßigung in der Verfolgung eigener Interessen, Mitgefühl mit den Schwachen. Hindus kennen die Verfallenheit an die *maya*, die Kraft der Illusion und Täuschung, die Verführerin dazu, dass die Wahrnehmungen der Menschen an der Oberfläche haften bleiben und die Wirklichkeit als gespalten erfahren wird. Stattdessen setzen sie mit Mahatma Gandhi auf *satyagraha*: »Festhalten an der Wahrheit«, »Kraft der Wahrheit« und *ahimsa* Gewaltlosigkeit aus Respekt allem Lebendigen gegenüber. Juden, Christen, Muslime sprechen nach Genesis 1,26 und Sure 2,30 vom Menschen als dem »Statthalter Gottes auf Erden«, will sagen: von Treuhänderschaft über die Schöpfung und so von Schöpfungsverantwortung des Menschen als Beauftragter Gottes. Das Gegenteil von rücksichtsloser Ausbeutung der Natur und maßloser Ressourcenverschleuderung. Man merkt schon bei der ersten Konfrontation mit diesen Schlüsselbegriffen: Diese religiösen Urworte sind die Gegenworte zu maßloser Gier, zum Hasten nach immer »Mehr«, zu Maß- und Rücksichtslosigkeit. Richtig verstandene religiöse Selbst- und Rückbindung ist Größenwahnprophylaxe um eines inneren Gleichgewichts des Menschen willen.

Entscheidend ist also die Arbeit an einem anderen Menschenbild in der Beziehung zum »Göttlichen«.

Ich meine Ja. Gerade auch die jüdisch-christlich-islamische Kernbotschaft lebt von der Gewissheit, dass Menschen in ihren sozialen Rollen und gesellschaftlichen Funktionen nicht aufgehen. Es ist in der Tat ein Unterschied, ob man den Menschen als bloßes Produkt seiner biologischen oder sozialen Entwicklung betrachtet oder ihm zusagt, den »Atem Gottes« in sich zu haben, wie Bibel und Koran sagen. Etwas anderes, ob man den Menschen als ein Ensemble vorgefertigter Bilder bestimmt, oder vielmehr seine Würde gerade darin sieht, dass er oder sie in keinem Bild aufgeht, weder in einem Selbstbild noch in einem Fremdbild. Ein Unterschied, ob man den Menschen gnadenlos sich und den gesellschaftlichen Verhältnissen überlässt oder ihn begreift als ein durch Gott bejahtes, geliebtes Wesen, als Sohn oder Tochter Gottes. Das wäre auch die Antwort auf die Frage, mit der jeder Mensch früher oder später einmal konfrontiert wird: Wer bist du noch, wenn du alles nicht mehr hast: kein hohes Amt, kein Ansehen bei den Leuten, keine Gesundheit, keine intakte Familie, kaum Freunde? Wer bist du, Glasmann, wer bist du, Kristallfrau, wenn du dich morgens im Spiegel betrachtest und dich fragst, wie das alles so hat kommen können …

Ich vergesse nie, dass der Stifter der Stiftung Weltethos, Graf Groeben, uns eines Tages in seiner lakonischen Art erklärte, stets einen Zettel bei sich zu tragen, auf dem er sich ein

Wort des großen Mahatma Gandhi notiert hatte. Er wollte uns damit sein Engagement für das »Projekt Weltethos« verständlich machen. Es handelt sich um eine kleine Liste von sieben Todsünden des modernen Menschen. Gandhi nannte sie *social sins,* »sozialschädliche Sünden«. Sie haben sich auch mir tief eingeprägt.

»What are the seven social sins today?
Politics without principles
Wealth without work
Pleasure without conscience
Knowledge without character
Commerce without morality
Science without humanity
Worship without sacrifice«.

Zu Deutsch:
»Politik ohne Prinzipien
Reichtum ohne Arbeit
Genuss ohne Gewissen
Wissen ohne Charakter
Geschäft ohne Moral
Wissenschaft ohne Menschlichkeit
Gottesdienst ohne Opferbereitschaft«

Wer dies ernst nimmt, gibt einer richtig verstandenen Religion Zukunft.

Sie haben 2017, ausgehend von einer Rede des damaligen US-Präsidenten Barack Obama 2009 in Kairo, Regeln zur Entfeindung und Vertrauensbildung aufgeschrieben.

Schön, dass Sie daran erinnern. Die Analyse der Kairo-Rede habe ich bewusst als Epilog an das Ende meines Buches »Die

Bibel im Koran« gestellt, das 2017 erstmals erschien. Die von Obama angewandten Regeln halte ich auch heute noch für gültig, und zwar auch in einer noch einmal gegenüber 2009 veränderten Welt. Die Schlüsselfrage war und ist: Wie macht man aus Feinden Partner? Wie verwandelt man Misstrauen in Vertrauen? Das wird auch gegenüber Russland die entscheidende Frage sein, so sehr man jetzt Putins mörderische Aggression verurteilen muss. Welche Schritte hin zum anderen sind nötig und möglich? Wie kann ich dem Gegner zeigen, dass ich ihn nicht über den Tisch ziehen will? Wer nur auf Macht setzt, stößt ab, und der Dualismus Freund-Feind vertieft sich. Rücksichtslosigkeit schafft keinen Frieden. Es braucht Regeln, es braucht die Definition gemeinsamer Interessen, damit aus Feinden Partner werden. Eine Win-win-Situation ist nötig. Und da hat die Rede von Barack Obama Maßstäbe gesetzt. Gezielt an der Universität in Kairo vor einem jungen Publikum im Juni 2009. Er wollte den tiefen Riss, der zwischen der westlichen und der muslimischen Welt nach den Anschlägen vom 11. September 2001 und den beiden Irak-Kriegen entstanden war, mit vertrauensbildenden Maßnahmen überbrücken. Er hat die Hand zu wechselseitiger Partnerschaft ausgestreckt. Dass dies realpolitisch nicht nachhaltig genug war, wissen wir. Aber diese seine Rede weist nach vorn und ist in ihren konkreten Prinzipien nach vor aktuell.

Was bleibt? Das Beispiel des »Mannes aus Ur«

Was lässt sie hoffen, dass nicht vergebens bleibt, was Sie getan haben?

Viele Texte der heiligen Schriften geben mir Hoffnung, dass man Religionen von innen heraus zum Guten verändern, spirituell reinigen und ethisch vertiefen kann. Und dann machen mir die vielen Gefährten und Gefährtinnen unter Juden, Muslimen und Christen Mut, die mit mir auf dem Weg sind. Ich engagiere mich im Stuttgarter Lehrhaus für das jüdisch-christlich-islamische Gespräch. Ich bin auch im abrahamischen Forum Deutschland mit Sitz in Darmstadt engagiert, sogar dessen Vorsitzender in Zusammenarbeit mit dem Generalsekretär, Dr. Jürgen Micksch, dem Motor des Ganzen. Abraham, ich sagte es, ist für mich eine Schlüsselfigur meines Glaubens. Seine Geschichte ist die der Geduld und des Vertrauens und nicht die der müden Resignation.

Erinnern Sie sich noch? Im März 2021 hat Papst Franziskus den Ort Ur besucht, der im heutigen Irak liegt. Warum? Da gibt es nichts als Wüste und ein paar Ruinen. Aber jeder religionsgeschichtlich Kundige weiß, dass nach dem Buch Genesis, Kapitel 11, Ur der legendären Herkunftsort Abrahams ist, der Ort, von dem der Ur-Mann, wie Thomas Mann ihn in den »Joseph«-Romanen nannte, in das verheißene Land aufgebrochen ist. Die Luftbilder von dieser Wüsten-Landschaft waren tief berührend. Es ist buchstäblich eine Ur-Landschaft. Von hier also stammt Abraham, und er zog los mit nichts als Gottvertrauen auf seinem Weg, das es durch viele Prüfungen zu behaupten galt angesichts versprochener, aber lange unerfüllter Verheißungen Gottes. Sie können sich denken: Für mich, der ich von den biblisch-koranischen Abraham-Überlieferungen aus eine Theologie der abrahamischen Ökumene und Spiritualität entworfen habe, war es bewegend zu sehen, dass der Papst in dieser Ur-Landschaft eine Meditation über Abraham/Ibrahim hielt und ein Friedensgebet der »Kinder Abrahams« sprach.

Es ist, als wolle er nach Jahrtausenden, beladen mit der Last der Geschichte, mit all den Konflikten und Kämpfen, die sich tief in das kollektive Gedächtnis der Menschen eingegraben haben, wieder neu anfangen: bei Abraham, dem Urvater, der von Gott den Ruf empfing: »Zieh weg, aus deinem Land, von deiner Verwandtschaft und aus deinem Vaterhaus in das Land, das ich dir zeigen werde … Und Abraham zog« (Genesis 12,1.4). Ich suche Ihnen das Gebet des Papstes heraus. »Wir danken dir, Gott«, heißt es da, in die Leere der Wüste und über die Weltmedien in die Herzen der Zuschauer:innen gesprochen, »für das Beispiel an Mut, Durchhaltevermögen, Seelenstärke, Großzügigkeit und Gastfreundschaft, das uns unser gemeinsamer Vater im Glauben gegeben hat.« Das war, an diesem Ort der Ur-Anfänge gesprochen, für einen Menschen wie mich ungemein ermutigend. Aus dem Ursprung heraus das Gemeinsame der »Kinder Abrahams« im Interesse des Friedens suchen, war die Botschaft. Unsere Welt hat nichts dringender nötig als das, aber dann auch Menschen in den unterschiedlichen Glaubensgemeinschaften, die diesen Geist lebendig erhalten: »Zieh weg, aus deinem Land, von deiner Verwandtschaft und aus deinem Vaterhaus in das Land, das ich dir zeigen werde … Und Abraham zog.«

Dokumentation: Arbeiten von und über Karl-Josef Kuschel

I. Die Schriftsteller-Gespräche:

1. Weil wir uns auf dieser Erde nicht ganz zu Hause fühlen. 12 Schriftsteller über Religion und Literatur, München 1985. Serie Piper 414. Mit: Walter Jens (1981), Kurt Marti (1981), Peter Härtling (1982), Luise Rinser (1982), Heinrich Böll (1983), Karin Struck (1983), Ingeborg Drewitz (1984), Stefan Heym (1984), Wolfdietrich Schnurre (1984), Barbara Frischmuth (1985), Adolf Muschg (1985) und Martin Walser (1985).

2. Ich glaube nicht, dass ich Atheist bin. Neue Gespräche über Religion und Literatur, München 1992. Serie Piper Nr. 1561. Mit: Ulla Hahn (1986), Günter Kunert (1987), Carl Amery (1987), Franz Xaver Kroetz (1987), Wolfgang Hildesheimer (1989), Gabriele Wohmann (1989), Otto F. Walter (1990), Brigitte Schwaiger (1990,) Angelika Mechtel (1991), Rolf Hochhuth (1991).

II. Die Bände der Reihe »Theologie und Literatur«, hrsg. von Karl-Josef Kuschel und Georg Langenhorst:

(1) *Georg Langenhorst,* Hiob unser Zeitgenosse, 1994 * (2) *Heinrich Jürgenbehring,* Liebe, Religion und Institution, 1994 (zu Böll) * (3) *Reinhold Boschki,* Der Schrei, 1994 (zu Elie Wiesel) * (4) *Thomas Kucharz,* Theologen und ihre Dichter, 1995 (zu Barth, Bultmann, Tillich) * (5) *Dorothee Sölle,* Das Eis der Seele spalten, 1996 * (6) *Magda Motté,* Auf der Suche nach dem verlorenen Gott, 1997 * (7) *Lydia Koelle,* Paul Celans pneumatisches Judentum, 1997 * (8) *Christoph Gellner,,* Weisheit, Kunst

und Lebenskunst (zu Hesse u. Brecht) * (9) *Volker Garske,* Christus als Ärgernis, 1998 (zu Böll) * (10) *Annegret Langenhorst,* Der Gott der Europäer und die Geschichte(n) der anderen, 1998 (zur lateinamerikanischen Literatur) * (11) *Christian Schenk,* Muss Literatur moralisch sein?, 2000 (zu Schiller) * (12) *Angelika Walser,* Schuld und Schuldbewältigung in der Wendeliteratur, 2000 * (13) *Peter Mennicken,* Für ein ABC des Menschenbenehmens, 2002 (zu Th. Mann) * (14) *Andrea Henneke-Weischer,* Poetisches Judentum, 2003 (zu Else Lasker-Schüler) * (15) *Elisabeth Hurth,* Mann Gottes, 2003 (zum Priesterbild) * (16) *Gert Otto,* Wo ist das Kind, das ich gewesen? 2003 (zu Lebensgeschichten) * (17) *Tanja Gojny,* Biblische Spuren in der Lyrik von Erich Fried, 2004 * (18) *Alexander Joist,* Auf der Suche nach dem Sinn des Todes. Todesdeutungen in der Lyrik der Gegenwart, 2004 * (19) *Wolfgang Treitler,* Die Fragen der Toten, 2004 (zu Canetti, Améry u. Elie Wiesel) * (20) *Erika Schweizer*, Geistliche Geschwisterlichkeit, 2005 (zu Nelly Sachs u. Simone Weil) * (21) *Bergit Peters,* LiebesArten, 2009 (zu Ingeborg Bachmann) * (22) *Vera Sabine Winkler,* Leise Bekenntnisse, 2009 (zu Hilde Domin) * (23) *Ottmar Fuchs,* Im Raum der Poesie, 2011 * (24) *Norbert Stapper,* Rainer Maria Rilkes Christus-Visionen, 2010 * (25) *Claudia Nieser,* Hagars Töchter, 2011 (zu Asja Djebar) * (26) *Thomas Markus Meier,* Dürrenmatt und der Zufall, 2012 * (27) *Selma Polat-Menke,* Islam und Mystik bei Barbara Frischmuth, 2013 * (28) *Christoph Gellner,* , »… nach oben offen«. Literatur und Spiritualität – zeitgenössische Profile, 2013 * (29) *Gisela-Maria Sander,* Unter dem Diktat der Kunst, 2015 (zu R. M. Rilke) * (30) *Christina Heidler,* Zwischen Magie, Mythos und Monotheismus, 2016 (zur Fantasy-Literatur) * (31) *Ulrike Irrgang,* »Das Wiederauftauchen einer verwehten Spur«, 2019 (zu Gianni Vattimo u. Hans Magnus Enzensberger).

III. Mitglied der Jury zur Verleihung des Elisabeth-Langgässer-Literaturpreises des Stadt Alezy:

Seit 1988 verleiht die Stadt Alezy alle drei Jahren ihren Literaturpreis im Namen der in Alzey geborenen Schriftstellerin Elisabeth Langgässer (1899–1950). Die erste Preisträgerin ist Luise Rinser. Der zweite Preisträger 1991 Rolf Hochhuth. Die Laudatio: Karl-Josef Kuschel. Danach Berufung in die Jury und Mitwirkung an folgenden Preisverleihungen:

Wulf Kirsten (1994), Ursula Krechel (1997), Christa Wolf (2000), Claude Vigée (2003), Ulla Hahn (2006), Hanns-Josef Ortheil (2009), Barbara Honigmann (2012), Peter Härtling (2015), Rafik Schami (2018), Daniel Kehlmann (2021).

IV. Mitglied im Vorstand der Reinhold-Schneider-Gesellschaft (1990–2010):

Neben Beiträgen in den verschiedenen Jahrgängen der »Reinhold Schneider Blätter« galt es, diese Publikationen zu verantworten:

Reinhold Schneider. Der Wahrheit Stimme will ich sein. Essays, Erzählungen, Gedichte, hrsg. v. Karl-Josef Kuschel u. Carsten Peter Thiede, Frankfurt am Main 2003.

Wesen und Widerstand. Forum zur christlichen Literatur im 20. Jahrhundert, hrsg. im Auftrag der Reinhold-Schneider-Gesellschaft v. Carsten Peter Thiede, Karl-Josef Kuschel u. Wolfgang Frühwald, Paderborn 2 (1998). Darin: Karl-Josef Kuschel, Großstadterfahrung und Glaubenskrise. Ein erneuter Blick auf Reinhold Schneiders »Winter in Wien«, S. 119–127.

Macht und Gewissen. Christentum und Menschenrechte in Europa. Zum 50. Todestag Reinhold Schneiders, Freiburg i. Br. 2008. Darin: Karl-Josef Kuschel, Macht und Gewissen. Kirchenkritik als Machtkritik bei Reinhold Schneider, S. 81–101.

V. Publikationen zu Literatur und Religion (in chronologischer Reihenfolge)

1. Monografien

Gottesbilder – Menschenbilder. Blicke durch die Literatur unserer Zeit, Zürich 1985.

Jesus in der deutschsprachigen Gegenwartsliteratur. Mit einem Geleitwort von *Walter Jens* (1978), TB-Ausgabe mit einem Nachwort des Vfs., München 1987 (Serie Piper 627).

Stellvertreter Christi? Der Papst in der zeitgenössischen Literatur, Zürich, Köln – Gütersloh 1980.

Theologie und Literatur. Zum Stand des Dialogs. Hrsg. v. Walter Jens, Hans Küng u. Karl-Josef Kuschel, München 1986.

Der andere Jesus. Ein Lesebuch moderner literarischer Texte, hrsg v. K.-J. Kuschel, Zürich, Köln – Gütersloh 1983. TB-Ausgabe 1987 (Serie Piper 625).

Urs Baumann – Karl-Josef Kuschel, Wie kann denn ein Mensch schuldig werden? Literarische und theologische Perspektiven von Schuld, München 1990 (Serie Piper 1292).

»Vielleicht hält Gott sich einige Dichter«. Literarisch-theologische Porträts, Mainz 1991, 2. Auflage 1996 (mit Porträts zu Heinrich Heine, Franz Kafka, Rainer Maria Rilke, Joseph Roth, Hermann Hesse, Reinhold Schneider, Paul Celan/Nelly Sachs, Heinrich Böll, Rolf Hochhuth). Taschenbuch-Teilausgabe (Topos TB Bd. 556): »Vielleicht hält Gott sich einige Dichter ...«. Literarische Skizzen, Kevelaer 2005 (mit Porträts zu Franz Kafka, Rainer Maria Rilke, Else Lasker-Schüler, Gottfried Benn, Joseph Roth, Hermann Hesse, Thomas Mann). Brasilianische Teilausgabe: Os escritores e as Escrituras. Retratos Teologico-literários. Übers.: Paulo Soethe u. a., Sao Paulo 1999 (die Porträts von Kafka, Rilke, Hesse und Thomas Mann und das Kap. »Auf dem Weg zu einer Theopoetik« aus dem Band von 1991).

Im Spiegel der Dichter. Gott, Mensch und Jesus in der Literatur des 20. Jahrhunderts«, 1997 (Patmos). Auch in einer englischsprachiger Ausgabe: The poet as mirror. Human Nature, God and Jesus in Twentieth-Century Literature, London 1999 (SCM Press).

Lachen. Gottes und der Menschen Kunst, Freiburg i. Br. 1994 (Herder). Neuausgabe: 1998 (Attempto, Tübingen). Auch in englischsprachiger und chinesischer Ausgabe.

Vom Streit zum Wettstreit der Religionen. Lessing und die Herausforderung des Islam, 1998 (Patmos). Auch in kroatischer Ausgabe.

Jesus im Spiegel der Weltliteratur. Eine Bilanz des Jahrhunderts, 1999. Neuausgabe 2010 (Patmos).

Gottes grausamer Spaß? Heinrich Heines Leben mit der Katastrophe, 2002 (Patmos). Gekürzte Neuausgabe: Der Kampf mit Gott: Heinrich Heine, 2009 (Patmos).

Walter Jens. Literat und Protestant, 2003 (Patmos), 3. Auflage 2013 (Narr, Tübingen).

Das Weihnachten der Dichter. Originaltexte von Thomas Mann bis Reiner Kunze neu erschlossen, 2004, 2. Aufl. 2011 (Patmos).

Weihnachten bei Thomas Mann, 2006 (Patmos).

Mutterland. Die Familie Mann und Brasilien (zus. mit Frido Mann u. Paulo Soethe), Düsseldorf 2009 (Artemis). Auch in brasilianischer Ausgabe.

»Mein Geist ins unbekannte Land«. Dichter und Denker auf Tübinger Friedhöfen, Tübingen 2009 (Kloepfer und Meyer).

Rilke und der Buddha. Die Geschichte eines einzigartigen Dialogs, Gütersloh 2010 (Gütersloher Verlagshaus). Neuausgabe unter dem Titel »›Als ob er horchte …‹. Rainer Maria Rilkes Dialog mit Buddha«, Ostfildern 2020 (Patmos).

Im Ringen um den wahren Ring. Lessings »Nathan der Weise« – eine Herausforderung der Religionen, 2011 (Patmos).

Börsen, Banken, Spekulanten. Spiegelungen in der Literatur – Konsequenzen für Wirtschaft, Ethos und Recht (zus. mit Prof. *Heinz-Dieter Assmann*), Gütersloh 2011 (Gütersloher Verlagshaus).

Walter Jens: Redner – Schriftsteller – Übersetzer, hrsg. v. Joachim Knape – Olaf Kramer – Karl-Josef Kuschel – Dietmar Till, Tübingen 2014.

Im Fluss der Dinge. Hermann Hesse und Bertolt Brecht im Dialog mit Buddha, Laotse und Zen, Ostfildern 2018 (Patmos).

Johann Peter Hebel, Biblische Geschichten, hrsg. v. Karl-Josef Kuschel u. *Thomas Weiss,* Tübingen 2019 (Klöpfer und Meyer).

»Ein ungeheurer Stoff für einen Schriftsteller«. Meisterwerke einer Begegnung von Bibel und Literatur im 20. Jahrhundert, Stuttgart 2020 (zu Tolstois Roman »Auferstehung«, zum Thema »Kain und Abel«, zur Figur der Judith von Hebbel bis Hochhuth, zu Thomas Mann »Moses«-Novelle, zu Hiobfiguren bei Thomas Mann, Joseph Roth und Elie Wiesel, zu Franz Werfels Schauspiel »Paulus unter den Juden«, zu Max Brods Jesus-Roman »Der Meister«, zu Luise Rinsers »Mirjam«-Roman, zum Judas-Jesus-Drama bei Walter Jens und Amos Oz, zum Ahasver-Luzifer-Jesus-Roman von Stefan Heym und zum Jesus-Josephs-Roman »Sunrise« von Patrick Roth).

Goethe und der Koran. Mit Kalligrafien von *Shahid Alam,* Ostfildern 2021 (Patmos).

Magische Orte. Ein Leben mit der Literatur, Ostfildern 2022 (Patmos).

2. Einführungen, Nachworte, Laudationes

Rolf Hochhuth, Laudatio zur Entgegennahme des Elisabeth-Langgässer-Literaturpreises der Stadt Alzey am 23. Februar 1991.

Patrick Roth, Laudatio zur Entgegennahme des Hugo-Ball-Preises der Stadt Pirmasens am 7. Dezember 2002.

Eva Christina Zeller, Stiftsgarten Tübingen. Gedichte. Nachwort (2002).

Gunther Klosinski, Ein Händedruck der Zeit. Gedichte und Collagen. Einführung (2007).

Hanns-Josef Ortheil, Laudatio zur Entgegenahme des Elisabeth-Langgässer-Literaturpreises der Stadt Alzey am 28. Februar 2009.

Thomas Weiß, »von weit«. Gedichte. Vorwort, Tübingen 2010.

Elazar Benyoëtz , Laudatio zur Entgegennahme des Justinus-Kerner-Literaturpreises der Stadt Weinsberg am 18. September 2011.

Gottesgedichte. Ein Lesebuch zur deutschen Lyrik nach 1945, hrsg. v. *Helmut Zwanger* u. Karl-Josef Kuschel. Mit einem Nachwort von Karl-Josef Kuschel (2011).

Gunther Klosinski, Strähne Zeit. Gedichte. Nachwort (2012).

Helmut Zwanger, Tübinger Israeltrilogie. Gedichte 1980–2012. Einführung (2012).

Wilhelm Bruners, Zuhause in zwei Zelten. Gedichte und Reflexionen. Ein spirituelles Lesebuch. Einführung (2017).

Johann Peter Hebel, Biblische Geschichten. Mit einer Einführung von Karl-Josef Kuschel u. einem Nachwort von Thomas Weiß (2017).

Gunther Klosinski, Was unter die Haut geht. Aphorismen. Vorwort (2018).

Eugen Drewermann, Hermann Hesse. Der lange Weg zu sich selbst. Zur Sprengkraft eines literarischen Denkers, hrsg. u. mit einem Vorwort von *Volker Michels*. Mit einer Einführung von Karl-Josef Kuschel (2019).

VI. Publikationen zur Theologie und zum interreligiösen Gespräch (in chronologischer Reihenfolge)

Hans Küng. Weg und Werk, hrsg. v. Hermann Häring u. Karl-Josef Kuschel. Mit einer Bibliographie von Margret Gentner, München 1978.

Geboren vor aller Zeit? Der Streit um Christi Ursprung, München 1990. Auch in englischer und italienischer Ausgabe.

Hans Küng, Denkwege. Ein Lesebuch, hrsg. v. Karl-Josef Kuschel, München 1992. Erweiterte Auflagen 2008 u. 2009.

Weltfrieden durch Religionsfrieden. Antworten aus den Weltreligionen, hrsg. v. Hans Küng und Karl-Josef Kuschel, München 1993 (Serie Piper 1862).

Erklärung zum Weltethos. Die Deklaration des Parlamentes der Weltreligionen, hrsg. v. Hans Küng und Karl-Josef Kuschel, München 1993 (Serie Piper 1958).

Hans Küng. Neue Horizonte des Glaubens und Denkens. Ein Arbeitsbuch, hrsg. v. Hermann Häring u. Karl-Josef Kuschel, München 1993.

Streit um Abraham. Was Juden, Christen und Muslime trennt – und was sie eint, 1994 Neuausgabe 2001 (Patmos). Auch in englischer, spanischer, holländischer und italienischer Ausgabe.

Christentum und nichtchristliche Religionen. Theologische Modelle im 20. Jahrhundert, hrsg. v. Karl-Josef Kuschel, Darmstadt 1994.

Walter Jens – Karl-Josef Kuschel, Dialog mit Hans Küng. Mit der Abschiedsvorlesung von Hans Küng, München 1996.

Vom Streit zum Wettstreit der Religionen. Lessing und die Herausforderung des Islam, 1998 (Patmos). Auch in kroatischer Ausgabe.

Wissenschaft und Weltethos, hrsg. v. Hans Küng und Karl-Josef Kuschel, München 1998.

Hans Küng – Eine Nahaufnahme, hrsg. v. Karl-Josef Kuschel u. Stephan Schlensog, München 2008 (Serie Piper 5334).
Juden-Christen-Muslime: Herkunft und Zukunft, 2007 (Patmos). Auch in kroatischer Ausgabe.
Weihnachten und der Koran, 2008 (Patmos). Auch in italienischer und englischer Ausgabe.
Die Ringparabel und das Projekt Weltethos, hrsg. v. Hans Küng, Karl-Josef Kuschel u. Alois Riklin, Göttingen 2010.
Im Ringen um den wahren Ring. Lessings »Nathan der Weise« – eine Herausforderung der Religionen, 2011 (Patmos).
Leben ist Brückenschlagen. Vordenker des interreligiösen Dialogs, 2012 (Patmos).
Festmahl am Himmelstisch. Wie Mahlfeiern Juden, Christen und Muslime verbindet, 2013 (Patmos).
Theodor Heuss, die Schoah, das Judentum, Israel. Ein Versuch, Tübingen 2013 (Klöpfer u. Meyer, Tübingen). Neuausgabe: »Antisemitismus und deutsche Demokratie. Theodor Heuss und seine »Feldzüge gegen das Vergessen«, Ostfildern 2019 (Patmos).
Martin Buber – seine Herausforderung an das Christentum, Gütersloh 2015 (Gütersloher Verlagshaus).
Die Bibel im Koran. Grundlagen für das interreligiöse Gespräch, Ostfildern 2017 (Patmos). Neuausgabe mit einem Geleitwort von Ahmad Milad Karimi (Münster) und einem Vorwort des Vfs., Ostfildern 2022 (Patmos).
»Dass wir alle Kinder Abrahams sind …«. Helmut Schmidt begegnet Anwar as-Sadat. Ein Religionsgespräch auf dem Nil, Ostfildern 2018 (Patmos). Auch in arabischer Ausgabe.

VII. Publikationen zur Bildenden Kunst

1. Zu Arbeiten von Rudolf Kurz (Bildhauer und Glaskünstler, Ellwangen)

Die nicht in Buchform publizierten Texte sind als Manuskripte gespeichert und abrufbar.

(1) Reden und Ansprachen

Die Flammenschrift in der Tür. Predigt zur Einweihung der Bronzetür der Ev. Stadtkirche zu Langenburg am 16. März 2003.

Text zur Einweihung des Mahnmals in der Gedenkstätte Hailfingen/Tailfingen (bei Rottenburg), Juni 2010.

Rede zur Eröffnung der Ausstellung von Rudolf Kurz aus Anlass seines 60. Geburtstags, Ellwangen 17. Juni 2012.

Krippe und Kreuz gehören zusammen. Nachdenken über eine Installation von Rudolf Kurz. Text zu: Wasseralfinger Adventskrippe 2012 in der Ausstellung »Zwischen Ochs und Esel« im Museum Wasseralfingen.

»Die Gottessuche endet nie«: Christliche Themen im Werk von Rudolf Kurz. Rede zur Eröffnung der Rudolf-Kurz-Ausstellung im Diözesanmuseum zu Rottenburg am 8. September 2013 (liegt auch als Broschüre des Rottenburger Diözesanmuseums vor).

Ton – Wort – Bild: 100. Veranstaltungen des Stiftsbundes Ellwangen im Atelier Kurz, Ellwangen 1. November 2015.

Ecce-Homo: Meditationen zu Skulpturen von Rudolf Kurz, Tübingen Stiftskirche 8. November 2015.

Der Gekreuzigte und die Gekreuzigten. Predigtmeditation zu einer Installation von Rudolf Kurz am 26. April 2015 in der Matthäuskirche, Berlin.

Ecce-Homo: Zur Kreuz-Installation von Rudolf Kurz im Haus der katholischen Kirche, Stuttgart 7. April 2017

Der Gekreuzigte und die Gekreuzigten. Predigtmeditation zu einer Installation von Rudolf Kurz am 26. April 2015 in der Matthäuskirche, Berlin

Text zur Einweihung der Metallplastik »Salvator Segenshand« in Schwäbisch-Gmünd, 6. August 2017.

»Orient und Okzident sind nicht mehr zu trennen«: Jüdisches, Christliches und Muslimisches in Bildern (zu Arbeiten von Rudolf Kurz), in Tönen (Musik von jüdischen Komponisten, gespielt von der Pianistin Babette Dorn) und in Texten (aus dem »West-östlichen Divan« von Goethe, rezitiert von Karl-Josef Kuschel), Crailsheim 6. Mai 2022.

Rede zur Eröffnung der Ausstellung von Rudolf Kurz aus Anlass seines 70. Geburtstags, Ellwangen 17. Juli 2022.

(2) Publikationen

Heute noch knien? Über ein Bild von Edouard Manet [Knieender Mönch, 1865], Zürich 1979.

Ecce Homo. Der Gekreuzigte in Gegenwartsliteratur und Gegenwartskunst, in: Rudolf Kurz, Stuttgart 1993, S. 106–122.

Lebensspuren. Torsi und Texte zu Rudolf Kurz, Ulm 2002.

Die Stelen des Crailsheimer Reformationswegs: Nachdenken über die Formensprache des Bildhauers Rudolf Kurz, in: Der Crailsheimer Reformationsweg. Gedanken zwischen Kunst und Geschichte, Ostfildern 2017, S. 35–107.

Aus Glas und Licht. Nachdenken über Glasarbeiten von Rudolf Kurz, in: Rudolf Kurz, Arbeiten in Glas, Aalen 2022.

2. Zu Arbeiten von Gunther Klosinski (Psychiater, Lyriker, Aphoristiker und Bildkünstler, Tübingen)

(1) Zu Gedichten und Aphorismen

Einführung zu: Ein Händedruck der Zeit. Gedichte und Collagen. (2007).

Nachwort zu: Strähne Zeit. Gedichte. (2012).

Vorwort zu: Was unter die Haut geht. Aphorismen. (2018).

(2) Zu Fotos und Fotomontagen

Buddha und Christus. Bilder und Meditationen. (2009).

Auf Tod und Leben. Begegnungen mit der Endlichkeit in Bildern und Texten. (2012).

Zur Einführung, in: Übergänge. Transitions, (2014), S. 6–20. Texte auch in englischer Sprache.

Ein persönliches Vorwort, in: Wenn Bilder sprechen und Worte malen (2020), S. VII-X.

Einführung in das Thema »Zwiesprache mit Händen und Füssen«, in: Zwiesprache mit Händen und Füssen. Gedanken – Bilder – Fotomontagen (2022), S. 11–27.

3. Zu Arbeiten von Shahid Alam (Kalligraf, Stollberg bei Aachen)

Die Kalligrafien von Shahid Alam, in: Karl-Josef Kuschel, Goethe und der Koran. Mit Kalligrafien von Shahid Alam, Ostfildern 2021, S. 37–41.

Der Künstler Shahid Alam. Zur interkulturellen und interreligiösen Bedeutung seines kalligrafischen Werkes. Rede zur Eröffnung seiner Ausstellung am 10. Oktober 2021 im Karmelitersaal (München).

4. Zu Arbeiten von Richild Holt (Malerin, Stuttgart)

Die Künstlerin Richild Holt. Nachdenken über ihre Bilder. Rede am 10. Juni 2022 im Hospitalhof zu Stuttgart zur öffentlichen Vorstellung des Buches: Richild Holt, Farbe und Linie, hrsg. v. Maximilian von Koskull, München 2022 (als Manuskript gespeichert).

VIII. Mitglied im Stiftungsrat des Börsenvereins zur Vergabe des jährlichen Friedenspreises des Deutschen Buchhandels (2015–2020)

Mitwirkung an der Vergabe des Friedenspreises an

Navid Kermani (2015) * Carolin Emcke (2016) * Margret Atwood (2017) * Aleida und Jan Assmann (2018) * Sebastiao Salgado (2019) * Amartya Sen (2020)

IX. Über Karl-Josef Kuschel

1. Autobiografisches

Feiertage einmal anders betrachtet. Jürgen Hoeren im Gespräch mit Karl-Josef Kuschel u. Bernadin Schellenberger, Würzburg 2004.

Epilog: Cordoba, Juli 2000, in: Karl-Josef Kuschel, Juden – Christen – Muslime. Herkunft und Zukunft, Ostfildern 2007, S. 625–634.

Dankeswort anlässlich der Verleihung des Preises der Herbert-Haag-Stiftung für die Freiheit in der Kirche am 21. März 2010 in Luzern (Text über Herbert-Haag-Stiftung im Internet abrufbar).

»Wie auch einige Dichter von euren Dichtern gesagt haben …« (Apg 17,28): Mein Weg als Theologe mit den Literaten und Literaturen. Abschiedsvorlesung am 6. Februar 2013 an der Universität Tübingen (als Manuskript vorhanden).

Gottesleidenschaft. Denken und Glauben im Gespräch mit Literaturen und Religionen. Rede zur Entgegennahme des Preises der Salzburger Hochschulwochen für das theologisch-literarische Lebenswerk 2019, in: Die Komplexität der Welt und die Sehnsucht nach Einfachheit, hrsg. v. Martin Dürnberger, Innsbruck-Wien 2019, S. 145–165.

Magische Orte. Ein Leben mit der Literatur, Ostfildern 2022.

Karl-Josef Kuschel im Gespräch mit Matthias Drobinski: Ich lerne durch Begegnung. Ein Leben im Dialog mit Literaturen und Religionen, Ostfildern 2023.

2. Beiträge zum Werk

Walter Jens, Vorwort, in: K.-J. Kuschel, Jesus in der deutschsprachigen Gegenwartsliteratur Jesus in der deutschsprachigen Gegenwartsliteratur (1978), TB-Ausgabe mit einem Nachwort des Vfs., München 1987, S. XII–XVIII (Serie Piper 627).

Georg Langenhorst, Vorwort, in: ders. (Hrsg.)., Auf dem Weg zu einer theologischen Ästhetik. Freundesgabe für Karl-Josef Kuschel zum 50. Geburtstag. Münster: LIT-Verlag 1998, S. 9–14.

ders. , Ein theologischer Grenzgänger. Karl-Josef Kuschel im Porträt, in: *Schriftzeichen*. Zeitschrift für Literatur (kunst) Religion 1 (2000), S. 36–38.

ders. , Karl-Josef Kuschel: Auf dem Weg zu einer Theopoetik, in: ders: Theologie und Literatur. Ein Handbuch, Darmstadt 2005, S. 66–74.

ders. , Literatur und Theologie, in: Neues Handbuch theologischer Grundbegriffe, hrsg. v. Peter Eicher. München 2005, Bd. 2, S. 506–523, bes. 517–520.

Georg Langenhorst – Christoph Gellner, Herzstücke, Herzenstexte. Einführung, in: dies (Hrsg.): Herzstücke. Texte, die das Leben ändern. Ein Lesebuch zu Ehren von Karl-Josef Kuschel. Düsseldorf: Patmos-Verlag 2008, S. 9–18.

Magda Motté, Laudatio auf Karl-Josef Kuschel anlässlich der Verleihung des Preises der Herbert-Haag-Stiftung für die Freiheit in der Kirche am 21. März 2010 in Luzern (Text über Herbert-Haag-Stiftung im Internet abrufbar).

Georg Langenhorst, Was Theologen an Literatur interessiert. Theologisch-literarische Hermeneutik bei Guardini, von Balthasar, Tillich und Kuschel, in: *SocioPoética. Revista Interdisciplinar Sociedade Cultura Literatura* I/8 (2011), S. 181–199. Überarbeitet: Theologen als Leser und Deuter von Literatur. Theologisch-literarische Hermeneutik bei Guardini, von Balthasar, Tillich und Kuschel, in: Studien zur Deutschkunde, Bd. 53, hg. von *Lech Kolago,* Warschau 2014, S. 251–270.

ders., Why Theologians are interested in Literature: Theological-Literary Hermeneutics in the Works of Guardini, Balthasar, Tillich and Kuschel, in: *Francesca Bugliani Knox – David Lonsdale* (ed.), Poetry and the Religious Imagination, Franham/Burlingtoin 2015 S. 31–49.

ders., Theologie im Dialog und für den Dialog. Laudatio für Karl-Josef Kuschel zur Verleihung des Theologischen Preises der Salzburger Hochschulwochen für sein Lebenswerk, in: *Martin Dürnberger* (Hrsg.), Die Komplexität der Welt und die Sehnsucht nach Einfachheit. Salzburger Hochschulwochen 2019, Innsbruck/Wien 2019, S. 131–144.

Eva Willebrand, Karl-Josef Kuschel, in: dies.: Literarische Texte in Religionsbüchern. Zwischen Verkündigung, Erfahrungsspiegelung und Erschließung religiöser Tiefen, Bad Heilbrunn 2016, S. 84–86.

Georg Langenhorst, Theologie im Dialog und für den Dialog. Laudatio für Karl-Josef Kuschel zur Verleihung des Theologischen Preises der Salzburger Hochschulwochen für sein Lebenswerk, in: Die Komplexität der Welt und die Sehnsucht nach Einfachheit, hrsg. v. *Martin Dürnberger,* Innsbruck-Wien 2019, S. 131–144.

Georg Langenhorst, Theologie und Literatur. (Zwischen-)Bilanz der »Tübinger Schule«, in: Literatur /Religion. Bilanz und Perspektiven eines interdisziplinären Forschungsgebiets, hrsg. v. *Wolfgang Braungart – Joachim Jacob – Jan-Heiner Tück,* Berlin 2019, S. 85–106.

Christoph Gellner, Literatur und Religion, in: Paradigmen der Forschung, hrsg. v. *Andreas Mauz* u. *Daniel Weidner* (Metzler Verlag 2022 im Druck).
Ahmad Milat Karimi, Geleitwort zu: Karl-Josef Kuschel, Die Bibel im Koran. Grundlagen für das interreligiöse Gespräch, Ostfildern 2022.
Georg Langenhorst, Im Dialog mit der Dichtung. Karl-Josef Kuschels narrativ-poetische Theologie, Ostfildern 2023. (Auf dem Cover die Abbildung eines Porträts von Karl-Josef Kuschel von Richild Holt.)

Personenregister

Zu den Autoren

Dr. Karl-Josef Kuschel, Professor i. R. der Fakultät für Katholische Theologie der Universität Tübingen, lehrte dort von 1995 bis 2013 Theologie der Kultur und des interreligiösen Dialogs. Seit 2012 ist er Kuratoriumsmitglied der »Stiftung Weltethos«. 2015 wurde er in den Stiftungsrat des Börsenvereins des deutschen Buchhandels zur Vergabe des jährlichen Friedenspreises des Deutschen Buchhandels berufen und zum Präsidenten der Internationalen Hermann-Hesse-Gesellschaft gewählt. Mit seinen Veröffentlichungen, die mehrere Auflagen und Neuausgaben erfahren haben, gehört Karl-Josef Kuschel heute im deutschsprachigen Raum zu den wichtigsten Stimmen im interreligiösen Dialog und zur Beziehung von Literatur und Religion in der Moderne.

Matthias Drobinski ist deutscher Journalist. Er besuchte nach dem Studium der Geschichte, katholischen Theologie und Germanistik zur journalistischen Ausbildung die Henri-Nannen-Schule in Hamburg. 1993 wurde er Redakteur bei *Publik-Forum,* 1997 bei der *Süddeutschen Zeitung.* Seit 2021 arbeitet er wieder für *Publik-Forum,* seit 2022 als Chefredakteur der Zweiwochenzeitschrift. 2006 wurde er Preisträger des Herbert-Haag-Preis, der an Personen und Gruppen verliehen wird, »die sich für Freiheit und Menschlichkeit innerhalb der Kirche einsetzen«.